·彩图版·

龚书铎⊙主编

编话

元卷·辽史·金史·元史

二十四史

巴蜀书社

白话精编二十四史 第九卷
辽史 金史 元史

图书在版编目（CIP）数据

白话精编二十四史／龚书铎主编 .—成都：巴蜀书社，
2016.10

　ISBN 978-7-5531-0739-4

　Ⅰ．①白… Ⅱ．①龚… Ⅲ．①中国历史－古代史－纪
传体②二十四史－译文 Ⅳ．① K204.1

中国版本图书馆 CIP 数据核字（2016）第 231862 号

白话精编二十四史　第九卷		龚书铎　主编

策划组稿	林建
责任编辑	施维　张照华　肖静　封龙　童际鹏　张亮亮
出　版	巴蜀书社
	成都市槐树街2号　邮编610031
	总编室电话：（028）86259397
网　址	www.bsbook.com
发　行	巴蜀书社
	发行科电话：（028）86259422　86259423
经　销	新华书店
制　作	日知图书 （www.rzbook.com）
印　刷	天津市光明印务有限公司
版　次	2016年10月第1版
印　次	2016年10月第1次印刷
成品尺寸	165mm×230mm
印　张	160
字　数	3000千字
书　号	ISBN 978-7-5531-0739-4
定　价	298.00元（全十卷）

前 言

　　鲁迅先生曾说："历史上写着中国的灵魂，指示着民族的未来。"中国的历史，无疑是我们国家和整个华夏民族的灵魂所在。从有文字以来，中国人就对历史的记述有着浓厚的兴趣。"左史记言，右史记事"滥觞于前，孕育了中国几千年来持续不断的历史记述制度，不仅"世有史官"，而且设立专门的著史机构；除了国家专门组织的著史工作之外，大量的私人著史活动也是风起云涌，从不同的角度，以不同的观念并在不同的深度和广度上反映了历史的真实，从而形成了一股汹涌澎湃的文化思潮，影响深远。

　　在这样的制度和文化背景下，几千年来，中国产生的历史著作可谓汗牛充栋，为了有所区别，于是产生了"正史"和"野史"之分。在浩如烟海的历史著作中，就正史而言，"二十四史"无疑是其中的佼佼者，是中国历史文化遗产中的璀璨明珠。

　　作为正史总集的"二十四史"是中国史学主干，由清乾隆帝钦定后，正史遂成为"二十四史"的专有名称。它从《史记》（司马迁著）至《明史》（张廷玉等著）共计24部、3243卷，约4000万字。"二十四史"的著作年代前后相差计1800年，是世界图书史上独有的巨著。

　　"二十四史"全部按照纪传体的形式，采取以人物为中心、以时间为顺序的方式记事，完整、系统地记录了从传说中的黄帝到明朝末年四千多年间中华民族形成、发展、融合、兴旺的历史轨迹，全面展示了历代王朝的兴亡盛衰规律，翔实而细致地记载了各个历史时期的经济、政治、文化、科技、军事、疆域、民族、外交等多方面内容以及宝贵的历史经验教训。

　　为了让读者能够轻松阅读这一皇皇巨著，我们编撰出版了这部《白话精编二十四史》，从24部史书中选取具有代表性的精华篇章编译为白话，遵循"信达雅"的原则，保持原书风貌，浓缩原著精华。为了适应现代读者的审美需求，本书打破了传统正史读物的条条框框，版式设计新颖别致，书中插配了近千幅与史书内容相关的绘画、书法、建筑、陶瓷、金银器等精美图片，通过这些元素的完美结合，将读者带进一个真实而多彩的历史空间，让读者全方位、多角度地去感受中华文明和华夏民族智慧之所在。

目录

白话精编二十四史（第九卷）
● 辽史 ● 金史 ● 元史

元史

辽史

辽史

中国社会科学院近代史研究所研究员
韩志远

《辽史》为元脱脱等人所撰之纪传体史书，中国历代官修正史"二十四史"之一，元至正三年（1343）四月开始修撰，第二年三月成书。脱脱为都总裁，铁木儿塔识、贺惟一、张起岩、欧阳玄、揭奚斯、吕思诚为总裁官，廉惠山海牙等为修史官。《辽史》共116卷，其中本纪30卷、志32卷、表8卷、列传45卷，国语解1卷，详细记述了上自辽太祖耶律阿保机、下至天祚帝耶延禧，先后共两百多年（907～1125）的历史，其中还记录契丹建国前的历史及耶律大石西迁所建立西辽的历史。

《辽史》中的志和表很有特色，志中设有营卫、兵卫、地理、历象、百官、礼、乐、仪卫等部分，表中设有世、部族、属国、皇子、公主、皇族、外戚、游幸等部分，形式简明，内容丰富，节省了史书的大量篇幅。此外《辽史·国语解》对书中出现的官制、物产、部族、地名、姓氏等契丹词汇作了译解，为后世保存了珍贵的契丹语言资料。当然，《辽史》也存在一些缺陷。由于元代修史时距离辽国灭亡已久，史料散佚严重，因此给修史造成很大困难。加之史官辽史知识欠缺，书中遂出现史实错误，前后矛盾的地方也不少，一些重要人物有名无姓。尽管如此，《辽史》仍然是唯一的一部比较系统、完整记载辽朝历史的著作，具有不容忽视的历史价值。

辽史 ·本纪·

卷一至卷二

太祖本纪

辽 太祖（872～926），即耶律阿保机，汉名忆，小字啜里只，契丹迭刺部人，其父撒剌的出任契丹遥辇氏的夷离堇（军事长官）。阿保机成年后，率领契丹军队四处征战，大败越兀、乌古、室韦等部落，因功授大迭烈府夷离堇。唐天复三年（903），因攻伐河东、蓟北等地有功，加封于越之号，总知军国事。唐天祐三年（906），遥辇氏痕德堇可汗病死，阿保机被部众拥戴，于第二年称帝，是为辽太祖。此后，辽太祖连年征战，南征平州、幽州，西征突厥、吐谷浑等部，东灭渤海国，对内平定宗室叛乱，建立国号，制定文字和官制，确立了辽国的开国大业。

【即位称帝】

辽太祖姓耶律，汉名忆，契丹名阿保机，小字啜里只，契丹迭刺部人。阿保机家族世代为契丹贵族，他出生之时正值家族暂时失势，其祖父被杀，伯父、父亲被迫逃亡。阿保机的祖母为了安全，将他藏匿在帐中，在他的脸上涂抹黑灰，不让别人认出他的身份。阿保机成人后，身高九尺，目光逼人，可以拉开三百斤的硬弓。最初，他担任部族的挞马狘沙里（扈卫官），先后率军征讨小黄室韦、越兀、乌古、六奚等部落，屡立战功。此时耶律家族逐渐恢复势力，成为了继遥辇氏之后的契丹第二大家族。唐天复元年（901），遥辇家族的痕德堇可汗即位，随即任命刚满三十岁的阿保机为迭刺部夷离堇，专门负责征战事务。阿保机率军连续征讨室韦、于厥等部，受

封大迭烈府夷离堇。次年七月，阿保机率军征讨河东地区，攻克九郡县，俘获人口九万五千人，骆驼、战马、牛羊不计其数，因功受封为于越，总知军国事。904 年，阿保机率军征讨黑车子室韦，唐朝卢龙军节度使刘仁恭派养子赵霸率数万大军救援，结果在武州桃山被阿保机的伏兵击败，阿保机乘胜大破室韦。905 年，阿保机再次率军讨伐黑车子室韦，唐河东节度使李克用遣使请求结盟。当年十月，阿保机率领七万骑兵在云州和李克用会盟，双方约定一起攻打幽州刘仁恭。此后两年间，阿保机多次出兵进攻刘仁恭，掠夺中原人口。907 年，痕德堇可汗去世，臣子们拥戴阿保机称帝。在心腹重臣耶律曷鲁的劝说下，阿保机于 907 年正式即可汗位。

2

【攘外安内】

阿保机称汗后的数年间，四处征战不休，他一方面派遣军队征讨黑车子室韦、乌古、阻卜等周边部落；一方面不断插手中原地区的军阀混战，他背弃和河东李克用的盟约，转而投向后梁皇帝朱温，还利用幽州刘仁恭、刘守光父子的内斗谋求利益。908年，阿保机设立掌管宗室的宗正官——惕隐。909年，他在炭山之北设置羊城，和中原地区互通贸易，发展经济。910年，为了扩大自身实力，阿保机任命皇后述律氏的哥哥萧敌鲁为北府宰相，此后皇后家族担任宰相职务成了契丹的惯例。按照契丹部落的习俗，可汗之位一般在第一家族中选举产生，然而阿保机凭借自己的强势和手中的武力，连续数年担任可汗之职，这就引起了耶律家族其他人的不满。911年，阿保机的弟弟刺葛、迭刺、寅底石、安端图谋叛乱。安端的妻子粘睦姑得知后，报告了阿保机。为了避免家族分裂让外人渔翁得利，阿保机没有用武力解决，而是和弟弟们登上高山，杀死牲口祭告天地，阿保机立下誓言赦免了弟弟们的罪行，还任命刺葛为迭刺部夷离堇，双方的矛盾得到了暂时的缓解。

眼见阿保机的地位越来越稳固，刺葛等人最终决定以武力迫使阿保机下台。913年三月，刺葛、安端等人率领千余骑兵以入朝觐见为名，企图刺杀阿保机。这一阴谋再次被阿保机识破，收编了刺葛和安端的部队。于是刺葛派遣他的同党寅底石领兵袭击

🐾 **契丹人引马图·辽·壁画**

内蒙古昭盟敖汉旗出土，牵马者披髡发，执棍，棍上有铁环，着长袍，长毡靴，马扬右后蹄。右一人戴黑色帽，着长袍，长靴，尖头朝上，两足同时向左，似在移步，击长鼓而舞。整个画面构图丰富，形态逼真，技法娴熟，是研究辽代风俗、服饰和马具的珍贵资料。

契丹狩猎图·辽

按照契丹兵制，凡男丁15岁以上都隶属军籍，每正军一名，备马三匹，这种全民皆兵、尚武善战的骑兵建制是辽国强横武力的保证。和平时期，为了保持军队的战斗力，辽国皇帝经常四季狩猎，形成了极具特色的四时捺钵制度（捺钵为辽帝出猎时的行宫），辽国皇帝一生中的大部分时间也都在四时捺钵中度过。

了阿保机的行宫，焚烧了那里的辎重、帐篷，放纵士兵大肆杀戮，夺走了象征契丹部族联盟最高权力的旗鼓。阿保机的妻子述律氏派大将耶律曷鲁救援，仅仅夺回了旗鼓。阿保机在土河整顿兵马，等到剌葛等人率军远逃，其部下思念故土、人心离散之际，率军出击，大败叛军，生擒剌葛，取得了最终的胜利。

▶【谋取中原】

916年，阿保机驻扎于龙化州，迭烈部夷离董耶律曷鲁率领百官请求阿保机称帝，连续三次，阿保机才表示同意，定年号为"神册"，任命耶律曷鲁为于越，册封长子耶律倍为皇太子。契丹立国之后，阿保机开始向

周边用兵，准备一统漠北，占据辽东，然后南下争夺中原。当年七月，阿保机率军征讨突厥、吐浑、党项、小蕃、沙陀等部落，俘获其酋长及人口一万五千六百人，铠甲、兵器、驼马、牛羊等不可胜计。十一月，契丹出兵攻打蔚州、新州、武州、妫州、儒州，改武州为归化州，妫州为可汗州，设置西南面招讨司。神册二年（917），晋王李存勖率军进攻后梁，大肆征兵，激起了新州百姓不满，新州副将卢文进趁机杀掉节度使李存矩，然后以全军投降契丹，这为阿保机率军南下提供了绝好的机会。当年三月，阿保机派遣大军协同卢文进攻打幽州，幽州节度使周德威率军在新州东面和契丹军大战，结果伤亡三万余人，契丹军趁机围攻幽州。此后，契丹军围攻幽州数月，阿保机难耐酷暑，返回北方，留下耶律曷鲁等人继续围攻幽州。八月，李存勖派遣大将李嗣源救援幽州，耶律曷鲁等人这才撤围返回。为了保留南下的桥头堡，阿保机任命卢文进为幽州留后，率军驻守平州，时刻窥探中原。

神册六年（921）二月，镇州防御使张文礼派人杀死了成德节度使王镕，自立为成德军留后。为了对抗李存勖，张文礼遣使向契丹求援。十二月，阿保机以皇太子耶律倍、王郁率军攻打定州，以康默记率军攻打长芦，阿保机亲率大军围攻涿州。不久，涿州城被攻破，契丹军进逼定州，在望都与李存勖率领的大军展开激战。

李存勖孤身冲阵，被契丹大将秃馁的五千骑兵团团包围，幸亏其部将李嗣昭率领三百骑兵救援，李存勖才杀出重围。此后双方接连血战，契丹军伤亡惨重，被迫撤退。虽然大败而归，但阿保机的指挥才能和契丹骑兵的骁勇让久经沙场的李存勖心折不已。

【开疆拓土】

天赞二年，李存勖建立后唐，灭掉了其在中原地区的最大对手后梁，实力得到了进一步的提升。阿保机为了避敌锋芒，开始将战略重心转移到西北和东北，准备先征服草原部落和渤海国后，再南下夺取河北、河东地区。六月，阿保机召集皇后、太子、大元帅、宰相和各部头领，商议征伐大事，说："国家有两大未决的事情（指征服草原和渤海），怎么能辜负亲人们的诚心呢？"当天，契丹大军征伐吐浑、党项、阻卜等部，一时间北至乌孤山（今肯特山），西到回鹘城（今新疆吉木萨尔破城子）都成了契丹铁骑纵横的区域。第二年十二月，阿保机又下诏说："我之前所说的两件大事，征服草原已经完成，只有渤海与我们的仇恨还没有雪洗，怎么能按兵不动呢？"于是，他又征发大军进攻渤海。天显元年（926）七月，契丹大军攻克扶余城（今吉林农安），皇太子耶律倍率军包围了渤海国都忽汗城（今黑龙江安东京城）。不久，渤海国王出城投降，渤海国亡。阿保机册封耶律倍为人皇王，改渤海国为东丹国，忽汗城为天福城，以耶律倍统治东丹国。天显元年（926）七月，阿保机在回军途中染病，逝世于扶余府，享年五十五岁，谥号"昇天皇帝"，庙号"太祖"。辽圣宗统和二十六年（1008），加谥"大圣大明天皇帝"。

论赞

论曰：辽国的祖先出自炎帝，他们中可以考证的要从奇首开始。奇首出生在都庵山，迁徙到潢河之滨。从雅里开始，契丹人开始制定制度，设置官吏，刻木为字，设立监狱。雅里传位于其子毗牒，毗牒传位于其子颏领，颏领传位于其子耨里思。耨里思豁达大度，清心寡欲，是为辽肃祖。肃祖传位于萨剌德，萨剌德曾经和黄室韦部落比试箭法，射穿了数层铠甲，是为辽懿祖。懿祖传位于匀德实，他教授人民耕种，国家因此而富足，是为辽玄祖。玄祖传位于撒剌的，他对人民仁慈，爱惜物力，是为德祖，也就是太祖的父亲。德祖世代为契丹遥辇氏的夷离堇，掌握部族大权。太祖接受可汗的禅让后，建立国家，东征西讨，东边从大海开始，西边到达流沙，北边跨越大漠，扬威万里，历时两百年，这也不是一天可以做到的。周公杀管叔、蔡叔，世人没有指责他是错误的。刺葛、安端发动叛乱，太祖宽恕他们，继续任用他们，这难道不是君主的度量吗？

太宗本纪

辽 太宗（902～947），即耶律德光，字德谨，契丹名尧骨，辽太祖耶律阿保机次子。天显元年（926），辽太祖去世后，被立为皇帝。天显十一年（936），接受后唐河东节度使石敬瑭"称子、割让燕云十六州"等条件，率军灭后唐，册立石敬瑭为后晋皇帝。获得燕云十六州后，设立南北两面官制，分别统治汉人和契丹，确立了三京制度。会同七年（947），因为后晋出帝石重贵拒不称臣，辽太宗率军进攻中原，灭后晋，改国号为大辽。后因中原百姓不断反抗，统治无法巩固，被迫撤回北方，于撤军途中病死于栾城（今属河北），享年四十六岁。

▶【即位之初】

辽太宗名为德光，字德谨，辽太祖耶律阿保机的第二个儿子，唐天复二年（902）出生。成年后，耶律德光庄重严肃，性情宽厚，太祖将军国大事委托给他决断。天赞元年（922），耶律德光出任天下兵马大元帅。天赞三年，耶律德光跟随辽太祖北伐、西征，先后击败了于厥里诸部、河滨党项，夺取了回鹘单于城，向东平定了渤海国，打败了达卢谷部落，东西纵横万里，所到之处战功赫赫。

天显元年（926）七月，辽太祖去世，皇后述律氏暂时代理军国事务。第二年秋天，述律后在契丹贵族大会上推举耶律德光为皇帝，行焚柴册封礼（契丹族可汗即位典礼）。作为辽太祖的次子，耶律德光能够压倒长兄耶律倍继承帝位，依靠的是母亲述律

后的支持，但在契丹贵族中仍有不少人暗中支持耶律倍，因此耶律德光即位后做的第一件事就是巡视自己的武装力量。天显二年正月，他查看北剋士兵和南剋士兵名册。随后，又检阅皮室、拽剌、墨离等三支直属皇帝的卫队。当年三月，后唐义武军节度使王都被后唐明宗罢官，他派人来到定州表示归顺。后唐出动军队讨伐王都，耶律德光派遣大将铁剌前往救援。铁剌初战获胜，但唐军不断赶到，最终攻破定州，铁剌战死，数十名将领被俘。耶律德光因为出师不利，十分后悔，加倍赏赐战死将士的亲属。

▶【南下灭唐】

天赞三年十二月，耶律德光趁兄长耶律倍在皇都逗留之机，采纳大臣耶律羽之的建议，将耶律倍治下东丹

国的百姓迁往东平，升东平郡为南京，以此来削弱耶律倍的实力。天显五年，耶律德光为了进一步打击耶律倍、讨好述律后，将最受述律后喜爱的弟弟李胡册立为皇太弟，兼天下兵马大元帅。耶律倍忍无可忍，于当年十一月渡海逃往后唐。

天显十一年（936），后唐河东节度使石敬瑭和后唐末帝李从珂互相猜忌，发生了激烈的内战。石敬瑭自觉力不能敌，就派使者向耶律德光求救，约定事成之后将燕云十六州割让给契丹，向契丹称臣，以父礼事耶律德光。眼见入主中原的机会就在眼前，耶律德光自然不会放过，他以李从珂弑君自立，人神共愤为理由禀告述律后，于当年八月起兵援救石敬瑭。不久，契丹大军进入雁门，驻扎于太原。恰巧后唐将领高行周、符彦卿率军赶到太原，和契丹大军遭遇。耶律德光先以伏兵切断高、符两人的后路，使其首尾不能相顾，然后纵兵猛攻，大败后唐军，斩杀数万人，缴获武器如山，后唐军残部退守晋安寨。当年十月，

耶律德光封石敬瑭为晋王，亲临其府邸，石敬瑭和他的妻子李氏捧酒为耶律德光祝寿。耶律德光对石敬瑭说："我看你气度恢弘，应该能统治南边土地，世世代代作为我的藩镇。"于是，下令有关部门准备册封事宜。十一月，册封石敬瑭为大晋皇帝。当月，晋安寨中的后唐军粮尽，将领杨光远等人杀死了不肯投降的将军张敬达，率众开关投降。耶律德光听说张敬达宁死不降，就对左右感叹说："这才是为人臣子的典范啊！"当时契丹将领人心思归，请求班师回到北方，耶律德光就留下五千骑兵相助石敬瑭。不久，石敬瑭所部包围河阳，后唐末帝李从珂走投无路，全家自焚而死，之前逃奔后唐的耶律德光长兄耶律倍因为不

🌸 东丹王出行图·辽·耶律倍

辽东丹王耶律倍自投后唐明宗后，长期居住中原，其画风对后世影响很大。从文献著录来看，此卷是耶律倍所画的一件精品。人物形象似胡人，各具姿态，衣冠、服饰、佩戴亦各有不同，马匹矫健、丰肥；东丹王神情忧郁，若有所思，正合其弃辽投唐后的处境。

肯随同自焚，也被李从珂命人杀死，后唐灭亡。至此，耶律德光通过援救石敬瑭，将契丹的势力扩充到了燕云十六州。

【立京改制】

会同元年（939），后晋派出使者将燕云十六州及其典籍献给耶律德光，至此契丹正式掌握了这块战略意义十分重要的土地。耶律德光趁此机会，全面改革契丹的统治结构，将皇都改为上京，改府为临潢，升幽州为南京，南京为东京，改新州为奉圣州，武州为归化州，升南北两院及乙室夷离堇为王，改主簿为县令，县令为刺史，刺史为节度使，二部梯里已为司徒，达剌干为副使，麻都不为县令，各县达剌干为马步。设置宣徽使、阁门使、控鹤、客省、御史大夫、中丞、侍御、判官、文班牙署、各宫院世烛等官职，以南北府、国舅帐郎君官为敞史，诸部宰相、节度使帐为司空，鹰房、监冶等局首领为详稳。大规模的改革区域划分，一方面使辽国可以更好地统治临潢府这样的渤海人和汉人居住区，一方面确立了东京辽阳府和南京析津府两大行政区，为辽国日后的五京道奠定了基础。

【侵掠中原】

会同五年（943），后晋高祖石敬瑭病死，其侄石重贵被群臣拥戴为帝，是为晋出帝。晋出帝早就不满对契丹称臣，当年七月，晋出帝派遣金吾卫

🐉 后晋高祖石敬瑭

大将军梁言、判四方馆事朱崇节出使契丹，书信中称"孙"而不称"臣"。耶律德光派客省使乔荣出使责问，后晋权臣景延广回答说："先帝（石敬瑭）是你们北朝所立，所以向你们称臣，新皇却是我国自己所立，作为你们契丹的邻国称孙可以，上表称臣则是不行。"乔荣返回契丹后，将景延广的言辞报告了耶律德光，后者产生了南征后晋的想法。当年十一月，耶律德光命令卢龙节度使赵延寿等人从沧州、恒州、易州、定州分路出发，全面进攻后晋。从会同七年（944）到会同九年（946），契丹大军和后晋军发生了多次激战。会同七年，契丹军分三路南下，耶律德光、赵延寿率中路军连克贝州、博州等地，但辽军西路军和东路军相继失利，耶律德光为了避免孤军深入，只得下令撤军北

返。会同八年，契丹大军再次南下，分路攻取刑州、洺州、磁州等地，大肆劫掠杀戮。后晋将领慕容彦超、符彦卿等人拼死作战，在白团卫村击退契丹大军，耶律德光乘骆驼逃回大营。此后，耶律德光开始施行军事打击和政治诱降相结合的战略，一点点消磨后晋军队的战斗力。

会同九年十一月，契丹大军再次南下包围镇州。契丹南院大王高勋率军大败后晋贝州节度使梁汉璋，后晋北面行营招讨使杜重威退守滹沱河，与契丹军隔河对峙。耶律德光派遣宫内惕隐耶律朔骨里和赵延寿率大军包围后晋军，亲自率领骑兵趁夜渡河，攻克后晋军后方重镇乐城，彻底断绝了后晋军的粮道，致使后晋军内外隔绝，矢尽粮绝。同时，耶律德光以帝位相诱，杜重威最终率领所部二十万人投降。随后，耶律德光留下千余名骑兵守卫魏州，自己率领大军南下攻打汴梁。无奈之下，晋出帝石重贵率众出降，后晋灭亡。次年二月，耶律德光正式改国号为大辽，改年号为大同，升镇州为中京，企图占据整个中原地区。然而，由于契丹军队在中原地区的大肆劫掠，激起了中原汉人的强烈反抗，后晋河东节度使刘知远在太原称帝，建立后汉政权。眼见自己的统治无法巩固，耶律德光只好率军北归。在回军途中，耶律德光自己总结出兵的得失，认为自己有三大败笔，所以天下群雄才纷起反叛：纵容各地搜刮百姓钱财，是第一失；让契丹士兵打谷草扰民，是第二失；没有早点遣返节度使去治理各镇，是第三失。皇太弟李胡派使者询问军政事务，耶律德光回信说："我当初以二十万大军降伏杜重威等人，进入汴京后审查官员，裁汰昏庸，整个官府机构废弛瘫痪。河东不肯归顺，下边的将领也互相勾结，我日夜思考，最终觉得还是向官员推心置腹、调和军队关系、抚慰百姓这三件事最重要。"不久，耶律德光在回师途中身染重病，在栾城病逝，享年四十六岁。当年九月初一，葬于凤山，陵墓为怀陵，庙号"太宗"。辽圣宗统和二十六年七月，加号为孝武皇帝。辽兴宗重熙二十一年九月，加谥"孝武惠文皇帝"。

论赞

论曰：辽太宗平定四方，各地归顺，建立国号，制定典章制度，以至改革政务，考核名实，审查冤情，教导人民耕种纺织。征求直言的士人，得到郎君海思，就升其为宣徽使，赞赏后唐大臣张敬达忠于君主，以礼埋葬他。亲征后晋，石重贵反绑双手投降，这可以说是军威、仁德和英武都具备的人物。进入汴京后，他没有丝毫地骄傲，自我总结"三失"的教训。《左传》称赞郑伯善于正确对待胜利，《尚书·秦誓》中记载秦穆公能够检讨得失，太宗具备了这两大长处，是卓越的人才啊！

天祚皇帝本纪

辽 天祚帝（1075～1128），即耶律延禧，字延宁，契丹名阿果。辽道宗之孙，昭怀太子耶律浚之子。寿昌七年（1101），辽道宗病死，延禧即位称帝，号"天祚皇帝"，改元乾统。天祚帝即位之时，正值女真族日渐强大，其首领完颜阿骨打反辽之意日渐明显，天祚帝对此毫无察觉，反而宠信奸臣萧奉先等人，致使辽国陷入了内外交困的局面。天庆五年（1115），天祚帝率军征讨女真，结果在护步达岗惨败，辽军主力覆灭。此后，女真大军不断进攻，天祚帝只得向西逃窜。保大五年（1125）二月，被金军俘获，降封为海滨王。金天会六年（1128）病死，享年五十四岁。

▶【即位称帝】

天祚皇帝，名耶律延禧，字延宁，契丹名阿果。他是辽道宗耶律洪基的孙子，大康元年（1075）出生。大康三年，延禧的父亲、道宗所立太子耶律浚被权臣耶律乙辛害死，延禧幸得北院宣徽使萧兀纳等人的保护，这才免遭权臣毒手。六岁时，延禧受封梁王，加授守太尉，兼任中书令。大安七年（1091），总管北南院枢密使事，加授尚书令，任天下兵马大元帅。寿昌七年（1101），辽道宗去世，延禧奉遗诏于道宗灵柩前即位称帝，臣子们上尊号为天祚皇帝。当年二月，改年号为乾统，大赦天下，下令恢复那些被耶律乙辛诬陷获罪的人的官职，召回被流放的人。然而天祚帝并没有振奋多久，他沉迷于游猎之中，北府宰相萧兀纳因为屡次直言劝谏，最终被天祚帝虚尊为太傅，赶出朝廷，出任辽兴军节度使。此后，天祚帝重用北院枢密使耶律阿思、知北院枢密使事萧胡笃、外戚萧奉先等阿谀小人，辽国政局愈发不堪，国力日下。

就在辽国日渐衰落之时，居住在东北地区的女真完颜部却在迅速崛起，其几代首领完颜乌雅束、完颜阿骨打都是一代枭雄。由于辽国不断索取猎鹰、海东青和东珠，对女真人大肆搜刮，女真诸部反辽情绪日益浓重，以完颜阿骨打为首的女真完颜部萌发了武力反辽之心。天庆二年（1112），天祚帝来到鸭子河，接受五国部首领的进贡。当年二月，天祚帝来到春州，到混同江钓鱼，方圆千里内的生女真部落酋长纷纷赶来朝见。恰逢举行"鱼头宴"，众人饮酒尽兴之时，天祚帝来到宴席上，命令各位酋长一个接着一个地献舞，只有阿骨打推说不会，天祚帝再三命令他跳舞，阿骨打始终没有从命。后来有一天，天祚帝秘密地告诉枢密使萧奉先说："上次宴会，阿骨打气势不俗，傲慢无礼，旁若无人，你找个诸如边境纠纷的借口除掉他，否则他早晚成为大患。"目光短浅的萧奉先不以为然，反而劝解天祚帝说："阿骨打是一个不懂礼仪的粗人，并没有犯下大的过失，现在杀了他恐怕会伤害天下人对大辽的归附之心。况且以完颜部的实力，就是有贰心又能怎么样呢？"于是天祚帝放弃了除掉阿骨打的念头。当时阿骨打的弟弟乌乞买、粘罕、胡舍等人跟随天祚帝打猎，能唤鹿杀虎，搏击灰熊，这让天祚帝非常高兴，还给他们加官晋爵，更加不把完颜部当做潜在的威胁。然而阿骨打自从鱼头宴结束后，开始整顿边备，吞并周边部族。女真人赵三、阿鹊产起兵抗拒阿骨打，结果被后者打败，家属被完颜部所俘虏。两人跑到辽国咸州报告完颜部有异动，辽国详稳司将情报传递到北枢密院。枢密使萧奉先将报告当成一般的事务禀告天祚帝，辽国君臣仍然没有予以足够的重视。此后辽国多次召见完颜部首领，阿骨打都称病不来。

【兵戎相见】

天庆四年（1114）正月，天祚帝来到春州游猎。当初，阿骨打起兵攻打纥石烈部首领阿疏，阿疏兵败，逃入辽国寻求庇护。此后，阿骨打多次派使者以索取阿疏为名刺探辽国边境地区的军事情况。当年七月，女真又派使者索取阿疏。天祚帝没有答应，反而派出使者阿息保责问阿骨打为什么在边境上修建许多堡垒。阿骨打用傲慢的语气回答说："如果交出阿疏，就还像往常一样进贡；否则就不会停止修建城堡。"辽国这才开始在浑河以北调集部队，加强东北路统军司的兵力。阿骨打探知辽国开始调动部队，就采取了先发制人的措施，和弟弟粘罕、胡舍等人商议，以银术可、娄室、阇母等人为统帅，集中女真各部兵马，擒获辽国负责催缴海东青的捕鹰官。辽国东北路统军司察觉到了女真异

🔶 **包银木马鞍·辽**

契丹作为北方游牧民族，非常擅长马具兵器的制作，当时"契丹鞍"与宋朝名产蜀锦、定瓷、浙漆等并称"天下第一"。图中的这具契丹马鞍长 56 厘米，胎为木质，外镶包贴金银饰，是辽代马具的代表作。

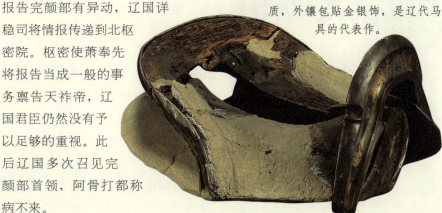

动，急忙向朝廷报告女真可能对宁江州（今吉林扶余东南）发动攻击的消息。然而天祚帝当时正在庆州打猎，对女真起兵的消息毫不在意，只是派遣海州刺史高仙寿率领渤海军队前去支援。结果女真攻其不备，顺利占领了混同江重镇宁江州。

当年十月，天祚帝在萧奉先的建议下，任命守司空萧嗣先为东北路都统，以静江军节度使萧挞不为副都统，出动契丹、奚军三千人，中京禁军和地方武装两千人，另选各路精通武艺、勇猛善战的士兵两千人，以虞侯崔公义为都押官，控鹤指挥刑颖为副都押官，率领大军进驻出河店（今黑龙江

鎏金银面具·辽

契丹贵族死后，面部往往覆罩一件面具样的金属片，躯体则用锦彩络缠或用银铜丝网络络住，以为饰终之仪。图中的面具应是辽国公主所用。

肇源西南）。女真军队察觉到了辽军的动向，就秘密渡过混同江，偷袭辽军。萧嗣先的部队率先崩溃，崔公义、刑颖等人战死沙场，侥幸逃回的辽军士兵只有十七人。萧奉先害怕弟弟萧嗣先被定罪，就上奏说败军到处大肆劫掠，如果不实行大赦，就会引发兵变。天祚帝居然采纳了如此可笑的建议，萧嗣先仅仅被罢官而已。辽国将士对此非常不满，他们私下说："和敌人拼死作战的却没有功劳，退却逃生的没有惩罚。"此后辽军士兵斗志全无，军心涣散，遇到女真军队往往望风而逃。

【一败涂地】

天庆五年（1115）正月，心血来潮的天祚帝下诏准备亲征女真，他派遣僧家奴拿着书信去斥责阿骨打。阿骨打回信说，如果能归还叛徒阿疎，就可以议和。当月，辽国都统耶律斡里多在达鲁古城（今吉林前郭尔罗斯塔虎城）与女真军队作战，大败而回。当年八月，天祚帝结束游猎，赶赴大军之中，他先罢免了耶律斡里多等人的官职，用围场使阿不为中军都统，耶律张家奴为都监，率领契丹、汉兵十万；任命萧奉先为御营都统，诸行营都部署耶律章奴为副都统，以精兵两万为先锋，其余军队分为五部出征。此外，还任命都点检萧胡睹为都统，枢密直学士柴谊为副手，率领步骑三万，南出宁江州，连续运发数月的军粮，准备一举灭掉女真。

九月初一，女真军队攻陷黄龙府（今吉林农安）。天祚帝感觉事态严重，亲率大军数十万征伐女真，派人送去诏书，传达了"女真闹事，将一举歼灭"的旨意。阿骨打聚集部众，用刀子割破脸颊，仰天大哭说："当初我们起兵是因为无法忍受契丹的残忍，想要自己立国。现在辽国皇帝率大军亲征，我们怎么办呢？除非人人拼死作战，否则你们不如杀掉我完颜部一族之众，然后去向辽国投降，也许还能转祸为福。"各部落头领都说："事情已经到了这种地步，我们对您唯命是从。"于是辽国和女真大军在达鲁古城一带展开对峙，大战一触即发。然而没等天祚帝下令进攻，辽国御营副都统耶律章奴就发动了叛乱，他直奔上京（今内蒙古巴林左旗东南），企图迎立天祚帝的堂叔、魏国王耶律淳称帝。天祚帝惊闻国内变乱，慌忙带领大军撤退，结果在护步达岗（今吉林榆树）被女真骑兵追上，辽军精锐一朝尽丧。

【骨肉相残】

天庆六年（1116），居住在辽国东京（今辽宁辽阳）的渤海人不堪忍受辽国官吏的盘剥，拥立偏将高永昌反辽，自称大渤海国皇帝，改元隆基。当年五月，女真军队攻克东京，生擒高永昌，东京附近的辽国皇族纷纷投降女真。六月，天祚帝下令征调各路军队，并加封魏国王耶律淳为秦晋国王，出任都元帅。天庆七年十二月，

阿骨打采纳了谋士杨朴的建议，即位称帝，年号天辅，国号为金。杨朴认为开国应该请求大国封赐，于是阿骨打派使者向辽国议和，以求得到封赐文书。阿骨打在求和信中要求：天祚帝要以兄事金，年年进贡，割让上京、中京、兴中府，以亲王、公主、驸马、大臣的子孙作为人质。此后两年多的时间里，双方使者往来十余次，和谈最终破裂。

天庆十年（1120）五月，阿骨打率军攻克上京，而天祚帝不思迎战，却跑到了沙岭打猎。当年秋天，又前往西京（今山西大同）打猎。保大元年（1121），天祚帝更改年号，大赦天下。女真起兵后，辽国已经丢掉了半壁江山，天祚帝的四个儿子中，长子赵王，其母为昭容，地位较低；次子晋王，其母为文妃；三子、四子是秦王、许王，都是元妃所生。其中晋王贤明英武，在辽国素有人望。元妃的哥哥、枢密使萧奉先担心自己的外甥秦王不能继承帝位，就暗中寻找机会陷害晋王。当时晋王的母亲文妃有姐妹三人：大姐嫁给了大臣耶律挞葛里，三妹嫁给了宗室大将耶律余睹。一天，文妃的姐姐和妹妹在军前相会，萧奉先就派人诬告驸马萧昱和耶律余睹企图拥立晋王称帝。刚刚经历了耶律章奴叛乱的天祚帝不辨真伪，下令赐死文妃。

当时耶律余睹正率军作战，得知这件事后惊惧不安，率领千余骑兵投奔金国。天祚帝得知这一消息后，派

13

遣奚王府知事萧遐买、北府宰相萧德恭、大常衮耶律谛里姑、归州观察使萧和尚奴、四军太师萧幹率领兵马追赶耶律余睹。众将商议说："皇上现在只相信萧奉先的话，萧奉先根本不把我们放在眼里，余睹是宗室中的豪杰，如果把他逮捕了，以后我们这些人的下场就和余睹一样了，不如放他逃命。"随后，众人返回，谎称没有追上。萧奉先看到耶律余睹叛逃，担心其他将领效法，就劝说天祚帝给将领们加官晋爵，以稳定人心。保大二年春天，金军攻克辽国中京（今内蒙古赤峰宁城大名城）。天祚帝出逃居庸关，来到鸳鸯泺。天祚帝得知追赶他的金军先锋竟是耶律余睹，勃然大怒，萧奉先趁机陷害晋王，说余睹是皇室子孙，这次是想拥立外甥晋王。只要处死晋王，余睹就会因为无法得逞而退兵。于是天祚帝下令赐死晋王。晋王死后，各军将士没有不痛哭流涕的，士兵们人心涣散。这时余睹带领金军逼近鸳鸯泺，天祚帝率领骑兵五千多人逃往云中。

▶【身死国灭】

当年三月，天祚帝得知金军将从岭西出击，于是逃往白水泺，不久又逃入夹山。此时天祚帝终于明白萧奉先误国有罪，就大声呵斥奉先说："你们父子误国误君到了这样的地步，即便我现在杀了你们也于事无补，带着你们赶路又怕将士们怨恨，你们不要跟着我走了！"萧奉先下马痛哭流涕，

然后离去。没等他走出多远，萧奉先父子就被左右侍卫捆住送往金军大营。金军斩杀了萧奉先的长子萧昂，把萧奉先和他的次子萧昱送往金国皇帝那里。半路遭遇辽军，萧奉先父子被夺回，后被北辽皇帝耶律淳赐死。此后，天祚帝又驱逐了枢密使萧得里底，让大臣挞不也负责警卫事务。不久，同知点检事耶律高八率领卫士投降金军，外出侦察的萧和尚等人也被金军俘获，天祚帝只得再次逃亡。为了笼络人心，凡是跟随自己的人，无论是官员还是百姓，天祚帝都赐给他们官职。

当初，天祚帝从南京（今北京）出逃时，留下宰相张琳、李处温和秦晋国王耶律淳留守。后来天祚帝逃入夹山，数月没有音信，李处温就和弟弟李处能勾结都统萧幹，阴谋拥立耶律淳为帝。于是，李处温和大臣耶律大石、左企弓等人召集文武百官和父老数万人前往耶律淳府邸，最终拥立耶律淳为帝，是为天锡皇帝，改年号为建福，降封天祚帝为湘阴王，建立了北辽政权。当时北辽拥有燕京、云州、平州以及辽西六路，天祚帝所有的土地仅仅是沙漠以北，西南、西北两路招讨府而已。当年六月，耶律淳身染重病，听说天祚帝在天德、云内、朔州、武州、应州、蔚州等地发放檄文，集合各部精兵五万，准备攻打燕京，不久就在惊惧中病死。众人拥立耶律淳的妻子萧氏为皇太后，主持国家大事。保大二年（1122），金军攻

入居庸关，逼近燕京，萧氏取道古北口，逃往天德军，至此辽国五京都被金军攻占。当年二月，天祚帝下令处死萧氏，将耶律淳贬为平民。当年四月，金军在青冢包围了天祚帝的辎重队伍，天祚帝的儿子秦王、许王、众多的妃嫔、公主全被金军俘虏。随后，金军在白水泺和天祚帝所部展开激战，赵王习泥烈等人被俘，天祚帝派人向金军送上金印，假装投降，然后向西逃往云内。

保大三年，被金军俘虏的林牙耶律大石率领部分兵力来到夹山，天祚帝得到了大石所部，又得到了阴山室韦的兵马，自认为得到上天的帮助，准备出兵收复燕云。耶律大石极力劝阻说："从金人攻占辽阳，您就建都中京；等到金军攻克上京，您又建都燕京；等到中京被攻陷，您又来到云中，又从云中流落到夹山。国家已经到了如此危急的地步，却还求战，这不是好主意。不如养兵以待时机，暂时不可轻举妄动。"天祚帝不肯听从，耶律大石率众北上，自立为王。天祚帝率领大军取道夹山，攻占了渔阳岭，然后连续夺取了天德、东胜、宁边、云内等州。在南下武州时，与金军遭遇，再次遭到大败，只得逃往山阴。

保大五年（1125）正月，党项首领小斛禄派人请天祚帝前往其领地。于是天祚帝率众奔赴天德，经过沙漠时，金军突然赶到，天祚帝乘坐侍卫的马匹得以逃脱。赶到天德后，天降大雪，饥寒难耐，天祚帝只能靠炒面和枣子充饥，靠着侍卫的身体休息。几天后，天祚帝进入了小斛禄的领地，册封其为西南面招讨使，总知军事。不久，金军赶到，天祚帝在应州新城东面六十里被金将娄室俘虏。当年八月，天祚帝被降封为海滨王。后因病去世，享年五十四岁，在位二十四年。金熙宗皇统元年（1141）二月，改封豫王，葬在广宁府乾陵旁边。

论赞

论曰：辽国兴起于北方荒野之地，军队强盛，称雄塞外，席卷河朔，先后扶植后晋、北汉政权，气势无二！太祖、太宗趁着百战百胜的气势，缔造新兴的国家，谋略可以说是睿智深远了。世宗虽然只具有中等的才能，穆宗又残暴无德，接连导致弑君的惨剧发生，但国家的根基并没有被动摇。圣宗对内改善政治，对外开疆拓土，还能加强和巩固与邻国的友好关系，四方边境平安无事。到了天祚帝的时候，既遇到了衰亡的气运，又得不到百姓的支持，宠信奸臣，动摇国家的根本。等到金军进攻，内乱迭起，废立皇帝的阴谋，叛变逃亡的事情屡次发生，国家最终土崩瓦解，实在值得悲哀啊！耶律氏和萧氏，世代为姻亲关系，理应休戚与共。萧奉先私心作祟，不顾国家安危，最终酿成亡国惨剧。天祚帝穷途末路，才醒悟是萧奉先拖累了自己，不也太晚了吗？

辽史 ●本纪●

耶律大石列传

耶律大石（1087～1143），字重德，辽太祖耶律阿保机八世孙。天庆五年（1115）中进士，历任翰林应奉、承旨、辽兴军节度使等职务，时人称其为"大石林牙"。保大二年（1122），耶律大石和群臣拥立耶律淳为皇帝，不久耶律淳病死，耶律大石投奔天祚帝，遭到天祚帝的责难。为求自保，耶律大石率军出走，向西奔至可敦城，集结威武、崇德诸州以及大黄室韦、敌剌等十八部族继续西行，后为部众拥立为帝。延庆元年（1131），上尊号为天祐皇帝，号葛儿罕，建立西辽政权。

▶【出身贵胄】

耶律大石，字重德，辽太祖阿保机八世孙。他通晓契丹文、汉文，同时又精于骑射，天庆五年（1115）得中进士，担任了翰林应奉的职务。不久，升任翰林院承旨。在辽国的官制中，翰林院官员又被称为林牙，因此耶律大石又被称为"大石林牙"。保大二年（1122），金军逼近，辽天祚帝从鸳鸯泺败走夹山，辽国大臣不知其所终。国不可一日无君，大石和众臣拥立秦晋国王耶律淳为皇帝，号称天锡皇帝，史称"北辽"。耶律淳登基三个月后病死，大石等人立耶律淳的妻子萧氏为太后，共同镇守燕京。不久，金军攻陷南京，萧氏率众人投奔天祚帝。天祚帝对耶律淳称帝异常愤怒，下令杀死萧氏，又迁怒于拥立耶律淳的大石。大石从容辩解说："陛下集中了全国的力量，却不能挡住敌

人，丢下国家千里逃遁。这种情况下，就是拥立十个耶律淳，也是将国家交给太祖的子孙，这难道不比将国家交给敌人要强吗？"天祚帝无言以对，赦免了他的罪过。

保大四年七月，天祚帝自夹山誓师东征，打算收复燕京。大石知道辽国已经日薄西山，就劝说天祚帝西撤，遭到了拒绝。大石率领两百名铁骑连夜逃走，向北走了三天三夜，渡过黑水河，遇到了白达达部落的详稳。白达达部献上战马四百匹、骆驼二十匹、羊若干只，解决了大石的补给问题。随后，大石率部赶赴辽国西北路招讨司驻地可敦城。入城后，大石立刻召集威武、崇德等七州长官以及大黄室韦、敌烈等十八部首领，大石通过慷慨陈词得到了众首领的一致响应，得以聚集了万余精兵，还设置官府，任命官吏，打造所需的兵器甲仗。

【建立西辽】

第二年二月甲午，大石按照契丹人的习俗，用青牛白马祭告天地、祖宗，率领全军向西进发。大军行至西州回鹘领地时，大石写信给回鹘王毕勒哥，信中说："我们两国不是一两天的友好关系，现在我要西征大食，所以向你借路，你不要有什么疑心。"毕勒哥收到信后，派人将大石接到自己的官邸，大宴三日。大石临行前，毕勒哥以子孙作为人质，甘为大石的附庸国，并且献出战马六百匹、骆驼一百匹、羊三千只，一路将大石及其军队送到境外。大石一路作战，所过之处，灭掉与其为敌的国家，安抚归顺的部落，大军行进一万里，归附的有好几个国家，得到的骆驼、马匹、牛羊、财物不可计算，大石的军队越发壮大，将士们的士气也日益高涨。

不久，大石率军攻打建都于寻思干（今乌兹别克斯坦撒马尔罕）的西哈剌汗国，西哈剌汗国向其宗主国塞尔柱突厥求助，塞尔柱突厥以十万大军进攻西辽。大石对部下说："敌军虽然人多势众，但缺少计谋，只要我们发动猛攻，他们首尾难救，我军必胜。"随后，大石派六院司大王萧斡里剌、招讨副使耶律松山率领两千五百名精兵攻击敌人的右军；以枢密副使萧剌阿不、招讨使耶律术薛率两千五百名精兵进攻敌人左翼；大石亲率

大军猛攻敌人中军。大军三路齐发，敌军大败，伏尸数十里。随后，大石率军西进至起儿漫（今属乌兹别克斯坦），文武百官拥立大石称帝，大石当年三十八岁，号菊儿汗（意为"汗中之汗"），加尊号为天祐皇帝，改元延庆，史称西辽。延庆三年（1134），耶律大石班师东返，行走二十多天，最终在一块土地上建立都城，号为虎思斡耳朵（意为强有力的宫帐），改延庆三年为康国元年。三月，任命六院司大王萧斡里剌任兵马都元帅，同知枢密院事萧查剌阿不为副帅，率领七万骑兵东征。西辽大军行进万里，一无所得，牛马死亡无数，只能收兵返回，大石哀叹说："上天不肯顺应我，这是大辽的命数。"康国十年，大石病逝，在位二十年，庙号"德宗"。

☙ 卓歇图（局部）·辽

《卓歇图》表现的是狩猎归来的骑士正在休息的场面，画面中人马交错，有的骑士在整理马鞍，有的骑士坐地休息，人物神态各异，极富游牧民族生活气息。

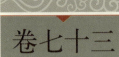

卷七十三

耶律曷鲁列传

耶律曷鲁（872～918），字控温，一字洪隐，在阿保机册封的二十一功臣中位居首位。耶律曷鲁自幼和阿保机交好，长大后招降小黄室韦部众。后来跟随阿保机讨伐奚部和黑车子室韦，大败幽州守将赵霸。阿保机即位称帝后，曷鲁总领军国事务，跟随阿保机讨伐诸弟叛乱，后因病去世，阿保机命令立石记载其功。

▶【拥立之功】

耶律曷鲁，字控温，一字洪隐，迭剌部人。曷鲁天性质朴厚道，童年时和太祖阿保机一道游玩，叔父释鲁觉得他们非同一般，就说道："振兴我们家族的必然是这两个孩子。"太祖长大后，两人互相交换衣服和马匹，

🔴 耶律曷鲁，字控温，辽太祖耶律阿保机的族兄弟，辽国第一开国功臣，被尊称为"心"。耶律阿保机称帝后，封他为"阿鲁敦于越"。

曷鲁侍奉太祖更加恭谨。当时耶律滑哥杀害了自己的父亲释鲁，太祖对曷鲁说："滑哥犯下弑父大罪，他知道我肯定不会放过他，一定对我反咬一口。"此后，曷鲁经常佩刀跟随太祖，以防不测。过了一段时间，曷鲁的父亲偶思病重，他在去世前叮嘱曷鲁要忠心辅助太祖。阿保机担任挞马狘沙里后，但凡军国大事没有和曷鲁商量就不予施行。曷鲁也不负太祖厚望，在征讨越兀和乌古部时，屡立战功。

907年，太祖担任迭剌部夷离堇，率军讨伐不肯臣服的奚部，奚部的酋长术里依托天险，负隅顽抗，太祖就派曷鲁拿着一支箭杆劝其投降。曷鲁到达奚部后，被奚人拘捕。他毫不慌乱，以契丹、奚人本为一体，太祖受命于天，用恩德对待下属等言辞劝说术里，术里感其诚意，最终投降。太祖担任于越后，执掌国家政事，打算任命曷鲁为迭剌部夷离堇，曷鲁予以推辞。太祖率军讨伐黑车子室韦，幽

州军阀刘仁恭派遣养子赵霸率军救援，曷鲁以伏兵出击，大败赵霸所部，最终降服了室韦。太祖在云州会见沙陀族军阀李克用，曷鲁陪侍在旁。李克用看见他，觉得他雄健过人，也曾出言相问，太祖朗声回答，替曷鲁扬名于天下。

【功盖一时】

907年，遥辇痕德堇可汗去世，太祖的部下就打算拥戴他为联盟可汗。太祖推辞不就，又是曷鲁以"天意不可违，民心不可背"为理由，力劝太祖即位。太祖这才同意即位称帝，任命曷鲁总管军国事务。当时国家制度还没有建立，太祖的族弟耶律剌葛等人窥视帝位。太祖挑选各部族中强壮勇敢的战士两千余人组建自己的武装力量——腹心部，以曷鲁和太祖的妻兄萧敌鲁为首领。不久，太祖诸弟发动叛乱，太祖派遣曷鲁总领军事，平定了叛乱，因功升任迭剌部夷离堇。当时一百姓饱经战乱，人口锐减，经济凋敝，幸亏曷鲁治理有方，迭剌部的畜牧兴旺，百姓也因而富裕。太祖趁机讨伐乌古部，打败了他们，乌古部从此不敢叛乱。916年，曷鲁请求制定朝廷礼仪，建立年号，率领文武百官为太祖上尊号。太祖完成册封仪式后，任命曷鲁为阿鲁敦于越，阿鲁敦在汉语中就是"盛名"的意思。

此后，太祖率军征讨西南的少数部族，曷鲁多次担任前锋。神册二年（917），曷鲁跟随太祖逼近幽州，后唐节度使周德威在可汗州西面同太祖交战，被太祖击败，随后曷鲁率军包围了幽州。久攻不克后，太祖因为天气炎热而撤兵，留下曷鲁和卢国用守卫营垒。不久，后唐大军赶到，曷鲁等人因为寡不敌众而撤军。神册三年七月，皇都建成后，太祖宴请官员，曷鲁于当天去世，享年四十七岁。安葬曷鲁后，太祖将他的坟墓命名为宴答，埋葬曷鲁的山峰命名为于越峪。

最初，曷鲁病危的时候，太祖亲自来探望他，问他还有什么遗愿。曷鲁说："陛下宽厚仁慈，百姓们顺心如意，我已经承受了太多的宠信，即使闭上眼睛也没有什么遗憾了。只是分散迭剌部的大计议而未决，希望能尽快办好这件事。"曷鲁去世时，太祖流着眼泪说："假如曷鲁再活三五年，我的计划没有不能成功的。"后来太祖册封二十一位功臣时，对每个人都做了比拟，其中将曷鲁比作自己的心脏。

白话精编二十四史

◉第九卷◉

论赞

论曰：曷鲁以心腹近亲，担负运筹帷幄的重任，老谋深算，可以说是算无遗策了。他和太祖之间君臣相交的真诚，就如同吴汉和汉光武帝一样。信任那些可以信任的人是明智的做法，太祖做到了这一点，所以说只有贤人了解贤人，太祖同曷鲁差不多就是这样的关系。

卷七十四

韩延徽　韩德枢列传

韩延徽（882～959），字藏明，幽州安次（今属河北）人。后唐时，韩延徽任幽都府文学、平州录事参军、幽州观察使支使等职务。后唐节度使刘守光派遣韩延徽出使契丹，遭到辽太祖耶律阿保机的拘押，后经述律后的推荐，才被阿保机重用，他帮助辽国修建城市、安抚百姓、创立典章制度，官至守政事令、崇文馆大学士。韩延徽历经辽太祖、辽太宗、辽世宗、辽穆宗四朝数十年，被数代辽帝视为股肱之臣。应历年间，病死，葬于幽州，追赠尚书令，为辽太祖佐命功臣之一。

▶【入辽为官】

韩延徽，字藏明，幽州安次（今属河北）人。韩氏为幽州豪门望族，韩延徽的父亲韩梦殷先后担任过蓟州、儒州、顺州刺史。五代初期，幽州被军阀刘仁恭所占据，他听说韩延徽才华过人，就召他为幽都府文学、平州录事参军。后来，刘仁恭的儿子刘守光发动兵变，将其父囚禁，为了取得契丹的支持，派韩延徽出使契丹。辽太祖见韩延徽威武不屈，就将他扣留为人质，让他从事牧马的苦役。太祖的皇后述律氏劝太祖说："韩延徽坚持节操，不肯屈服于武力，是当代的大贤啊！怎么能够囚禁他、折辱他呢？"于是，太祖召见了韩

延徽，和他谈论时事，韩延徽的意见往往和太祖不谋而合，就让其参与军事。在攻打党项、室韦，平定其他部落的战斗中，韩延徽所献的谋略最多。除了参与军事活动外，韩延徽还建议太祖建立城市，划分市井乡里，让归附的汉人居住，又替他们指定配偶，让他们开垦荒地，休养生息，因此契丹的人口越来越多，逃亡的人越来越少，大大推进了契丹社会的发展和政权的封建化进程。

◆錾花金针筒·辽

辽代金银器大多富有契丹民族特色，以马具、带饰居多，类似于针筒、银盒、银枕等物品大多为女性贵族所喜爱，图中的金针筒就出土于辽陈国公主墓中。

【历经四朝】

韩延徽入辽日久，十分怀念自己的故乡，就逃回了后唐的晋阳（今山西太原）。韩延徽原本想出仕后唐，但为将领王缄所忌恨，不得不投奔友人王德明。王德明问他接下来有什么打算，韩延徽回答说想要重回辽国。王德明认为这么做太危险，韩延徽却笑着说："辽人失去我，就如同失去左右手，见我肯回去，必然十分高兴，又怎么会加害我呢？"果然不出韩延徽所料，当他回到辽国时，辽太祖果然喜出望外，亲自出来迎接他，还笑着问他为什么离开。韩延徽理直气壮地回答说："忘记亲人是不孝，背弃君主是不忠，臣虽然因为思念亲人而逃走，但心还是忠于陛下的，所以臣又回来了。"辽太祖非常高兴，赐名匣列，在契丹语中就是再次到来的意思。随后，任命韩延徽为政事令、崇文馆大学士，宫廷内外的事情全部让韩延徽参与决策。天赞四年（925），韩延徽跟随太祖征讨渤海，与诸将攻破敌城，受封左仆射。后来，韩延徽又和康默记一起攻打长岭府，占领了这座城市。军队返回国内后，辽太祖去世，韩延徽悲痛欲绝，场面让其他臣僚非常感动。辽太宗耶律德光时期，韩延徽受封鲁国公，依旧担任政事令，出使后晋回来后改任南京三司使。辽世宗时期，韩延徽升任南府宰相。应历年间（951～969），韩延徽致仕归乡，他的儿子韩德枢镇守东平，辽穆宗允许韩德枢每年回家乡探望父亲。

应历九年（959），韩延徽去世，享年七十八岁。辽穆宗听说后，非常悲痛，赠官尚书令，将他安葬在幽州鲁郭，皇室子孙世代尊其为崇文令公。当初，韩延徽逃回中原的时候，辽太祖梦见一只白鹤飞走；等他回来时，又梦见白鹤飞回。第二天早上，辽太祖就对群臣说："韩延徽回来了。"不久，韩延徽果然回来了。太祖初期，许多制度都处于草创之中，大凡修建都城，建造宫殿，确立君臣之间的名分，使法度井井有条，都是韩延徽的功劳，他也被称为辽太祖的佐命功臣之一。他有一子韩德枢。

【其子德枢】

韩德枢刚满十五岁的时候，辽太宗耶律德光见到了他，就对韩延徽说："这孩子是你们韩家的福星，也是国家的瑰宝，将来一定是杰出人才！"靠着父亲的福荫和皇帝的信任，韩德枢不到二十岁就官至左羽林大将军。韩德枢善于安抚百姓，当时归附辽国的汉人很多，大多居住在东平。遇到灾荒之年，饥饿、疾病、瘟疫就让这些流民苦不堪言。韩德枢请命前去安抚他们，太宗任命他为辽兴军节度使。德枢到任后，整顿秩序，劝农桑、兴教化，一个月就让百姓的生活发生了很大的变化。不久，德枢被任命为南院宣徽使、门下平章事。不久，又加官为开府仪同三司、行侍中，受封赵国公，保宁元年（969）去世。

韩知古 韩匡嗣 韩德源列传

韩 知古，蓟州玉田（今河北玉田）人，玉田韩氏的第一代家主。韩知古六岁时，被述律月理朵（辽太祖皇后述律氏）的兄长欲稳俘获，成为了述律家的奴仆。后跟随述律月理朵嫁入耶律家，机缘巧合中被辽太祖所知，成为太祖麾下能臣。他为辽国确立礼仪，治理汉民，功劳赫赫。韩知古去世后，他的儿子韩匡嗣及孙子韩德源、韩德让、韩德凝都曾出仕为官。

【韩知古】

韩知古，蓟州玉田（今河北玉田）人，极具见识和器量。唐昭宗天复三年（903），辽太祖对蓟州用兵，当时韩知古只有六岁，被述律月理朵之兄欲稳俘获，成为了述律家的奴仆。后来，述律月理朵嫁给辽太祖为妃嫔，韩知古以家臣的身份来到辽太祖的帐下效力。因为身份卑微，韩知古怀才不遇，因为不满意自己的待遇，韩知古私逃出宫，靠给别人当仆役来维持个人的温饱。后来，韩知古的儿子韩匡嗣得到机会接触辽太祖，韩匡嗣趁机推荐自己的父亲，韩知古这才得到了和太祖接近的机会。太祖认为韩知古是难得的贤才，就让他参与谋划国家大事。神册初年（916），韩知古出任彰武军节度使。随着时间的推移，太祖对韩知古越来越信任，任命他为总知汉儿司军事，兼主诸国礼仪。汉儿司是辽国初年管理汉人事务的官僚机构，韩知古得任总知，可见太祖对

其信任之深。当时辽国礼仪粗俗简略，毫无汉仪的规矩森严，韩知古根据古代的典章制度，参考契丹的风俗，再结合汉人的礼仪，制定了辽国的礼仪制度，使辽国人便于了解，而易于实行。因为韩知古帮助辽国建立了草原民族少有的礼制，辽太祖将其视为佐命功臣，任命他为左仆射。韩知古和大臣康默记一起率领汉军讨伐渤海国有功，后来又升任中书令。天显年间（926～927），韩知古去世。

【韩匡嗣】

韩匡嗣是韩知古的第三子，他擅长医术，在长乐宫为官时就深得述律后的喜爱。应历十年（960），韩匡嗣被任命为太祖庙详稳。当初，辽景宗耶律贤还是太子之时，就与韩匡嗣交好。景宗即位后，任命韩匡嗣为上京留守。不久，又封他为燕王，改任南京留守。保宁末年（979），又让他以留守的身份代理枢密院使。

当时大臣耶律虎古从宋朝出使回来，向景宗报告说宋人要出兵夺取后汉河东之地，应当事先做好准备。韩匡嗣却诋毁他说："哪里有这样的事情！"不久，宋军果然攻克了太原，灭掉了北汉，并且进攻幽州。韩匡嗣和南院宰相耶律沙、惕隐耶律休哥率军出战，在满城和宋军相遇。辽军刚刚摆开阵势，宋军前来诈降，韩匡嗣想接受，耶律休哥说："我看敌人士气很高，投降不过是迷惑我们，应该整顿士兵，严加戒备。"韩匡嗣不听。宋军擂鼓

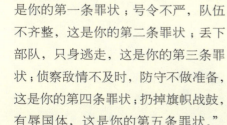

🔴 **三彩刻花鹭莲纹盘·辽**

辽代陶瓷器被称为"辽瓷"。它继承了"唐三彩"的传统，故又被称为"辽三彩"。辽三彩大多采用黄、绿、褐三色釉，器型富有契丹民族的风格。图中的这件三彩刻花鹭莲纹盘在辽三彩器中极为罕见，现收藏于北京故宫博物院。

进攻，没有防备的辽军互相践踏，阵形大乱。韩匡嗣慌忙命令全军撤退。众将在逃跑的路上又被宋军的伏兵截断了退路，韩匡嗣放弃了旗帜战鼓逃跑，只有耶律休哥收拾丢弃的武器，全军撤回。景宗非常恼怒，责备他说："你违背大家的计谋，孤军深入，这是你的第一条罪状；号令不严，队伍不齐整，这是你的第二条罪状；丢下部队，只身逃走，这是你的第三条罪状；侦察敌情不及时，防守不做准备，这是你的第四条罪状；扔掉旗帜战鼓，有辱国体，这是你的第五条罪状。"

说完，景宗命令士兵处死韩匡嗣。幸亏景宗的睿智皇后带着众妃嫔慢慢地替韩匡嗣开脱解释，景宗的怒气才稍稍缓和，改为杖刑。不久，韩匡嗣被贬职为晋昌军节度使。乾亨三年（981），改任西南面招讨使，不久去世。睿智皇后听到这个消息，派使者前去吊唁，赠与了特别丰厚的丧葬费用，后来又追赠韩匡嗣为尚书令。韩匡嗣的五个儿子：德源、德让（后被赐名耶律隆运）、德威、德崇、德凝。

【韩德源】

韩德源是韩匡嗣的儿子，生性愚蠢而贪婪，早年曾在景宗的府邸中供职。景宗即位后，他位列近侍。保宁年间（969～979），历任崇义军节度使、兴国军节度使，加官检校太师。因为德源有受贿的名声，他的弟弟韩德让写信规劝他，可他贪腐依旧，因此，当时的人们都很看不起他。后来，他官至同政事门下平章事，挂职保宁军节度使，乾亨初年（979）去世。

右侧竖排：白话精编二十四史 第九卷

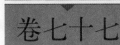

耶律屋质列传

律屋质（915～973），字敌辇，辽国宗室。屋质博学多才，辽太宗时出任惕隐之职。辽世宗即位后，屋质为皇太后和世宗调停，避免了辽国内部大规模内战的爆发。天禄五年（951），世宗被弑，屋质和禁卫长皮室等人平定叛乱，迎立穆宗为帝。应历五年（955），出任北院大王。保宁初年（969），宋军进攻北汉，屋质率军增援太原，以功授于越之号。保宁五年病逝。

▶【斡旋其中】

　　耶律屋质，字敌辇，辽国宗室之后。他天性纯朴沉静，有气度远见，重诺守信，遇到突发事件能够从容地处理。辽太宗会同年间（938～946），屋质出任惕隐之职。大同元年（947），辽太宗耶律德光去世，大臣们拥立永康王耶律阮为帝，是为辽世宗。权欲极强的太后述律氏原本打算立幼子李胡为帝，听说大臣拥立世宗后勃然大怒，派李胡率军迎击世宗，结果大败而回。李胡拘捕了世宗所有臣僚的家属，告诉看守说："如果此战再败，就处死这些人。"一时间辽国宗室大臣惴惴不安，相互说道："一旦开战，就是父子兄弟相残的局面了。"当时屋质跟随述律后，世宗知道屋质善于谋划，就打算施行离间计，就派人送给屋质一封信，用来试探述律后。述律后收到信后，让屋质自行辩解，屋质毫不避嫌，力劝述律后和

世宗讲和，以避免骨肉相残的惨剧出现。述律后派屋质送信给世宗，世宗叫宣徽使耶律海思回信，言语中颇有不恭敬的话语。屋质劝阻说："信中有这样的话，国家的内乱就不能终止。能够解除宗室的怨恨，就能使国家安定，臣认为没有什么比议和更妥善的策略了。"世宗最终同意了屋质的看法，派海思拜见述律后，商议和解大计。

　　不久，述律后和世宗见面，互相埋怨指责，毫无和解的态势，又是屋质仗义执言，指出述律后偏爱幼子，假托先帝遗命，随便传授帝位；而世宗擅自即位，对祖母述律后毫无尊敬之心，一味怨恨，强调如果双方坚持己见，不肯让步，还不如在战场上决一胜负。最终，世宗和述律后各自做出了让步，一场内战被消弭于无形。随后，双方就何人即位称帝再次展开争论，述律后询问屋质的意见。屋质回答说："太后应该传授给永康王（辽

世宗）！"李胡当即反驳说："我还活着呢，谁敢立旁人？"屋质毫无惧色，高声回答说："礼法规定，君王有嫡系子孙在世，就不能传位给庶出的兄弟。何况你暴力残忍，众人对你早已不满。"述律后知道大势已去，于是答应立永康王为帝，辽国的政权交接得以和平进行。事后，世宗询问屋质说："你和我的血缘最亲近，为什么反而帮助太后呢？"屋质回答说："臣认为国家社稷最为重要，不可轻易授予他人，所以臣才如此作为。"世宗不但没有生气，反而很为屋质的忠诚所感动。

世宗即位后，辽国内部的权力斗争并没有偃旗息鼓。天禄三年（949），世宗堂叔、泰宁王耶律察割阴谋叛乱，屋质上书揭发他的罪行，但世宗没有相信。当年秋天，世宗在行宫饮宴，酒醉后被察割所杀。叛乱中，叛臣意欲除掉屋质，他们高喊"穿着紫色衣服者不可放过"。屋质听到他们的喊叫后，换衣而出，派人召集诸位王子，通知禁卫长皮室等人同力讨伐叛贼。当时世宗的长子、寿安王耶律璟已经回到自己的营帐，屋质派弟弟耶律冲前去迎接。耶律璟到达后，犹豫不决，屋质劝告他说："大王是世宗皇帝的儿子，叛贼们必然不会放过您。如果您不肯挺身而出，那么一旦落入叛贼的手中，后悔也来不及了。"寿安王这才醒悟过来，众将听说屋质脱离了危险，也纷纷前来。黎明后，屋质调集军队，迅速平定了叛乱，斩杀了察割。

叛乱平定后，耶律璟即位称帝，是为辽穆宗。穆宗对屋质说："我的生命是您出手相救的。"任命屋质知军国事，将叛贼党羽的财产全部赐给屋质，被屋质所婉拒。应历五年(955)，屋质出任北院大王，总管山西事务。辽景宗保宁初年（969），宋军北伐太原，屋质率军增援。到达白马岭后，屋质派遣精兵连夜沿小路前进，飞快地赶到太原西面，敲响战鼓虚张声势。宋军以为辽军大举来援，只得连夜撤走，屋质因功加官为于越。保宁五年（973）五月，屋质因病去世，终年五十七岁。

白釉皮囊式鸡冠壶·辽

鸡冠壶是辽代瓷器的一种，因为上部有鸡冠形的装饰而得名。契丹民族以游牧生活为主，需要随时携带水、乳等饮品，为了方便和安全起见，就以皮革制成皮囊，只留下小口，鸡冠壶就是仿制这种皮囊的陪葬品。

耶律隆运 德威 滁鲁 制心 勃古哲列传

辽史 列传

耶律隆运（941～1011），原名韩德让，辽圣宗时赐姓耶律。辽景宗时，历任上京留守、南京留守等职务。乾亨元年（979），宋军北伐燕京，他登城日夜坚守，与援军配合，大败宋军。战后，因功升任南院枢密使。景宗病逝后，受命辅助辽圣宗，总宿卫事，深得萧太后宠信。统和四年（986），宋军再次北伐，跟随圣宗、萧太后出征，再败宋军，后封为楚王，任北府宰相，又拜大丞相，进齐王。统和末年（1011），出征高丽，因疾而终。其弟耶律德威，其侄儿耶律滁鲁、耶律制心都曾出仕为官。

▶【耶律隆运】

耶律隆运，原名韩德让，西南面招讨使韩匡嗣次子。统和十九年（1001），赐名为德昌；统和二十二年，赐姓耶律；统和二十八年，又赐名为隆运。耶律隆运厚道稳重，智谋出众，精通治国之道。隆运最初侍奉辽景宗，因为谨慎细心而闻名，加官为东头承奉官，补授枢密院通事。后来又替代他的父亲韩匡嗣担任上京留守，权知京事，此时的隆运在辽国官僚阶层已经颇具声望。不久，隆运又外出镇守南京（今北京），时人对他多有赞誉。乾亨元年（979），宋军攻取河东太原，灭北汉，随后挥师北上，准备收回被辽国占据多年的燕云十六州。辽国大将五院详稳奚底、统军萧讨古率军迎战宋军，大败而回，南京被宋军包围，日夜攻打，城中人心不稳。此时，隆运登上城楼，日夜守护，直到辽国大军前来，在高梁河一役大败宋军。战事结束后，隆运因功升任辽兴军节度使。乾亨三年，隆运升任南院枢密使。

乾亨五年，景宗病危，隆运和耶律斜轸一起接受遗诏，两人总宿卫事，立梁王耶律隆绪为帝，奉太后萧绰称制。因为隆运负责皇宫值宿守卫，萧太后更加宠信他。统和元年（983），隆运加官为开府仪同三司，兼政事令。统和四年，北宋派遣曹彬、米信率领十万大军再次伐辽，隆运跟随辽圣宗、萧太后出征，再次打败了宋军，加官为守司空，封楚国公。大军北返后，隆运和北府宰相室昉共同执掌辽国军政大权。不久，隆运上奏说燕山以西的四个州县多年遭受战乱之苦，再加上连年灾荒，应当减轻赋税以招揽流民，朝廷采纳了他的建议。统和六年，萧太后观看马球比赛，宗室胡里室故意将隆运撞落马下，愤怒的萧太后立刻下令将胡里室斩首。不久，萧太后下诏命隆运率军征宋，包围了沙堆，宋军趁着夜色前来偷袭，结果被严阵以待的隆运击败，以此军功受封为楚王。统和九年，隆运上奏说燕地人狡猾，用不正当的手段请求免除赋税劳役，契丹贵族趁机中饱私囊，请求派北院宣徽使赵智前去警告他们，朝廷再次采纳了隆运的意见。

统和十一年，隆运的母亲去世，他请求回家守丧，朝廷下诏让他节哀顺变，并夺情起用。次年，室昉致仕，隆运接任北府宰相，领枢密使，监修国史，赐号兴化功臣。当年六月，隆运上奏说辽国三京地区审理案件的官员太多，大多数收受贿赂，要么放纵不法之徒，要么胡乱严刑拷打，请求朝廷明令禁止这种行为。辽圣宗批准了他的奏本。隆运又上奏请求委任贤才去除奸臣，萧太后赞扬他说："引荐贤才辅佐国家，这才是宰臣的职责啊！"隆运服丧期满后，兼太保、政事令。统和十七年，北院枢密使耶律斜轸去世，辽圣宗命隆运兼任斜轸的职务。此后，隆运出任大丞相，进封齐王，总管南北二枢密院、南北二宰相府事务。因为南京、平州粮食歉收，隆运上奏请求免除百姓的农具钱，并且请求平抑各地商人贸易的物价，朝廷也都采纳了他的建议。

统和二十二年，隆运跟随萧太后南征宋朝，

大军到达黄河岸边，和宋朝签订了"澶渊之盟"后北返。当年改封晋王，赐姓耶律，名隆运，地位在辽国亲王之上，还赐给他大量的田宅和陪葬墓地。统和末年（1011），隆运出征高丽归来，因病四肢瘫痪，辽圣宗和萧太后都亲自来看望他。不久，隆运去世，享年七十一岁，赠尚书令，谥号"文忠"，官府给予他家人安葬用具，在乾陵旁边为他修建庙宇。隆运没有儿子，他的弟弟叫德威，他的侄儿叫制心。

【耶律德威】

耶律德威，韩匡嗣第五子，耶律隆运之弟。德威生性刚直，善于骑射。保宁初年（969），历任上京皇城使、儒州防御使、北院宣徽使等职务。乾亨末年（981），其父韩匡嗣病死，德威本应为父守丧，但诏命夺情起用，

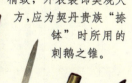

鎏金银刀锥鞘·辽

契丹工艺品中，金银器皿较少，多为马具、兵器，体现了契丹族善于骑射的强悍性格。图中的银刀均配有鎏金银鞘，刀柄有玉制和琥珀制两种，刀柄和刀鞘做工精致，外表装饰美观大方，应为契丹贵族"捺钵"时所用的刺鹅之锥。

让他代理西南面招讨使的职务。统和初年（983），党项人入侵辽国边境，德威率军出征，打退了他们，辽圣宗赐给德威宝剑，允许他便宜行事，遇事不必先行上报。德威率领突吕不、迭剌所部，平定了稍古葛的叛乱，因功受封为招讨使。

夏州党项首领李继迁背叛宋朝，打算归附辽国，德威请求接纳他。李继迁归附后，其他党项部族纷纷归附，辽圣宗下诏嘉奖德威。德威和惕隐耶律善补打败了宋将杨继业，被加官为开府仪同三司、政事门下平章事。不久，因为燕山以西的城镇遭到了李继迁的劫掠，德威被罢免了兵权。随后，李继迁接受了宋朝银州观察使的职务，辽圣宗派德威领兵持诏到银州责问，李继迁借口要西征不出来相见，德威大怒，纵兵在灵州掳掠后返回。德威在五十五岁时因病去世，赠官兼侍中。

【耶律滌鲁】

耶律滌鲁，字尊宁，从小生长在皇宫中，被称为"小将军"。辽兴宗重熙初年（1032），历任北院宣徽使、右林牙、副点检，受封漆水郡王。后因私自索取回鹘使者进贡的水獭毛皮，以及索取阻卜部落的贡品，而被判处杖责的刑罚，削去爵位，免除官职。不久，滌鲁被起用为北院宣徽使。重熙十九年，改任乌古敌烈部都详稳，后任东北路详稳，受封混同郡王。清宁初年（1055），滌鲁出任南府宰相，因年老请求致仕，改封汉王。辽道宗大康年间（1075～1085）去世，享年八十岁。

滌鲁神态清秀，辽圣宗将他当成儿子看待，辽兴宗敬他为兄长，他虽然身处显位、却处世谦恭。他担任都点检的时候，跟随辽圣宗在黑岭打猎，捕捉到了一头黑熊。圣宗非常高兴地饮酒庆祝，问他："你有什么要我赏赐给你的吗？"滌鲁回答说："臣下富贵已极，不敢再有别的奢望。只是我的叔父曾经受过先帝的优待，去世之后，他不肖的儿子因为犯罪被抄没家产，籍没为奴。希望您能在叔父的子孙中赦免一个人来主持祭祀，

🔹 **琥珀璎珞·辽**

璎珞是极具契丹民族特色的饰品，它的流行与契丹人尚佛有关。这件琥珀璎珞长 173 厘米，由 416 颗琥珀珠、5 件浮雕饰件用细银丝穿系而成，表面有橘红、红褐、橘黄三种颜色，是难得一见的文物珍品。

我的心愿就了却了。"圣宗下诏免除其叔后人奴籍，发还了家产。

【耶律制心】

耶律制心，小字可汗奴，他的父亲德崇是韩匡嗣第六子，因为擅长医术，多次升官，做到了武定军节度使的职位。制心擅长调教猎鹰。统和年间（983～1012），出任归化州刺史。开泰年间（1012～1021），出任上京留守，晋升汉人行宫都部署，受封漆水郡王。因为制心是皇后的弟弟，所以恩宠日深。枢密副使萧合卓当权，制心上奏说合卓缺少见识气度，品行不端，皇上默默无语。每逢皇宫内饮宴欢聚，制心总是找借口避开，皇后非常不高兴，认为制心不愿意和自己见面，制心回答说："富贵和宠信很少能够长久的，我只是为我们家族的未来避嫌罢了。"

太平年间（1021～1031），制心历任中京留守、惕隐、南京留守、南院大王等职务，受封燕王。有人劝制心信奉佛教，制心回答说："我不懂佛法，但我认为只要心中没有私欲，就和信仰佛教差距不大了。"一天，制心洗澡更衣后躺下，家人听到有音乐声，诧异地进屋探察，才发现制心已经去世了，享年五十三岁，赠官政事令，追封陈王。制心镇守上京的时候，当时辽国正在施行禁酒，有人抓住了私自酿酒的人，送交制心治罪。制心将酒一饮而尽，笑着没有追究那人的责任，因此深得百姓的拥戴。他

去世的那天，治下的百姓悲痛得如同哀悼自己的父母一样。

【耶律勃古哲】

耶律勃古哲，字蒲奴隐，六院夷离堇蒲古只的后代。勃古哲勇敢彪悍，善于商业经营，保宁年间（969～979），历任天德军节度使、南京侍卫马步军都指挥使。因为讨伐党项阿理撒米、仆里鳌米有功，升任南院大王。辽圣宗即位后，萧太后代理国事，恰逢大臣们讨论国家大事，勃古哲上奏章陈述了几件有利于国家的事情，萧太后非常满意，让他兼任山西路各州事。统和四年（986），宋军北伐，勃古哲因为和宋军作战有功，被赐号"输忠保节致主功臣"，总管燕山以西的五个州。当时有人控告勃古哲徇私枉法，残害百姓，调查后发现举报属实，他被判处了杖刑。统和八（990）年，在南京统军使任上去世。

论赞

论曰：韩德让在统和年间，身兼主将和宰相双重职务，克敌制胜，为国家提拔贤才，功勋卓著。至于赐姓耶律，封为齐王，这难道仅仅是依靠萧太后的宠信能得到的吗？他的宗族中，耶律德威平定党项，耶律滌鲁完善宗庙的祭祀，耶律制心不苟且偷生，不与奸人同流合污，难道是没有原因的吗？

卷八十三

耶律休哥 耶律斜轸 耶律学古列传

耶律休哥（？～998），字逊宁。辽景宗乾亨元年（979），宋军北伐燕云十六州，南京（今北京）被围，休哥受命增援，于高梁河大败宋军。此后，休哥多次率军征宋，屡立战功。统和四年（986），宋军再次北伐，休哥以寡敌众，再次大败宋军，因功封宋国王。此后常年镇守边境，是辽国初期难得的军事统帅。耶律斜轸（？～999），字韩隐，辽国六院部人。保宁元年（969），任辽国南院大王之职。乾亨元年，宋军北伐，斜轸在白马岭、得胜口两役大破宋军。高梁河一役，斜轸和耶律休哥通力配合，大败宋军。统和四年，宋军再次北伐，斜轸出任山西路兵马都统，在安定、蔚州等地大败宋军，以功加守太保。

【耶律休哥】

耶律休哥，字逊宁，他的祖父耶律释鲁受封为隋国王，他的父亲耶律绾思担任过南院夷离堇的职务。休哥少年时就表现出与众不同的气度，乌古、室韦两个部落叛乱，休哥跟随北府宰相萧干讨伐他们。应历末年(969)，休哥被任命为惕隐。

乾亨元年（979），宋军挟攻灭北汉之余威北伐燕云，辽国北院大王耶律奚底、统军使萧讨古率军出战，被宋军击败，南京被宋军团团包围。辽景宗命休哥替代奚底的职务，率领五院军队救援南京。在高梁河，休哥所部与宋军遭遇，休哥和耶律斜轸分别率领精骑猛攻宋军两翼，宋军惨败，休哥率军追杀三十余里，杀伤宋军一万余人，自己身被三创。

第二天早晨，宋太宗以驴车逃走，休哥因为伤痛无法骑马，改乘轻便小车一路追击到涿州，未能追上宋太宗，这才率军北返。当年冬天，辽景宗命令韩匡嗣、耶律沙率军讨伐宋朝，以报南京被围之仇，休哥率领所部跟随韩匡嗣等人在满城作战。在开战前一天的晚上，

ⓞ **褐釉皮囊式鸡冠壶·辽**

宋军请求投降，韩匡嗣对此深信不疑。休哥却进言说："宋军的队伍整齐，武器精良，肯定不会如此轻易地投降，估计是迷惑我们的计策，应该严阵以待，不可放松警惕。"韩匡嗣没有采纳他的意见。战斗开始后，休哥率军登高瞭望，只见宋军奋勇冲锋，韩匡嗣仓促间不知如何部署，士兵们扔掉旗帜战鼓纷纷逃走，辽军大败。休哥整理败军，在后面阻击宋军，缓缓退走。不久，辽景宗下诏让休哥总管南部兵马，出任北院大王。

【南下征宋】

第二年，辽景宗率军亲征，包围了宋朝的瓦桥关（今河北雄县西南）。当时宋朝援军已经赶到城外，瓦桥关守将张师率宋军从城内杀出，企图内外夹击辽军。在辽景宗的督战下，休哥率骑兵大败张师，残余宋军不得不退回城内。来援的宋军在易水南岸列阵，在开战之前，辽景宗因为辽军中只有休哥穿戴黄色盔甲，骑乘黄色战马，担心他在战斗中被宋军认出，遭受伤亡，就赐给他黑色战甲和白色的战马。战斗开始后，休哥率领精锐骑兵渡过易水，大败宋军，一路追杀到莫州。宋军一路伤亡惨重，箭矢武器全部丢弃，数名将领被休哥活捉。辽景宗非常高兴，赐给休哥御马、金盂，慰劳他说："如果人人都像你一样奋勇作战，我怎么还会担心无法取胜呢？"军队返回辽国后，任命休哥为于越。乾亨五年，辽景宗去世，太子

耶律隆绪即位，是为辽圣宗。当时萧太后处理国政，命休哥总管南面军务，给予了他便宜行事的权力。休哥调度戍边的士兵，创立了轮休法，奖励农桑，整修武备，辽国边境得到了很好的治理。

【防御立功】

统和四年，宋军再次北伐，宋将范密、杨继业率军出云州，曹彬、米信率军出雄州、易州，连续夺取了涿州、固安等地。当时辽国北院、南院、奚部的兵马还没有赶到，休哥的兵力不足，无法正面迎战，他就派轻骑在夜间出击，攻击落单的宋军进行威慑；白天就用精锐部队虚张声势，让宋军以为辽军大举云集，不得不转入防御，消耗宋军的战斗力。休哥还在树林中设置伏兵，断绝宋军的粮道。

不久，曹彬率领的中路宋军因为粮食接济不上，不得不退守白沟。休哥趁机率领轻骑追赶宋军，等到宋军睡觉吃饭时，就攻击那些落单的军士。不久，萧太后率辽国大军赶到，曹彬所部宋军冒雨撤退，休哥率军紧紧追赶，曹彬、米信仅率几名骑兵逃走，其余宋军大多溃散。休哥追赶到易州东面时，听说还有几万宋军在沙河烧火做饭，就命令士兵不要休息，继续追击。宋军望见辽国骑兵扬起的尘土，慌忙撤退，互相践踏而死的人超过半数，沙河水为之不流。

萧太后凯旋，封休哥为宋国王。当时休哥上奏，要求乘着宋军北伐失

白话精编二十四史

第九卷

 三彩舞狮盒·辽

国境内，也要退还回去，两国边境也因此安宁了一段时间。统和十六年，休哥去世，辽圣宗下令在南京为他建立祠庙。休哥智略深远，料敌如神，每次作战获胜都会将功劳让给其他将领，因此将士们都乐于为他效力。

【耶律斜轸】

耶律斜轸，字韩隐，他是于越耶律曷鲁的孙子，他聪明敏捷，从小不为生计担忧。保宁元年（969），枢密使萧思温推荐斜轸出仕为官，辽景宗说："我知道这个孩子，只是他一贯游手好闲，怎么会安心接受管束呢？"萧思温回答说："斜轸外表虽然散漫，但内心却不可限量。"辽景宗于是召见了斜轸，询问他时政大事，斜轸对答如流，切合实际，景宗这才开始器重他，将皇后的侄女嫁给他，让他节制西南面军队，援助河东后汉政权，后又改任他为南院大王。

乾亨元年（979），宋军进攻河东，斜轸跟随耶律沙在白马岭阻击宋军。耶律沙等人初战失利，斜轸率军迎击，命令辽军万箭齐发，最终击退了宋军。当年，宋军以灭北汉的威势，突袭辽国南京（今北京）。当时辽景宗正远离南京避暑，南京守备空虚，幸亏权南京留守韩德让等人安抚人心，死守城池。辽国北院大王耶律奚底、统军使萧讨古与宋军战于沙河，遭遇惨败，不得不退守清河北岸。耶律斜轸用奚

败，主力尽丧之机夺取黄河以北的土地，萧太后没有采纳他的意见。不久，萧太后率军南征，休哥再次担任前锋，在望都打败了宋军。当时宋将刘廷让率领数万骑兵沿着海边进军，准备偷袭辽军侧翼，攻占燕云。休哥听说后，派兵扼守要道，和萧太后回援的大军里应外合，大败宋军，刘廷让只身逃回瀛洲。

统和七年，宋朝派刘廷让趁着暑热多雨、辽军疲惫，攻打易州，辽国将领都害怕迎战，只有休哥率领精锐骑兵在沙河之北大败宋军，缴获的物资不可计算，后全部上缴朝廷。萧太后嘉奖休哥的功劳，下诏让他免除跪拜，不再直呼他的姓名。当时宋军忌惮休哥，不敢向北兴兵，宋朝老百姓吓唬自己哭泣的孩子时，往往就说一句："于越（耶律休哥）来了！"

休哥因为燕地的百姓久经战乱，穷困不堪，就下令减免赋税，照顾孤寡，告诫戍边的士兵不要随意侵犯宋朝的边境，即使对面的牛马跑到了辽

底所部的青色旗帜装备自己的部队，然后诈败逃走，宋军果然紧紧追赶，被斜轸预先安置的伏兵击败。随后，辽军进抵南京西北的高梁河，斜轸和耶律休哥从左右两翼夹攻宋军，大获全胜。

统和元年（983），年幼的辽圣宗刚刚即位，皇太后萧绰代理国政，斜轸更加受到重用，被任命为北院枢密使。统和四年（986），宋军兵分三路北上伐辽，萧太后亲自率领军队救援南京，以斜轸为山西路兵马都统，迎击潘美、杨继业率领的西路宋军。斜轸先率领到达安定，击败宋将贺令图所部，进逼蔚州。宋军坚守不出，斜轸就将招抚的帛书射进城中，以瓦解宋军的斗志。不久，斜轸听说宋军援兵已至，就命令都监耶律题子在险要之处设伏。蔚州城内的宋军好不容易看到援军的旗帜，立刻杀出城外，斜轸趁机发动伏兵，一路追杀到飞狐岭，夺取了蔚州。

此后，斜轸连续攻取浑源、应州，还在狼牙村俘获了宋军猛将杨继业。同时，萧太后、耶律休哥也大败东路宋军，宋辽对峙的局面基本形成，斜轸也因功加官守太保。宋朝两次北伐失利后，被迫转入了战略防御，而辽国开始不断南侵，企图将边境推进到黄河以北，斜轸跟随萧太后南下侵宋，后病逝于军中。

【耶律学古】

耶律学古，字乙辛隐，辽国于越

耶律洼的庶出子孙。他自幼聪明好学，擅长诗文。保宁年间（969～979），补官为御盏郎君。乾亨元年（979），宋军攻灭北汉后，乘胜进攻南京，耶律学古奉命增援。他到达南京城外时，宋军已经击败耶律奚底、萧讨古等人，在南京城外设置了三道包围圈。无奈之下，耶律学古只好挖地道进入城内，并且迅速地安抚住了城内纷乱的人心。当时有三百多名宋军乘夜登城，学古击败了他们。不久，援军赶到，宋军撤围而去，学古打开城门，四面击鼓，欢迎援兵进城。不久，辽军在高梁河取得大胜，学古因为守卫南京有功，挂衔保静军节度使、南京马步军都指挥使。乾亨二年（980），辽景宗派兵讨伐宋朝，学古率领汉军出征，任彰国军节度使。因为御边有功，学古升任惕隐，不久去世。

论赞

论　曰：宋朝挟攻灭北汉的锐气，大举进攻南京，此后曹彬、杨继业等相继北伐，这两次战斗，辽国都到了岌岌可危的境地。耶律休哥在高梁河大败宋军，耶律斜轸在朔州俘获了杨继业，宋朝从此放弃了北伐的念头，辽国的边境才得以安宁。但如果没有耶律学古在南京稳住那些居心叵测的人，两位将军的战功恐怕也难以建立了，所以说国家要以人才为重。

萧挞凛 耶律题子 萧柳列传

萧挞凛（？~1004），字驼宁，辽国承天太后族兄。保宁元年（969），出任宿直官。此后，历任南院都监、彰德军节度使、阻卜部落详稳等职务。统和四年（986），宋军分三路北伐燕云，萧挞凛跟随耶律斜轸抵挡潘美、杨继业率领的西路宋军，大获全胜。其后与萧恒德进攻高丽，令其称臣纳贡，因功加侍中，受封兰陵郡王。统和二十三年，跟随辽圣宗、承天太后南伐宋朝，在澶渊中伏，被宋军乱弩射死。耶律题子（？~986），字胜隐。保宁年间，为御盏郎君。统和四年，宋军北伐，跟随耶律斜轸激战于山西，屡立战功。萧柳，字徒门，辽国大将，文武全才，治国多善政。

▶【萧挞凛】

萧挞凛，字驼宁，从小忠厚耿直，谋略出众，通晓天文地理。保宁元年（969），出任宿直官的职务，多次承担朝廷重任。统和四年（986），宋军兵分三路大举伐辽，萧挞凛以诸军副部署的职务跟随北院枢密使耶律斜轸迎战西路宋军于山西，在朔州俘获了宋军猛将杨继业。统和六年，改任南院都监，跟随辽圣宗南伐宋朝，在沙堆之战中身负重伤。第二年，因军功升为右监门卫上将军、检校太尉，挂衔彰德军节度使。

统和十二年，西夏在夏辽边境修筑工事，萧挞凛率领乌古部和永兴宫分军驻守西北地区，出任西北路招讨使。大军返回后，萧挞凛因功加官侍中，受封兰陵郡王。统和十五年，敌烈部人杀掉辽国任命的详稳，逃到西

北边远的地方，萧挞凛率领轻骑追赶他们，趁势连不臣服辽国的阻卜部落一起荡平。边境各部族见辽国兵威鼎盛，纷纷缴纳贡物。辽圣宗不但自己作诗嘉奖萧挞凛，还让林牙耶律昭作赋。当时归附辽国的西北部族时叛时附，萧挞凛上表请求在边境修建三座城池来杜绝边患，辽圣宗采纳了他的意见。不久，萧挞凛升任南京统军使。统和二十年，萧挞凛跟随辽圣宗、承天太后南伐宋朝，先后攻克了宋朝的保州、定州、瀛洲，进逼澶渊。在澶渊前线，宋辽军队激战数十日，萧挞凛在视察地形时被宋军床子弩机射中而死。

▶【耶律题子】

耶律题子，字胜隐，辽国北府宰相耶律兀里的孙子。他善于骑射，

绘画和书法也很有造诣。保宁年间（969～979），出任御盏郎君。保宁九年，奉命出使北汉，北汉主刘继元对他倍加礼遇。统和二年（984），耶律题子率领部队讨伐叛乱的陀罗斤部落，平定了叛乱。统和四年，宋军大举伐辽，耶律题子跟随北院枢密使耶律斜轸进攻西路宋军，在安定打败了宋军贺令图所部，耶律题子升任西南面招讨都监。当时宋军退守蔚州，援军也在向蔚州赶来。耶律斜轸让题子率军埋伏在路旁，在宋军会合后突然发动进攻，大败宋军，一路追击到飞狐岭。宋将贺令图收拢残兵，进攻蔚州，再次被题子击败，此后连续攻克了应州、寰州等地。当年冬天，耶律题子和萧挞凛一起从东路进攻宋军，再次获胜。题子得知宋军驻守易州，率军前去攻打，刚刚到达易州境内就去世了。

【萧柳】

萧柳，字徒门，辽太祖述律后的兄长阿古只五世孙，他从小被伯父萧排押收养，文采风流，体力过人。统和年间（983～1012），圣宗让萧柳入宫担任侍卫。统和十七年，辽圣宗南征宋朝，宋将范廷召让士兵们排列成方阵对峙。当时圣宗的弟弟耶律隆庆为先锋，问众将谁敢率先冲阵，萧柳回答说如果有匹骏马，他愿意率先冲锋。于是隆庆就挑选了一匹好马交给萧柳，萧柳对众将说："我冲锋之后，如果宋军阵形有所松动，你们一定要

迅速跟进。"说完，萧柳冲向宋军方阵，宋军稍稍后退，隆庆立刻率军猛攻，宋军阵形大乱。萧柳在战斗中身中流箭，包裹好伤口后继续战斗，最终击退了宋军。当时萧柳的伯父萧排押留守东京，上奏说明萧柳的战功，辽圣宗任命其为四军兵马都指挥使。

第二年，萧柳出任北女真详稳，他为政宽严相济，所部百姓对他既是敬畏又是爱戴。不久，萧柳升任东路统军使。任期满后，当地的百姓希望萧柳留任，朝廷同意了。萧柳生性幽默滑稽，即使和皇帝臣僚饮宴时，也喜欢肆无忌惮地取笑别人，当时有人鄙夷地称他是优伶一样的人物。萧柳在临终前吐露心声说："我从小就有辅佐帝王的志向，有时一些话不能直接阐述，所以只好用说笑来进言，希望能对国家有所帮助，区区优伶之名何必避讳呢？"说完，萧柳披着睡衣而坐，不久去世。

论赞

论曰：辽朝在统和年间，多次起兵攻打宋朝，各位将领如耶律题子、萧柳等人都有攻占城池、俘获敌将的功劳。最后，以萧挞凛统军，一直攻打到澶渊。在即将和宋军决战的时候，萧挞凛中箭死去，这才达成和议。或许是上天厌倦了战乱，所以让两国的百姓得到休养生息吧。

耶律仁先列传

耶律仁先（1013～1072），字纠邻，小字查剌，他的父亲瑰引曾经担任过辽国南府宰相，受封燕王。辽兴宗时期，历任宿直将军、北面林牙、北苑枢密副使等职务，两次跟随兴宗讨伐西夏，屡立战功。辽道宗即位后，仁先以前朝重臣的身份出任南院枢密使，在平定耶律重元的叛乱时立有大功，受封宋王。咸雍初年（1065），阻卜部落叛乱，仁先出任西北路招讨使，成功平叛，后病逝于任上。

▶【初入仕途】

耶律仁先，字纠邻，小字查剌，他少年时魁梧清秀，智谋出众。辽兴宗重熙三年（1034），补授护卫。兴宗和他讨论政事，觉得他言之有物，才华出众，任命他为宿直将军。此后，历任殿前副点检、鹤剌唐古部节度使、北面林牙。重熙十一年（1042），仁先升任北院枢密副使。

重熙十六年，仁先升任北院大王，仁先上奏说南北两院户口繁盛，请求免除其他少数部落的徭役，朝廷采纳了他的意见。重熙十八年，仁先升任北院枢密使兼东京留守。当时女真倚仗地利，不断入侵辽国东北边境，仁先请求开通道路，不但方便了朝廷调集部队，还给边境百姓带来了方便，因功受封吴王。

清宁元年（1055），仁先担任南院枢密使，因为大臣耶律化哥的陷害，被贬职为南京兵马副元帅，守太尉，

封隋王。清宁六年，仁先再次出任北院大王，百姓听到这个消息后，都来到城外几百里的地方迎接他，如同期盼自己的父亲和兄长一样。当时耶律重元准备发动叛乱，十分嫉恨忠诚而有能力的仁先，派党羽、南院枢密使耶律涅鲁古和驸马都尉萧胡睹上奏兴宗，请求让仁先出任西北路招讨使。当时受封赵王的耶律乙辛也是个野心勃勃的人物，他想拉拢仁先对抗耶律重元，上奏说仁先是前朝大臣，品德高尚，不应该离京任官。于是辽道宗改任仁先为南院枢密使，封许王。

▶【平定叛乱】

清宁九年（1063）七月，辽道宗在太子山打猎，敦睦宫使耶律良奏告耶律重元父子谋反。道宗召见仁先询问他对这件事的意见。仁先据实回答说："重元凶狠暴虐，臣早就怀疑他有不轨的意图了。"道宗这才有所警

觉，派仁先去逮捕重元父子。没等仁先出发，重元、涅鲁古听说阴谋败露，立刻率弓弩手四百人围攻道宗所在的行宫。当时形势已经万分危急，道宗准备逃奔北院、南院躲避叛军锋芒，仁先却认为情况不明，如果放弃护卫只身出逃，叛军必然紧追不舍，一旦北院、南院大王暗地里和叛军有所勾结，那就大势去矣。道宗这才醒悟过来，把指挥平叛的事情全部委托给仁先。仁先命令侍卫们将战车环绕军营，率领属下官吏三十余人列阵守卫。叛军人心不齐，刚一交锋就纷纷投降，耶律涅鲁古中箭落马，被仁先抓获，耶律重元身受箭伤，只得率残部退走。仁先趁着战场间歇的时候，派人急招距离行宫最近的五院部萧塔剌的军队。第二天天亮，耶律重元胁迫着奚人猎手两千余人再次进攻行宫，这时萧塔剌的军队及时赶到，仁先估计敌人的士气难以保持，就命令萧塔剌所部背靠军营列阵，等待敌人疲惫后乘机发动猛攻，叛军四散奔逃，追杀二十余里，耶律重元自缢而死。平乱之后，道宗紧握着仁先的手说："平定叛乱都是你的功劳啊！"于是，给仁先加号尚父，进封宋王，出任北院枢密使。咸雍元年（1065），又加官于越，改封辽王，和耶律乙辛共同掌管北院枢密事务。

乙辛倚仗道宗的宠信，不尊法

🪙 **契丹大字银币·辽**

这枚契丹银币铸作精致，字迹清晰工整，正面刻有契丹大字，意为"天朝万岁"。按照契丹族传统习惯，这是一枚为庆祝某种喜庆而颁赏给臣僚的赏赐品，现藏于内蒙古巴林左旗博物馆。

纪，仁先屡次阻止他的恶行，因此遭到了他的嫉恨，被贬为南京留守，改封晋王。仁先在南京抚恤百姓，禁行奸邪之事，连敌对的宋朝都在传播他的名声。当时的人认为自从耶律休哥之后，才能德行配得上于越之职的只有仁先一个人而已。当时北方的阻卜部落首领塔里干不服从辽国的命令，仁先出任西北路招讨使，仁先加强侦察，派兵驻守要道，稳定人心。不久，塔里干再次入侵，仁先率军迎击，大败叛军，其他部落慑于仁先的威名，纷纷投降，辽国的北方边疆得以安定。咸雍八年（1072），仁先去世，享年六十岁，留下遗言要求丧礼从简。

萧韩家奴列传

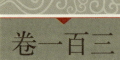

辽史 列传

萧韩家奴（975～1046），字休坚，辽国涅剌部人，一代大儒。萧韩家奴自幼博览经史，通晓契丹文、汉字，历任右通进、章愍宫使等职务。辽兴宗重熙年间（1032～1055），萧韩家奴上书畅言时政利弊，升任翰林都林牙，负责修撰国史。此后，萧韩家奴和耶律庶成共同编写了辽国从遥辇可汗到重熙年间以来的事迹，共二十九卷，萧韩家奴还将《通历》《贞观政要》《五代史》等图书翻译成契丹文字。后出任归德军节度使，有《六艺集》十二卷传世，今已佚失。

▶ 【出仕为官】

萧韩家奴，字休坚，辽国涅剌部人。萧韩家奴从小喜欢读书，二十岁的时候已经博览经史，通晓契丹文、汉字。统和十四年（996），二十一岁的萧韩家奴就已经出仕为官。当时萧韩家奴家中有一头老迈的耕牛，已经不堪驱使，仆人将牛卖了一个高于市场的价钱。萧韩家奴听说了这件事，就对仆人说："损人利己可不是我的愿望。"于是用原价将牛买回。统和二十八年，萧韩家奴已经官至右通进，主管南京栗园。重熙四年（1035），升任天成军节度使，调任章愍宫使。由于他文采出众，深明治国之道，辽兴宗非常喜欢和他畅谈国事，把他当成自己的诗文朋友。一次，辽兴宗询问他："你在外地做官，有什么奇异的见闻吗？"萧韩家奴用炒栗子比喻治国的道理，他说："我只知道炒栗

子的道理，小的炒熟了，大的也许还是生的；大的熟了，小的里面却已经焦了。要大小栗子都熟了，才算完美。"兴宗知道他曾经掌管栗园，所以借用栗子进谏，不禁哈哈大笑。

当时兴宗下诏全国讨论国家事务，萧韩家奴上书数千言，指出国家现在赋税繁重，民众贫困，应该提倡节俭，反对奢靡，应该少游猎，简化驿传，劝农兴桑，轻徭薄赋；应该将南边的宋朝作为国家的防御重点。萧韩家奴的意见让兴宗非常满意，擢升他为翰林都林牙，同时负责纂修辽国国史。此后，萧韩家奴更加得到兴宗的信任和喜爱，每次入宫，兴宗都要赐给他座位。每到喜庆的节日，兴宗和他赋诗饮酒，互相应酬，君臣之间无比默契。萧韩家奴也没有得意忘形，对兴宗是知无不言。重熙十三年春天，萧韩家奴上奏兴宗，希望兴宗仿照唐

高宗创立先人庙宇，尊崇四代祖先为帝的例子，追尊契丹先祖为帝。兴宗采纳了他的意见，举行追封玄、德二祖的仪式。

【纂修国史】

萧韩家奴每次看到兴宗游猎，没有不进言规劝的。一次兴宗在秋山打猎，侍卫被老虎和熊咬死、咬伤的超过数十人，萧韩家奴就将这件事情记录下来。兴宗看到后让他删去这条记录，萧韩家奴却坚持如实记录，兴宗感叹说："史笔当如是。"一次，兴宗问萧韩家奴："我们辽国创业以来，谁是最贤明的君主？"萧韩家奴回答说是辽穆宗。辽穆宗是辽国诸位皇帝最昏庸无能的一位，好酒如命，嗜杀成性，是辽国历史上的昏君，所以兴宗对萧韩家奴的回答感到非常奇怪，问道："穆宗好酒，喜怒无常，视人命如草芥，你怎么能说他最贤明呢？"萧韩家奴回答说："穆宗虽然凶残成性，但是轻徭薄赋，百姓安居乐业。终穆宗一朝，无辜被杀的人还没有在秋山打猎中死去的人多，因此我认为穆宗最贤明。"兴宗听懂了萧韩家奴话中隐含的规劝之意，默默无语。

因为萧韩家奴有才有德，足以承担纂修国史的重任，兴宗就让他记录从遥辇可汗到重熙年间以来的事迹，编纂了实录二十卷。重熙十五年，兴宗下诏说："古人治理天下，讲明礼仪，修订法度，可以参考古代的制度对照当今的形势，编成礼仪法典。"萧韩家奴接受诏书，广泛考察典籍，编成《礼书》三卷。兴宗又下诏命他翻译各种图书，萧韩家奴希望皇帝能通晓古今成败，先后翻译了《通历》《贞观政要》《五代史》等图书。重熙末年，兴宗因为萧韩家奴年老体衰，经受不住朝会的辛劳，特意让他出任归德军节度使。萧韩家奴不辱使命，将地方治理得井井有条，兴宗派使者去慰劳他，萧韩家奴感谢皇帝的关怀。不久，兴宗再次召见萧韩家奴入朝编修国史，在任上去世，终年七十二岁。

⚫ 契丹大字碑文·辽

契丹文字分为契丹大字和契丹小字两种，契丹大字笔画比汉字简单，但字数仍有三千个之多，很难掌握。后来，参照回鹘字对大字加以重新改造，又创制了契丹小字。契丹小字有三百多个表音符号，称作"原字"，将若干原字拼在一起来记录契丹语，使用起来比大字更为方便。

王鼎 耶律孟简列传

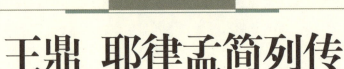

王鼎（？～1106），字虚中，涿州（今属河北）人，辽国大儒。王鼎自幼好学，通晓契丹文、汉字，熟读经史，擅长诗词，清宁年间（1055～1065）中进士，官至翰林学士，辽道宗一朝的典章多出于他的手笔。后因酒醉怨上，被夺官流放。乾统年间病逝。耶律孟简是和王鼎同一时期的辽国文官，同样长于文章、政务，对于典章制度的确立和辽国历代皇帝实录的编纂作出了不小的贡献。

【王鼎】

王鼎，字虚中，涿州（今属河北）人。王鼎从小好学，自己居住在太宁山中数年，博通经史。当时的大儒马唐俊在燕云一代很有名气，恰逢三月上巳节日，马唐俊和志同道合的朋友们举行曲水流觞，饮酒赋诗。王鼎很偶然地来到席间，马唐俊觉得王鼎出身乡野，就将他安排在末座，还想用诗文来难为王鼎。没想到王鼎提笔成诗，马唐俊感佩于王鼎文思敏捷，因此和他成为莫逆之交。

清宁五年（1059），王鼎考中进士，出任易州观察判官，改任涞水县令，后升任翰林学士，辽道宗一朝的典章制度大多出自他的手笔。王鼎曾经上书论述治理国家必须注意的十件大事，道宗认为王鼎通晓治国之道，多次向他咨询时事。王鼎为人刚正不阿，同僚有过错，他一定会当面指出，决不遮掩。寿隆初年（1095），王鼎升任观书殿学士。有一天在公主的府邸饮宴，

🏵 辽太宗时期铸造的"天禄通宝"

"天禄通宝"是辽太宗天禄年间（947～950）所铸铜质钱币，至今国内仅发现四五枚，是中国古钱币中的珍品。

王鼎因为醉酒和其他宾客发生争执，口中埋怨道宗不了解自己。后来有人将他的话禀告道宗，道宗勃然大怒，不但免去了王鼎的官职，还将他刺面杖责，流放镇州。几年后，朝廷大赦天下，唯独不赦免王鼎。当时地方官让王鼎代写献给道宗的贺表，王鼎趁机将自己的诗词写进去。道宗读到"谁知天雨露，独不到孤寒"的句子时，怜意大起，下令召回王鼎，让他官复原职。辽天祚帝乾统六年（1106），王鼎病逝。

王鼎担任涞水县令的时候，一次躺在庭院中的卧榻上休息。突然一阵狂风将卧榻卷到空中，王鼎毫无惧色，缓缓说道："我是朝廷中的正直之士，邪不胜正，还是把我慢慢放下吧。"不久，卧榻缓缓落回原地，风也停止了。

【耶律孟简】

耶律孟简，字复易，于越耶律屋质的五世孙。孟简从小聪慧过人，六岁时，他父亲外出打猎，让他作一首《晓天星月诗》，孟简应声后立刻作成，他的父亲大为惊奇。孟简长大成人后，文采过人，很快就出仕为官。辽道宗大康元年（1075），枢密使耶律乙辛因为窃权擅政，被贬出朝廷，孟简和耶律庶箴都上表庆贺这件事情。不久，乙辛官复原职，对孟简怀恨在心，将他贬去巡守磁窑关。虽然自己是被奸臣陷害，但是孟简在言辞上并没有任何的不满，遇到山水圣地，还会纵情游览。第二年，又被流放保州。不久，

孟简得知皇太子耶律濬遇害，他悲痛万分，写下了《放怀诗》两首哀悼太子。大康中期，孟简得以返回故乡，他向道宗上表说："本朝兴起将近两百年了，应该有一部国史传给后人。"于是，孟简开始编纂耶律曷鲁、耶律屋质、耶律休哥三个人的事迹呈现给道宗。道宗命令设置史局进行编修，孟简告诫这些史官们说："史书记载的是流传后世的事情，一句话恰当与否，百代之后的人都会跟着记叙。假如没有高明的见解，只是从自己的私情出发进行评论，那祸患也就不远了！"辽天祚帝乾统年间（1101～1111），孟简升任六部院太保，处理事情不拘泥于过去的条文法令，当时很多人都笑话他不懂礼法。孟简听到后说："上古的时候没有法令，但是同样天下太平。"后来，孟简改任高州观察使，他兴修学校，招纳学生，后又升为昭德军节度使。因为中京发生饥荒，下诏让孟简减价出售粮食，事情尚未完成，孟简就已经去世了。

论赞

论曰：孔子说："一个人可以背诵《诗经》三百篇，可把政事交给他，他却办不好，这种人读书再多也没有用。"王鼎忠诚正直，通晓政事，耶律孟简痛恨耶律乙辛的奸恶，被贬黜而毫无怨言，谁能说这样的文学之士对国家没有贡献呢？

耶律乙辛 张孝杰 萧十三列传

耶律乙辛（？～1083），字胡睹衮，少年时家境贫寒，后得辽兴宗宠信，官至护卫太保。辽道宗时期，升任南院枢密院使，受封赵王。由于参加平定耶律重元之乱，升任北院枢密使，加守太师，成为辽国第一权臣。大康年间，诬陷皇后，害死皇太子耶律浚，罪行败露，被辽道宗囚禁于来州，后因涉嫌谋反被杀。张孝杰（？～1090），建州永霸县（今辽宁朝阳西南）人，重熙末年中状元，历任枢密直学士、参知政事等职务。张孝杰深得道宗信任，他也参与了乙辛陷害皇太子耶律浚的阴谋，后被削爵罢官。萧十三也是乙辛的党羽，被列入《辽史》奸臣列传。

▶【耶律乙辛】

耶律乙辛，字胡睹衮，辽国五院部人。乙辛的父亲名叫迭剌，家境贫寒，吃穿都很拮据，部落中的人称他是"穷迭剌"。乙辛从小聪慧狡黠。一次，他去牧羊，直到太阳偏西了还没有回家，他的父亲迭剌去察看，发现乙辛正在睡觉。迭剌打醒了儿子，乙辛不但不害怕，反而恼怒地说："为什么要打扰我的好梦？我刚刚梦到有人手拿日月送给我吃，我已经吃掉了月亮，太阳也被我吃了一半。"此后，迭剌就不再让儿子牧羊了。成年之后，乙辛风度翩翩，外形俊美，但内心狡诈。辽兴宗重熙年间（1032～1055），乙辛出仕为官，担任了文班吏，掌管太保印，经常陪同主管出入皇宫。兴宗和皇后发现乙辛风度不凡，气度如同为官多年一般，就让他补任笔砚吏。

此后，乙辛的仕途一帆风顺，官至护卫太保。辽道宗即位后，因为乙辛是前朝旧臣，对他优容有加，不但赐给他奴隶四十户，还升他为点检司事，遇到疑难政事时都要先征求乙辛的意见。此后，乙辛历任北院同知、枢密副使等职务。清宁五年（1059），升任南院枢密使，后改知北院，受封赵王。

清宁九年，大臣耶律仁先出任南院枢密使。当时皇太叔耶律重元觊觎皇位，他的党羽、驸马都尉萧胡睹就想先夺取南院枢密使的宝座，为重元日后的政变夺取兵权。于是，重元一党纷纷上奏，希望皇帝改任仁先为西北路招讨使。辽道宗本来打算采纳这个建议，但乙辛认为自己在中枢立足未稳，而重元一党势大难制，仁先留在朝中对其争权夺利更为有益，就上奏说："陛下刚刚亲理朝政，还没有完全了解治国的艰辛，仁先是先帝信赖的老臣，不应该让他远离朝廷。"道宗采纳了乙辛的意见。不久，耶律重元发动滦河之变，乙辛配合耶律仁先平定了叛乱，以功升任北院枢密使，进封魏王。此时的重元功高权重，上有皇帝信任，下有一批阿谀奉承的党羽，他为所欲为，结党营私，成为辽国的第一权臣。为了扫除自己专权的障碍，乙辛开始大力排挤耶律仁先，最终将后者排挤出朝廷，出任南京留守。此后，朝廷中再无人敢和乙辛对抗。咸雍五年（1069），乙辛加官为守太师，道宗还下诏说天下如果发生战事，允许乙辛见机行事。当时乙辛名震中外，登门贿赂的人络绎不绝，依附他的人大多得到举荐，而忠直之士往往受到贬斥。

大康元年（1075），年满十八岁的皇太子耶律濬兼领北南院枢密院事，总领朝政。耶律濬法令修明，威望日增，乙辛认为自己的权力受到了挑战。为了动摇太子的地位，乙辛阴谋陷害太子的母亲、道宗的懿德皇后。当时懿德皇后因为劝告道宗不要沉迷游猎而被道宗疏远，皇后写下了歌词《回心院》十首，希望能感动道宗。伶人赵惟一擅长谱曲，多次入宫参见皇后。宫中的婢女单登原为乙辛推荐入宫，但皇后劝告道宗不要将他安置于身旁，因此为单登所嫉恨。单登的妹妹是教坊司伶人朱顶鹤的妻子，与乙辛关系匪浅。于是乙辛就根据这复杂的关系网编造了一个离奇的陷阱，他指使单登撺掇皇后抄写艳词《十香词》，然后单登、朱顶鹤再以皇后的笔记为"证物"，向道宗诬告皇后和赵惟一私通。道宗命令乙辛和北府宰相张孝杰审理此案，此时张孝杰已经阿附乙辛，两人对赵惟一严刑逼供，最终屈打成招。恼羞成怒的道宗下令将赵惟一灭族，赐皇后自尽，乙辛一手捏造了辽国历史上的第一大冤案。

皇后死后，皇太子耶律濬整日忧形于色，乙辛内心惶恐不安，他决定斩草除根，陷害太子。首先，他向道宗大力称赞党羽萧霞抹的妹妹贤淑美艳，足以立为皇后，道宗信以为真，将其纳入宫中，很快册立为皇后。当时朝中的一些大臣察觉了乙辛的奸谋，比如护卫萧忽古知道乙辛的罪状，就埋伏在乙辛每日途经的桥下，打算刺杀他，但因为天降大雨，桥梁坍塌，才没能成功。林牙萧岩寿也向道宗秘密上奏，检举乙辛和张孝杰互相勾结，图谋不轨。大臣们的揭发起到了作用，道宗在大康二年让乙辛离开朝廷，去担任中京留守的职务。然而乙辛的大小爪牙不断在道宗面前辩解，道宗很快就后悔，反而将萧岩寿贬为顺义军节度使，同年十月再次起用乙辛为北院枢密使。

东山再起的乙辛加紧实施除掉太子的计划，他一方面打击忠直的大臣萧岩寿等人，一方面大肆提拔他的党羽，张孝杰、萧十三等人都得到了高官显爵。乙辛知道太子毕竟是道宗的骨血，一般的罪名无法动摇他的位置，只有谋反废立这样的大罪才能让太子万劫不复。大康三年，乙辛、萧十三、萧得里特三人彻夜密商，指使护卫太保耶律查剌向道宗诬告耶律撒剌、萧速撒等大臣共同谋划拥立皇太子为帝。道宗下诏调查，因为没有任何证据而作罢。不久，乙辛又指使牌印郎君萧讹都斡"自首"，"证实"萧得里特之前告发的事情自己也参与了。道宗大怒，下令斩杀了耶律撒剌、萧速撒、萧忽古等人，将太子囚禁于上京。负责看守太子的人都是乙辛的党羽，他们害死了太子，然后向道宗报告说太子病死。道宗闻听噩耗后非常后悔，打算召见太子妃了解太子的死因，乙辛又派党羽暗中害死了太子妃，达到了杀人灭口的目的。

大康五年（1079）三月，乙辛官拜知南院大王事，加于越。此时太子的儿子耶律延禧已经长大成人，被道宗册封为皇太孙，成了乙辛的心腹大患。当时道宗准备外出打猎，乙辛上奏请求留下皇太孙，道宗采纳了这个请求。同知点检萧兀纳进谏说："皇孙年纪还小，身边无人，如果陛下要留下皇孙，请您留下臣保护他。"于是皇太孙和萧兀纳一道出行，这才免遭毒手。道宗在黑山打猎，他发现大臣们大多跟在乙辛身后，对乙辛的恭敬甚至还超过自己，心中十分反感，就让乙辛离京去担任知南京大王事，降为混同王。失去了皇帝的宠信，乙辛的败亡为期不远了。大康七年冬，乙辛因为把违禁物品卖给外国，被送交有关部门议罪，囚禁于来州。不久，乙辛阴谋逃奔宋朝和私藏兵器铠甲的事情被人揭发，道宗下诏缢杀了他。乾统二年（1102），辽天祚帝耶律延禧下令挖开乙辛的坟墓，戮尸示众。

二龙戏珠鎏金银冠·辽

这具金银冠出土于辽宁省建平县张家营子，现藏于辽宁博物馆。冠中央是在云朵上承托一颗大火焰宝珠，左右两侧各有一龙，后肢蹲踞，前肢直立，全身呈蹲坐姿态，翘尾昂首，形态生动，庄重而华美，为辽代契丹贵族的头饰。

【张孝杰】

张孝杰是建州永霸县（今辽宁朝阳西）人，他家境贫寒，爱好读书学习。重熙二十四年（1055），张孝杰考中状元。清宁年间（1055～1066），官至枢密直学士。咸雍三年（1067），任参知政事、同知枢密院事。咸雍八年，受封陈国公。辽道宗认为张孝杰勤快干练，任命他为北府宰相，所受宠信在辽国汉人中无人可比。大康元年，道宗赐姓耶律。第二年秋天，道宗行猎时猎杀了三十头鹿，兴高采烈地举行宴会庆祝。酒兴正酣的时候，道宗让张孝杰赋诗《云上于天诗》。大康三年夏天，耶律乙辛开始谋划陷害皇太子，孝杰鼎力相助。等到乙辛奉命调查皇太子的党羽时，乙辛所献的计策最多。为了酬谢孝杰，乙辛不停地向道宗称赞孝杰，道宗居然认为孝杰可以和唐代名臣狄仁杰媲美，于是赐名仁杰。大康六年，乙辛被贬出朝廷，身为乙辛一党的孝杰也被贬为武定军节度使。不久，因为擅改圣旨，被削去爵位，贬至安肃州。大安年间（1085～1095），死于家乡。乾统初年（1101），天祚帝下令剖棺戮尸，把他的家产赐给臣子。

张孝杰担任宰相职务很多年，贪得无厌，经常和亲戚饮宴，他的名言是："没有一百万两黄金，不足以自称宰相之家。"当初，孝杰刚刚考中状元后，参观佛寺，忽然有飓风刮起孝杰的头巾，飘到和佛塔一样高的地方，然后落到地上。当时有老和尚说："这个人必然迅速富贵，但也不会得到善终。"结果果然和他说的一样。

【萧十三】

萧十三，蔑乃古部落人，父亲铎鲁斡曾经担任过辽国的节度使。萧十三阴险狡猾，善于揣摩别人的心意。清宁年间（1055～1066），升任护卫太保。大康初年，耶律乙辛再度入职枢密府后，更加专横放纵，萧十三开始阿附乙辛，经常出入乙辛家中，于是被升职为殿前副点检。大康三年夏天，护卫萧忽古等人刺杀乙辛不成，事情败露后被捕入狱。萧十三对乙辛说："现在太子是人心所向，您一向没有强力的支柱，只靠陛下的宠信才飞黄腾达。现在您因为皇后的事情和太子结下冤仇，将来太子即位称帝，您该如何自处呢？现在就该谋划此事了。"乙辛觉得萧十三言之有理，就在当天晚上密召亲信萧得里特商议谋害太子的事情。萧十三因为建议有功，很快升任殿前都点检，兼同知枢密院事。此后，萧十三又出面指使萧讹都斡等人假装自首陷害太子。道宗下诏查证此事，萧十三勾结负责查证的大臣耶律燕哥，将太子的自辩文字改为服罪书，这才让道宗废除了太子。当年，萧十三升任北院枢密副使，又向乙辛进献了除掉太子的计策，乙辛采纳了他的办法，除掉了太子。等到乙辛被贬职后，萧十三也被贬为保州统军使，任内去世。乾统年间，也被辽天祚帝下诏剖棺戮尸。

耶律重元 萧革列传

耶律重元（？～1063），契丹名孛吉只，辽圣宗耶律隆绪次子，辽兴宗耶律宗真同母弟。辽圣宗死后，皇太后萧氏欲立重元为帝，重元密告于辽兴宗。兴宗即位后，封重元为皇太弟。辽道宗即位后，重元又被封为皇太叔，出任天下兵马大元帅，宠信一时无二。道宗清宁九年（1063），道宗外出打猎，重元与其子耶律涅鲁古、党羽耶律陈六、萧胡睹等人发动叛乱，失败后自杀于逃亡路上。

【耶律重元】

耶律重元，契丹名孛吉只，辽圣宗次子，辽兴宗同母弟，他自幼勇力过人，不喜言笑，人们都非常敬畏他。辽圣宗太平三年（1023），重元受封为秦国王。辽圣宗去世后，长子耶律宗真即位，是为辽兴宗。兴宗生母萧太后把持朝政，母子两人矛盾日深。萧太后密谋废掉兴宗，改立耶律重元为帝，重元将母亲的阴谋报告兴宗，兴宗将太后囚禁于圣宗的陵寝庆陵。重元因为报告有功，被封为皇太弟，此后重元历任北院枢密使、南京留守、知元帅府事，兴宗还许诺将来以皇位相传。于是，重元日益骄横，在辽国横行不法。然而兴宗毕竟深受儒家文化熏陶，最终还是将长子耶律洪基立为皇位的继承人。重熙二十四年（1055），兴宗去世，太子耶律洪基即位，是为辽道宗。为了安抚重元，道宗册封重元为皇太叔，免除其下拜的

礼节，不直呼其姓名，任命其为天下兵马大元帅，对重元的尊崇和宠爱前所未有。然而道宗的信任并没有让野心勃勃的重元感恩戴德，反而让他气焰更加嚣张。清宁九年，辽道宗到滦水打猎，重元、涅鲁古父子准备行刺。都睦宫使耶律良察觉到他们的不轨企图，就向道宗报告。道宗立刻召见重元、涅鲁古，重元父子胁迫弓弩手进攻道宗的行宫。南院枢密使耶律仁先率侍卫迎战，双方刚一交锋，重元的党羽大多逃散，涅鲁古被擒，重元重伤退走。黎明后，重元又胁迫奚族猎手两千余人再次进攻行宫，五院部萧塔剌率军赶到，大败叛军，重元在潜逃途中自杀身亡。

【萧革】

萧革，字华哥，契丹名胡突堇，自幼机警聪明，智略过人。辽圣宗太平初年（1021），出仕为官。重熙

十二年，出任北院枢密副使。第二年，出任北府宰相。此后，萧革恃宠专权，他的同僚都被他所打压。当时大臣耶律义先知道萧革是奸佞小人，就趁着饮宴的时候，当着圣宗的面大骂萧革败坏国事，但圣宗却不相信。一次，圣宗让义先和萧革轮流投掷骰子，义先借着酒意说道："陛下即便不能重用忠良，也不能和贼子一起游戏啊！"萧革怀恨在心，表面上却若无其事地回答说："您这个玩笑开得太过分了。"第二天，道宗对萧革说："义先太无礼了，应该狠狠地责罚他。"萧革假装大度地回答说："义先是有才能的人，如果因为他酒后失礼而治罪，恐怕天下人都不会心服。"圣宗见萧革受到冒犯却不嫉恨，认为他宽宏大度，对他更加宠爱，萧革的矫情造作可见一斑。辽道宗清宁元年（1055），萧革出任南院枢密使，受封楚王。此后，萧革又被调往北院，和国舅萧阿剌共

同执掌朝政。萧革常常徇私枉法，萧阿剌多次纠正他的错误，因此两人矛盾很深，萧革就进谗言将萧阿剌贬为东京留守。恰逢道宗举行祭祀，萧阿剌按照惯例返回京城。道宗向大臣们询问时事，萧阿剌进谏忠言，让道宗很不高兴。萧革趁机污蔑说萧阿剌倚仗身份，蔑视皇上，道宗大怒，下令缢杀萧阿剌。后来，道宗觉察到了萧革的险恶，逐渐疏远了他。清宁八年，萧革致仕，受封郑国王。清宁九年，重元叛乱之后，道宗因为萧革的儿子是耶律重元的女婿，认定其参与了重元的叛乱，以极刑处死了萧革。

🔊 **射骑图·辽**

辽国军队大体分为官帐军、部族军、京州军和属国军四部分。官帐军是辽国皇帝亲军，装备最为精良；部族军主要由契丹以外的部族青壮组成，主要负责戍边及征战；京州军，主要由辽国五京道各州县的汉族、渤海族的壮丁组成；属国军则由臣属国壮丁组成。

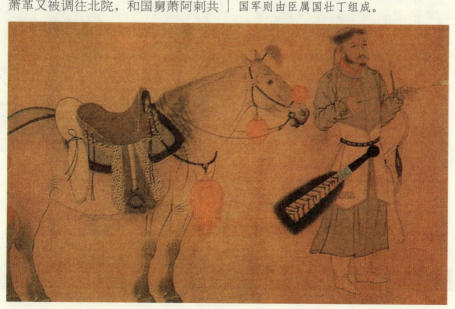

金史

中国社会科学院近代史研究所研究员
韩志远

《金史》为元脱脱等人所撰之纪传体史书，中国历代官修"二十四史"之一，至正三年（1343）开始修撰，第二年十一月成书。《金史》共135卷，其中本纪19卷，列传73卷，志39卷，表4卷，详细记载了金太祖收国元年（1115）阿骨打称帝到金哀宗天兴三年（1234）蒙古灭金120年的历史，书中还以《世纪》《世纪补》等形式追述了女真族的起源和金太祖建国前的历史。

《金史》全书体例完备，内容全面，选取史实比较客观，所以后世史学家对《金史》的评价较高，认为它是"元修三史"中编写得最好的一部。清代史学家赵翼就曾评价《金史》"叙事最详略，文笔亦极老洁，迥出宋、元二史之上"。除叙事得当、史实较为准确外，《金史》的表和志也独树一帜，诸如《礼志》《乐志》《舆服志》《食货志》《选举志》《百官志》等，将金朝的典章制度比较系统地记载下来。此外，《金史》专门设立《金国语解》，对官制、人事、姓氏等方面的女真语词汇进行解释，为解读和研究女真语言文字提供了重要资料。当然，《金史》也存在一些记事互相矛盾、时间颠倒、人名地名混乱的缺陷，但瑕不掩瑜，《金史》是反映女真族建立的金朝兴衰始末的最重要史料。

◆ 白话精编二十四史 ◆

第九卷

太祖本纪

金 太祖（1068～1123），汉名完颜旻，女真名阿骨打，金世祖完颜劾里钵之子。金康祖完颜乌雅束去世后，阿骨打继承其位，出任都勃极烈。辽国天庆四年，阿骨打率两千五百人起兵反辽，攻破宁江州。天庆五年，阿骨打在会宁（今黑龙江哈尔滨市阿城区）称帝，建立金国，年号收国。天辅四年（1120），阿骨打与北宋签订"海上之盟"，并于当年攻陷辽国上京临潢府（今内蒙古自治区巴林左旗南）。天辅六年，金军攻克中京（今内蒙古宁城县西南）；同年年底，金军攻克燕京。天辅七年，阿骨打在返回上京途中病逝。天会三年（1125），追谥为大圣皇帝，庙号太祖。

▶【天资聪颖】

金太祖即完颜阿骨打，汉名完颜旻，金世祖完颜劾里钵次子，按出虎水（今黑龙江哈尔滨东南阿什河）女真完颜部人。作为一个古老的民族，女真之名在五代时期才开始出现。当时居住在混同江以南的女真被称为熟女真，隶属于契丹户籍；混同江以北为生女真。女真完颜部就是生女真的一支，从他们的始祖函普开始就是一部之长。11世纪初，执掌完颜部的是函普的子孙昭祖石鲁，此时的完颜部已经成为一个强大的部落。阿骨打的祖父乌古乃接受了辽国节度使的册封，他死后，他的三个儿子劾里钵、颇刺淑、盈哥相继担任了部落联盟长，在这三位强悍首领的率领下，完颜部南征北战，成为东北地区一支举足轻重的力量。

阿骨打出生时，正值完颜部蒸蒸日上之际，他幼年时就力气过人，再加上举止庄重，很受父亲劾里钵的喜爱。一次劾里钵外出征战，身负四处创伤，正处于病痛的折磨之中，忽然看到年幼的阿骨打，就将他放在膝盖上，抚摸着他的头发说："这孩子眼看就长大了，我还有什么可发愁的呢？"阿骨打十岁时，就喜欢拉弓射箭，展现了游牧民族的骑射天赋。一天，辽国使者看到阿骨打手里拿着弓箭，就叫他射天上的鸟群。阿骨打连射三箭，箭箭命中，辽国使者惊讶地称赞他是"奇男子"。

▶【赫赫武功】

当时劾里钵率军讨伐卜灰部，阿骨打也请求跟随出征，劾里钵虽然没有答应儿子的请求，却也为他的勇气感到欣喜。数年后，窝谋罕部与完颜部交战，当时阿骨打已经二十三岁，他终于随父出征。战场上，阿骨打身披短甲，不戴头盔，战马也没有披甲，就在阵前给将士们发布命令。窝谋罕部的人认出了他，就派勇士太峪策马持枪出城，准备刺杀阿骨打。由于事起仓促，阿骨打来不及防备，幸亏他的舅舅活腊胡拍马赶到，将太峪刺落马下。一次，阿骨打出营厮杀，遭到了敌人的重兵追击。阿骨打慌不择路，逃入了一条狭窄的巷道中，无路可走。危急时刻，阿骨打策马跃过巷道，追击他的敌人只能无功而返。

世祖劾里钵卧病在床，阿骨打到辽国东北路统军司公干。出发前，世祖告诉他："你要赶紧办完事情，五月月中回来，我也许还能见到你。"阿骨打办完事情后，赶回家时正是世祖去世前一天。世祖见到阿骨打回来非常高兴，拉住阿骨打的手，抱住他的脖子抚摸，对自己的弟弟颇剌淑说："乌雅束（世祖长子）温和善良，只

有阿骨打足以解决契丹的事情。"世祖去世后，阿骨打的叔父颇剌淑继承了联盟长的职务，他对阿骨打非常看重，出入都要带着阿骨打。每次阿骨打出征回来，颇剌淑都要亲自迎接。当时与完颜部为敌的石烈部首领腊醅已经被擒获，但另一首领麻产还占据直屋铠水，招兵买马，与完颜部对抗。颇剌淑派阿骨打和兄长乌雅束率军出征，阿骨打亲手抓获了麻产，处死麻产后又将他的耳朵献给辽国，辽国因其战功而授予阿骨打、乌雅束详稳的职务。不久，阿骨打又率领军队去攻打泥庞古部的跋黑、播立开等人，阿

🔴 **六骏图·金·赵霖**

作为兴起于北方的游牧民族，女真以骑兵战术见长，但和契丹骑兵以轻骑为主不同，女真骑兵的"撒手锏"却是身披重甲、冲锋陷阵的重甲骑兵。南宋将领吴璘曾提到女真有"四长"，分别是骑兵、坚忍、重甲和弓矢，其中重甲和坚忍就是女真骑兵最大的特点。每当战阵之时，女真骑兵可以反复攻击敌军，循环往复，一天内能连续冲击百余次。

☀金太祖完颜阿骨打陵址

金太祖陵址位于黑龙江省阿城市南郊两千米处，距离金朝上京遗址300米。金天会元年(1123)八月，金太祖在返回上京途中病逝，葬于金上京宫城西南，并在陵上建有宁神殿，又称"太祖庙"。天会十三年二月，金太祖灵柩被迁移至和陵(今阿城胡凯山)，后改和陵为睿陵，后又迁移至北京市房山区，仍号睿陵。

骨打以达涂阿为向导，沿着帅水趁夜行军，抓获了他们的妻子儿女。盈哥继任联盟长后，阿骨打率军攻杀温都部跋特，攻破留可城，追击萧海里，屡立战功。

▶【兄终弟继】

辽乾统三年(1103)，阿骨打的兄长乌雅束继任联盟长。乾统十年，女真地区发生灾荒，粮食歉收，百姓要么饿死乡里，要么流徙别地，不少人被迫卖妻鬻子，强壮的青年纷纷上山做了盗贼。眼见部落内越发混乱，以欢都为首的贵族提议加重刑罚，但凡做强盗的全部都杀掉。阿骨打却主张从轻发落，他说："为了财物而杀

人这是愚蠢的，要知道财物都是人生产出来的，没有人哪来的财物呢？"当时不少百姓都拖欠了部落的赋税，阿骨打建议三年内不再征税，过了三年再慢慢商议。乌雅束采纳了阿骨打的意见，听说了这件事的贫民都失声痛哭，从此完颜部的人心都归向于阿骨打。

辽国天庆三年(1113)，乌雅束做梦追赶一只独狼，屡屡射箭都没有射中，这时阿骨打上前一箭命中。第二天，乌雅束将自己的梦境告诉了众人，大家都认为这是完颜部得以繁衍继承的吉兆。当月，乌雅束病死，阿骨打出任都勃极烈，也就是部落联盟长。当时辽国使者阿息保前来问罪，责备阿骨打为何不向辽国报丧。阿骨打理直气壮地回答说："你们听说我部有丧事，不但不来吊丧，现在还打算来问罪，这是什么道理？"不久，阿息保再次出使完颜部，他看上了乌雅束葬礼上充当仪仗的宝马，打算据为己有。这个无礼的举动让阿骨打勃然大怒，他准备杀掉阿息保，幸亏乌雅束的儿子宗雄百般劝阻，这才放过了阿息保，阿骨打对辽国的不满愈发强烈。

▶【起兵反辽】

早在辽国天庆二年，辽天祚帝在春捺钵(今吉林大安月亮泡一带)举行头鱼宴会，下令各部首领献舞于会

金
史

●本纪●

上，只有阿骨打拒绝了这道屈辱的命令。当时阿骨打就有反辽之意，现在辽国使者如此对待他兄长的葬礼，这更加深了阿骨打对辽国的仇恨。辽国君臣对此却毫无察觉，依旧按照惯例册封阿骨打为生女真部族节度使。当初，辽国每年都要派使者到海上求购猎鹰"海东青"，每当这些使者从女真部落中经过时，就不断骚扰勒索女真百姓，为非作歹没有限度，女真各部都吃够了他们的苦头。乌雅束就以辽国不肯归还阿疎（纥石烈部首领，完颜部宿敌，流亡于辽国）为名，拒绝接纳辽国所派的使者。

阿骨打出任都勃极烈后，派宗室习古乃、完颜银术可以索取阿疎为名，深入辽国探听虚实。两人回来后，详细地报告了天祚帝骄纵无德，辽国军备废弛的情况。阿骨打于是召集部署，告诉他们伐辽的计划，完颜部开始加强防御，修建堡垒，打造兵器。辽国统军司听到女真勤修武备的消息后，产生了戒心，派节度使耶律捏哥责问阿骨打说："你们心怀异志吗？修造兵器，加强防御，你们这是在防备谁？"阿骨打理直气壮地回答说："我们加强自己的防御，又不是要进攻别人，有什么好问罪的？"辽国再派阿息保来追问此事，阿骨打愤怒地回答说："我们是小国，侍奉上国丝毫不敢荒废礼仪，可上国的恩泽却不施加给我们，还收留我们的宿敌。如果不能满足我们的要求，那我们也不能束手待毙。"

阿息保回去后，辽人开始调兵戒备，统军萧挞不野开始在宁江州（今吉林扶余东南）集结军队。阿骨打派使者前去探听情况，使者回报说辽军暂时只调动了四院统军司宁江州军以及八百人的渤海军。阿骨打对众将说："辽人知道我们准备起兵，已经开始调集大军防备，我们必须要先发制人，而不能为人所制。"随后，阿骨打祭告皇天后土，派遣宗室子弟婆卢火调遣移懒路迪古乃的兵马，派遣斡鲁古、阿鲁去安抚已完全隶属于辽国的熟女真，派实不选去捉拿辽国的障鹰官。当时达鲁谷部派使者询问阿骨打说："听说完颜部要举兵伐辽，我们部落应该跟随走？"阿骨打平静地回答说："我们兵马虽少，却是你们的乡亲邻居，当然应该跟随我们。如果你们害怕辽国，那就去投靠他们好了。"

【百战克敌】

九月，阿骨打在涞流水（今吉林拉林河口西）集合了各路大军，共得到两千五百名战士。阿骨打正式誓师伐辽，他列举了辽国的数项大罪：如世代侍奉辽国，贡献礼物，为辽国平定乌春、窝谋罕、萧海里的叛乱，却有功不赏，反加欺辱；又如罪人阿疎，多次索要而辽国不予遣返等等。随后，阿骨打与众将传梃立誓："大家要同心协力，但凡有功德，是奴隶部曲的升为良民，是一般百姓的就赐给官职，已有官职的升官。如果违背了这个誓言，就死在木棒之下，家属也不能赦免。"女真军队越过辽国边界，与辽将耶律谢十的渤海军遭遇，阿骨打亲自射杀了谢十，双方陷入激战。混乱中，辽军的一支流箭擦过阿骨打的额头，阿骨打回头射死发箭的辽兵，然后高呼道："杀光敌人才罢休。"女真将士跟着他继续冲杀，将辽军杀得大败。国相撒改的儿子宗翰和完颜希尹向阿骨打表示祝贺，劝他称帝立国，阿骨打却拒绝说："不过是一场战斗胜利罢了，这样就称帝自立，会显得太浅薄了。"说完，阿骨打率军进攻宁江州，不但攻克了这座混同江畔的要隘，还俘获了防御使大药师奴。阿骨打善待辽军中的渤海俘虏，安抚他们说："女真、渤海本是一家，我们起兵是讨伐辽国，不会滥杀无辜。"然后将俘虏的渤海战俘全部释放。

十一月，辽国都统萧嗣先、副都统萧挞不野率领步骑十万在鸭子河北会师。阿骨打率领三千七百人昼夜兼程，在黎明时分赶到了鸭子河。当时河水已经冻结，阿骨打命令将士踏冰渡河。女真前锋刚刚渡河完毕，就和辽军在出河店（今黑龙江肇源西南）相遇。恰逢大风突起，阿骨打指挥将士趁着风势发动猛攻，辽军全线崩溃。女真军队杀伤辽军以及缴获的车马、盔甲、兵器、珍玩数量多得无以计数，阿骨打将这些全部赏赐给将士们。辽人曾说女真满万不可敌，这时女真军队刚好满一万人。此后，女真大军势如破竹，连续攻克了辽国滨州（今吉林农安红石磊）、祥州（今吉林农安

东北）和咸州（今辽宁开原老城）。

【终成帝业】

女真大军连战连捷，乌乞买、撒改等贵戚重臣纷纷请求阿骨打称帝自立。收国元年（1115）正月，阿骨打正式称帝，是为金太祖。因为契丹为镔铁之意，阿骨打认为镔铁虽然坚固，但最终也要变坏，只有黄金不变不坏，因此定国号为"大金"，改年号为"收国"。随后，金太祖亲率大军攻打辽国黄龙府（今吉林农安），行军至达鲁谷城（今吉林前郭尔罗斯塔虎城）时，与辽国都统耶律讹里朵率领的二十七万辽军遭遇。太祖在高处望见辽军如同连云的灌木一般涌来，就率军占领高地以为阵地，然后派宗雄冲击辽军左翼。辽军左翼刚一后退，娄室、银术可就率军冲击辽人的中军，宗雄又率军攻打辽军的右翼，辽军全线溃败。九月底，金军攻克黄龙府，由于部队久战疲惫，太祖班师而回。

当年十一月，辽天祚帝得知黄龙府失陷，大为惊恐，亲自率领七十万大军征讨女真。金太祖听说辽人倾国来犯，就集中了两万大军，在达鲁古城一带迎击辽军。双方还未交战，天祚帝就因为国内发生了耶律章奴的叛乱而撤军回国。金太祖抓住难得的战机，率领骑兵紧紧追赶，最终在护步达岗（今吉林榆树）追上了辽军。金太祖知道敌众我寡，就集中兵力猛攻辽主所在的中军，最终击溃了辽军，辽军士兵的尸体绵延了一百多里，缴

获的车辆、帐篷、兵器多得不可计算。这次战斗中，金太祖的弟弟完颜斜也手持长矛杀死数十辽兵，完颜蒙刮身负重伤仍然奋勇作战，论功劳都是最大。收国二年正月，渤海人高永昌占据辽国东京（今辽宁辽阳），自称渤海国皇帝。太祖任命斡鲁统领内外各军，与蒲察、迪古乃等将领会同咸州路都统斡鲁古讨伐高永昌。五月，高永昌兵败被杀，东京州县全部投降。太祖下诏废除辽国的酷法，减免税赋。十二月，太祖接受谙班勃极烈乌乞买以及群臣所上尊号——"大圣皇帝"，改明年为天辅元年。

太祖首次攻辽大获全胜后，将主要精力转向了金国内部的建设，他改革了女真固有的猛安谋克制度，建立了统治国家的勃极烈制度，立同母弟为谙班勃极烈，让其以储君的身份总理国家军政大事。此外，太祖还下令抚恤那些归附的契丹、奚、渤海等少数民族，让他们根据方便自行居住，还在天辅三年（1119）颁行了女真文字。在勤修内政的同时，太祖还在积极准备攻打辽国。天辅四年，金辽和谈破裂，阿骨打亲自率军出征，第二次伐辽之役开始。同年五月，金军攻克辽国上京（今内蒙古赤峰巴林左旗），辽国留守挞不野投降。随后，金国与北宋达成"海上之盟"，约定夹攻辽国。天辅五年十二月，金太祖任命五弟忽鲁勃极烈完颜杲为内外诸军都统，任命宗翰、宗幹、宗望、宗磐为副都统，继续向西进攻辽国。天辅六年正月，金军攻克辽国中京（今内蒙古宁城西南）；四月，攻克辽国西京（今山西大同），天祚帝率孤军逃入阴山；六月，以谙班勃极烈乌乞买为监国，太祖亲率大军追击天祚帝。十二月，金军攻至燕京（今北京）城下。由于此前太祖已经昭告燕京官吏百姓，投降者免罪，所以以辽国枢密院左企弓、刘彦宗为首的辽国大臣献城投降。至此，辽国五京全部被金军攻克，辽国灭亡已经是指日可待。

天辅七年四月，金太祖按照"海上之盟"将燕云等地归还北宋，太祖则带着燕地的工匠、世族、百姓迁走，北宋只得到了一座燕京空城。班师途中，金太祖在鸳鸯泺染病，在回返上京的途中病逝于泺西行宫，终年五十六岁。

论赞

赞曰：太祖有杰出的计谋，高明的韬略，他豁达大度，知人善任，众人都愿意为他效力。世祖有攻打辽国的志向，所以兄弟传位，先传给康宗，再传给太祖。太祖平定燕京后，就废除了辽国残酷的律法，减免赋税，采用女真的制度。金国建国一百一十九年，太祖数年的谋划从无失算，军队战无不胜，最终成就了大业，传给了子孙，真是一代雄杰。

太宗本纪

太宗（1075～1135），即完颜晟，女真名乌乞买，金太祖完颜阿骨打同母弟，金国第二位皇帝。收国元年（1115），出任谙班勃极烈，金太祖率军出征时，其留在国内，处理大小政务。天辅七年（1123），金太祖去世，完颜晟被完颜杲、完颜宗幹、完颜宗峻等人拥立为帝，改元天会，继续发动灭辽之战。天会三年（1125），发动了侵宋之战，灭亡北宋。天会十三年（1128）正月，病死于明德宫，终年六十一岁。作为金国承上启下的一代君主，金太宗的武功虽然不及金太祖，但文治却有过之，有金一代的典章制度、管制礼乐皆为其主持修订，《金史》称其"使太祖世嗣不失正绪，行其所甚难"。

【继承皇位】

金太宗，汉名完颜晟，女真名完颜乌乞买，金世祖完颜劾里钵第四子，金太祖完颜阿骨打同母弟。辽国大康元年（1075）出生，幼年时过继给他的叔父、金穆祖完颜盈歌为养子。金收国元年（1115）七月，阿骨打即位称帝后，按照女真惯例，在国内设置勃极烈制度，乌乞买受封为谙班勃极烈。按照女真传统，这个职务既是皇储的象征，也是国家的首席大臣。此后，太祖率军征伐辽国，乌乞买就驻守国内，处理大小政务。天辅五年（1121），金太祖发动了第二次伐辽战争，以乌乞买总理国家军政大事，全权代理太祖。

天辅七年（1123）六月，太祖巡行停留在鸳鸯泺，不幸染病。预感到大限将至，太祖下诏给乌乞买，让他安抚归顺的部众。八月底，太祖和乌乞买在浑河以北会师，太祖开始安排身后之事。九月，金太祖病死，乌乞买将太祖安葬于上京西南。处理完太祖的丧葬事宜后，国论勃极烈完颜杲、郓王完颜昂、太祖的儿子宗峻、宗幹率领皇亲贵戚及文武百官请求乌乞买即帝位，乌乞买再三推辞，最后宗幹带领自己的弟弟们将黄袍披到乌乞买的身上，将传国玉玺放到他的怀中。乌乞买这才即位称帝，是为金太宗，改天辅七年为天会元年。

【灭辽建功】

金太宗即位之初，金国政权并不稳固。作为金国的死敌，辽天祚帝还逃亡在阴山一带，辽国残余势力仍然遍布各地，原辽国降将、平州留守张觉更是占据平州，公然起兵反金。面对来自于内外的威胁，金太宗并没有慌乱，他决心继承太祖的志向，平定四方。太宗首先采取安定人心的举措，他任命大将宗翰为西南、西北两路都统，赐给宗翰空白委任书一百道，将一方军政大权托付给宗翰，允许他便宜行事，这个大胆放权的举动初步稳定了金国人心。随后，太宗命太祖第四子、同为女真宿将的宗望去审问攻打张觉失败的宗室阇母。宗望不负所托，率领阇母的兵马从广宁出发，攻下了临近东海的许多州县。张觉率军出城野战，结果被宗望击败，只得逃往燕京，归附宋朝，他的父亲和两个儿子被城中人献给宗望，全部被杀。随后，平州守将张敦谷继续抵抗，再次被宗望击败，不得已投降，平州之乱终于平定。

首战告捷后，太宗下令奖赏宗望及有功的将士，以空白委任状五十道、银牌十面奖励宗望。接着太宗整顿内政，下令免除民间借贷的利息，还免除了因为粮食歉收而生活困难地区的军粮。同时，太宗还将自己的五弟完颜杲任命为谙班勃极烈，以宗幹为国论勃极烈。天会二年二月，太宗下诏，拨给宗翰战马七百匹、米粮七千石，以赈济刚刚归附金国的民众。宗翰因为所部兵力不足，上表请求援军，太宗就命令有关部门挑选了五千精兵拨给宗翰。此外，太宗还用北宋缴纳的钱币银绢犒赏了将士中有功之人，下

令在上京、春州、泰州之间设置驿站。三月，原本应该按照"海上之盟"割让山西之地给宋朝，但因为宗翰上奏反对而暂时停止。为了奖励宗翰经营西北、败夏破辽的功劳，太宗赏赐给他战马十匹，让他自己挑选两匹，其他的分给其他将领。

当年十月，泰州因为秋雨成灾，太宗下令调发宁江州的军粮赈济灾民。这时代理西南、西北两路都统的斡鲁报告说："辽国大臣挞不野前来投奔，据说耶律大石已经自立为王，设置了南北官署，有战马一万多匹。现在跟随天祚帝的不过四千户，步骑兵不超过一万人，打算开往天德，驻军余都谷。"太宗立即下令，全力追击天祚帝。当年十一月，金将阇母攻克叉牙山，杀死辽国节度使韩庆民。天会三年（1125）三月，金将完颜娄室在余都谷抓获了天祚帝，辽国灭亡。辽太宗贬其为海滨王，送往长白山以东居住，第二年病死。七月，太宗下诏禁止内外官员、宗室私自调百姓服役，禁止买贫民以为奴隶。

【定策攻宋】

灭辽之后，金国以宗翰、宗望为首的将领纷纷主张侵宋，金太宗也下定了对宋朝用兵的决心。天会三年十月，太宗正式诏令各将准备伐宋。太宗任命谙班勃极烈完颜杲兼领都元帅的职务，坐镇京城。以国论移赍勃极烈宗翰兼任左副元帅，经略使完颜希尹为元帅右监军，左金吾上将军耶律

余睹为元帅右都监，统一指挥西路金军，由西京进攻太原；以六路军帅挞懒为六路都统，完颜杲为副职，宗望为南京路都统，阇母为副职，知枢密院事刘彦宗兼领汉军都统，从南京进攻燕京。

当年十二月，宗翰的西路军攻下朔州，宗望的东路军与宋将郭药师、张企徽、刘舜仁激战于白沟河，宋军大败。郭药师举城投降金国，燕京地区的州县全部被占领。接着，宗翰攻克代州，包围太原，宗望连克中山、真定，耶律余睹也在汾河以北击败了从河东、陕西增援太原的宋军。为了安抚降军人心，太宗下诏，降将郭药师、董才都赐姓完颜。天会四年正月，宗望的东路军主力渡过黄河，攻取滑州。眼见形势危急，宋徽宗将皇位禅让于太子赵桓，自己从汴梁出逃。宋钦宗派使者到宗望营中求和，双方约

番骑图卷·金

按照史料《三朝北盟会编》记载，女真起兵反辽之初，部族武装皆为骑兵，每五十人为一队，前二十人身穿重甲，手持长枪或者铁棍，后三十人为轻骑，以骑射为主。战斗之前，以两人为哨探，观察辽军虚实，然后从左右两翼猛攻辽军，百步之内几乎箭无虚发。一旦胜利则整理队形追赶，不利则聚集一处，应变极快。

定宋朝割让太原、中山、河间三地予金国，增加每年的岁币，宋帝尊金太宗为伯父，以宋康王赵构、少宰张邦昌为人质，金军这才撤围北返。

二月，宋将姚平仲率军四十万袭击宗望的营寨，结果被金军击败。八月，金太宗再次下诏，命令左副元帅宗翰、右副元帅宗望再次分两路伐宋。宗望的东路军从保州出发，连续攻克中山、新城、真定；宗翰的东路军攻克太原、平遥、灵石等县，其部将娄

室也连续攻下汾州、石州。十一月，两路金军在汴梁城下会师，宋钦宗出城投降，北宋亡。天会五年，立宋太宰张邦昌为傀儡皇帝，国号大楚。第二年四月，宗翰、宗望押解着宋徽宗、宋钦宗以及劫掠而来的财物返回北方。

【帝位归属】

天会五年五月，宋康王赵构即帝位，是为宋高宗，南宋政权建立。宋高宗即位后不久，即下诏赐死了金国扶植的傀儡张邦昌。此时金太宗正忙于在河北、河东开科取士，挑选各级州县官员，并没有立刻对南宋政权作出反应。天会六年正月，右副元帅宗辅率军攻打山东诸州，连续攻克了淄州、青州、滑州，宗弼、银术可、拔离速等人也分路攻克了邓州、襄阳、均州等地。与此同时，宗弼统帅的河东金军也连续攻克了同州、华州、凤翔府、京兆府。当年七月，下诏追击逃往扬州的宋高宗，金军兵分两路：主力由宗翰、宗辅合力南下，偏师由娄室统领攻打陕西。天辅七年，宗辅所部南渡长江，先锋宗弼连续攻取了湖州（今浙江湖州）、杭州（今浙江杭州）、越州（今浙江绍兴）、泉州（今浙江宁波），宋高宗不得不逃往海上。由于南宋军民的顽强抵抗，金军自知无法仓促间灭掉南宋，在大肆劫掠后返回江北。此后，金太宗及其重臣们又将战略重点转向陕西，天会八年（1130），金太宗将左副元帅宗辅调往山西，刚刚从江南返回的宗弼所部也跟随出征。当年八月，宗辅、宗弼、娄室以金军主力与南宋知枢密院事兼川陕宣抚处置使张浚率领的步、骑兵共十八万人在陕西富平展开决战，金军大获全胜，乘胜占领了陕西大部。

在不断出击江南、陕西的同时，金太宗还与完颜杲、宗干以及大批汉臣也在中枢逐步建立金国的各种官僚机构。天会二年，设立大理寺；天会四年，设立宣徽院；天会八年，设立礼部和吏部。天会十年，谙班勃极烈完颜杲病死，储位空虚。金太宗按照汉制中的皇位继承制度，立金太祖的嫡长孙合剌（其父宗峻为太祖嫡长子，已死）为谙班勃极烈，为金国确立了皇位继承人。天会十三年（1135）正月，金太宗病逝于上京明德宫，享年六十一岁。三月，上谥号为"文烈皇帝"，庙号"太宗"，葬于和陵。

熙宗本纪

金

熙宗（1119～1150），汉名完颜亶，女真名合剌，金太祖完颜阿骨打嫡孙，金国第三位皇帝。天会十年（1132），出任谙班勃极烈，成为皇储。天会十三年，金太宗病死，完颜亶即帝位，是为金熙宗。熙宗即位之初，兴科举，任贤能，改官制，定新都，颇有作为。执政后期酗酒无度，大权尽归于皇后裴满氏，宗室完颜亮趁机谋反，弑杀熙宗于皇宫中，时年四十一岁。

▶【励精图治】

金熙宗，汉名完颜亶，女真名合剌，金太祖完颜阿骨打嫡孙，天辅三年（1119）出生。合剌幼年丧父，后为伯父宗幹收为养子，悉心教导。天会八年（1130），谙班勃极烈完颜杲病逝，金国储位空虚，太宗很久没有确定自己的即位者，在朝中上下引起了群臣的不安。天会十年，左副元帅宗翰、右副元帅宗辅、左监军完颜希尹入朝。这三位金国重臣和宗幹商议，认为储位空虚已久，如果再不确定，恐怕最后会所托非人。而合剌是太祖嫡孙，身份贵重，人品难得，应当立为皇储。于是宗翰、宗辅、宗幹、希尹四人联名奏请，太宗再三考虑后，最终采纳了他

们的意见。当年四月，太宗下诏立合剌为谙班勃极烈。天会十三年，金太宗病逝于明德宫，合剌即帝位，是为金熙宗。天会十五年十二月，改次年为天眷元年。

金熙宗即位之初就面临着纷繁复杂的政治斗争。首先，都元帅宗翰权倾一时，其掌握的云中枢密院有征战、征税、任免官吏之权，整个华北都在其掌控之中，金国的能征惯战

🦌 女真贵族服装

女真贵族的服装春夏以红丝绵为衫裳，秋冬以貂鼠、青鼠、狐貉皮或羔皮为裘，喜左衽。图中就是一件左衽窄袖袍、长裙穿戴的贵族服装，裙上饰有鹿纹。金代服装的装饰图案喜用禽兽，尤其喜欢用鹿，因为鹿与汉字的"禄"同音，富有吉祥的含意。

之将如希尹、娄室都是他的部下，已经威胁到了熙宗的统治地位。面对这种局面，熙宗采取了明升暗降，剥夺兵权的做法，他任命宗翰为太保、领三省事，而罢免了其都元帅的职务。接着，熙宗又对宗翰党羽下手，先后剥夺了希尹、高庆裔、萧庆等人的职务，还在天会十五年以贪赃的名义处死了高庆裔。宗翰眼见着自己兵权被削，心腹被杀，却毫无还手之力，愤懑交加之下于当年七月病死。当年十一月，熙宗趁势废除了受宗翰支持的刘豫伪齐政权，将陕西、河南等地收回，改燕京枢密院为行台尚书省。

【绍兴和议】

宗翰病死后，金国的朝政大权并没有回到熙宗手中。金太宗一系的子孙、太师领三省事宗磐、尚书左丞相宗隽、左副元帅完颜昌结党营私，把持朝政，他们力主与南宋议和，还将河南、陕西之地割还给宋朝，以换取南宋称臣。为了制约宗磐一党，熙宗先是恢复了希尹的相位，然后联合太傅领三省事宗干和都元帅完颜宗弼，将宗磐、宗隽、完颜昌等主和派一举诛杀。天眷三年（1140），熙宗又命宗弼南征，夺回了河南、陕西等地。此后，熙宗重用宗弼，任其为尚书左丞相兼侍中、都元帅、领行台尚书事。皇统二年（1142），宋、金达成和议，史称"绍兴和议"，宋金两国西以大散关、东以淮河为界，南宋向金称臣，每年输白银二十五万两、绢二十五万

匹。绍兴和议后，宋金形成了隔淮河而南北对峙的局面。天眷三年（1140），金熙宗下诏推行汉官制，在中原地区劝课农桑，使北方的经济得以恢复。

金熙宗即位之初，即实行了铲除权臣、恢复汉制、恢复经济等一系列的举措，堪称有为之主。然而好景不长，在皇统六年（1146）之后，宰相韩企先、都元帅宗弼等人相继去世，熙宗的皇后裴满氏趁机干政，朝廷内外乌烟瘴气。此时的熙宗倦怠朝政，以酗酒为乐，酒后又常常打骂大臣。在皇统七年四月，饮宴醉酒，杀礼部尚书宗礼；六月，杀横海军节度使田珏、左司郎中奚毅；皇统九年，杀翰林学士张钧；十一月又在寝宫中杀死皇后裴满氏。熙宗的喜怒无常让百官人人自危，也给了野心家可乘之机。皇统九年十二月，平章政事完颜亮联络被熙宗责打过的右丞相完颜秉德、尚书左丞唐括辩、大理卿乌带，在寝宫中将熙宗刺杀，熙宗遇害时四十一岁。

论赞

赞 曰：金熙宗在位时，国家太平无事，敬重尊崇宗室大臣，国家大事也都托付给他们，国体得以继承，治理国家有很可观的地方。然而熙宗晚年酗酒无度，滥杀大臣，以至于人人自危，正是前有乱臣而不见，后有奸贼而不知，最终酿成了死于非命的结果，这不是一朝一夕的缘故啊。

金史

●本纪●

海陵王本纪

海陵王（1122～1161），汉名完颜亮，女真名迪古乃，金太祖完颜阿骨打之孙，辽王宗幹之子，熙宗朝时累任行军万户、中京留守、平章政事等职。皇统九年（1149）十二月，发动政变，刺杀熙宗，后自立为帝。即位后，完颜亮大兴土木，迁都燕京，以至于劳民伤财。为了巩固皇权，生性残忍的完颜亮大杀宗室，金太宗子孙被他斩杀殆尽。正隆六年（1161），完颜亮倾举国之力南侵，妄图消灭南宋，一统天下。然而金军一败再败，完颜亮也被不愿作战的乱军所杀，其在位时间只有十二年。

▶【野心勃勃】

海陵王完颜亮，字元功，女真名迪古乃，金太祖完颜阿骨打之孙，辽王宗幹的次子，天辅六年（1116）出生。金熙宗天眷三年（1140），完颜亮刚满十八岁，以宗室子弟的身份在都元帅宗弼的军队里任职。当时宗弼正率军攻取割还给南宋的河南、陕西等地，完颜亮被任命为行军万户，后升任骠骑上将军。皇统四年（1144），进封龙虎卫上将军、中京留守。完颜亮性情急躁，猜疑心极重，为人刻薄寡恩，残忍任性。当初，金熙宗以太祖嫡孙的身份继承皇位，完颜亮认为自己的父亲宗幹也是太祖嫡子，自己也是太祖的孙子，就对皇位有了非分的野心。他就职中京留守后，专横跋扈，纵容阿谀小人，想以此来树立自己的威望。当时中京的猛安萧裕阴险果决，完颜亮就与他结交，和他讨论天下大事。萧裕揣摩他的心意，知道他有不臣之心，就鼓动他"成就大事"。

皇统七年（1147）五月，金熙宗召完颜亮入京，任命他为同判大宗正事，加授特进官位。十一月，又任命他为尚书左丞，完颜亮从此开始把持权柄，暗结党羽。他将自己的心腹安插进入省台担任要职，还将萧裕提拔为兵部侍郎。一天，熙宗召见他，君臣二人谈到太祖创业时的艰辛，完颜亮做出一副哭泣流泪的样子，熙宗以为他不忘先祖，认为他很忠诚。再加上熙宗幼年承蒙完颜亮的父亲宗幹教养，自幼和完颜亮一起读书、嬉戏，更加觉得完颜亮值得重用。皇统八年六月，熙宗任命完颜亮为平章政事。十一月，又提升他为右丞相。当时皇后裴满氏利用熙宗酗酒、倦怠朝政之机，独揽大权，宗室大臣多依附于皇后，完颜亮为了获得更大的权柄，也开始向裴满氏靠拢。皇统九年（1149）正月，完颜亮兼任都元帅，掌握了金国的军事大权。不久，恰逢完颜亮生日，熙宗派人赐给完颜亮生日礼物，没想到皇后裴满氏也派人恭贺完颜亮，熙宗觉察到完颜亮的势力已经盘根错节，就追回了赏赐的东西，这也让完颜亮心中惴惴不安。

【弑君自立】

尽管熙宗已经有所觉察，但是完颜亮身份贵重，又深得皇后裴满氏的赏识，熙宗也无法立刻对他下手。同年三月，又晋升完颜亮为太保，领三省事。完颜亮知道熙宗对自己起了疑心，为了自保，他一方面结交皇后，一方面恩结权贵，希望获得宗室们的拥戴。他大肆举荐权贵豪门子弟为官，以博取宗室大族们的支持，这种行为引起了左丞相宗贤等人的疑惧。四月，学士张钧因起草的诏书违背熙宗的旨意而被杀，熙宗追查主使张钧之人，宗贤就禀告说是完颜亮指使的。熙宗非常不高兴，就将完颜亮贬为行台尚书省事。完颜亮只得从上京（今黑龙江阿城白城子）赶往汴京上任。途经中京时，完颜亮与萧裕定下约定，如果完颜亮在汴京举事，萧裕则在中京起兵响应。就在完颜亮到达燕京良乡时，熙宗又下诏将完颜亮召回，完颜亮揣测不出熙宗这么做的意图，心中惶恐不安。等他回到上京后，熙宗任命他为平章政事，这个任命不但没有让完颜亮感恩戴德，反而让他觉得时间紧迫，加紧了谋反的准备。

在此之前，熙宗曾因为小事杖责了左丞唐括辩和右丞相完颜秉德，心怀不满的唐括辩开始和大理卿乌带暗中谋划废立皇帝，乌带将两人的谋划告诉了完颜亮。一天，完颜亮私下里和唐括辩谈论废立的事情，他说："如果我们举行大事，谁可以被立为皇帝？"唐括辩回答说："你觉得胙王完颜常胜怎么样？"完颜亮又问除了常胜还有什么人选，唐括辩回答说："邓王的儿子阿懒也可以考虑。"完颜亮再次表示反对。唐括辩察觉到了完颜亮的野心，就试探着说："你莫非

二骏图·金·杨微

自己想当皇帝？"完颜亮理直气壮地回答说："要真是不得已废立皇帝，那除了我还有谁能继承帝位？"此后，两人便在一起日夜密谋。

此时担任熙宗护卫十人长的仆散忽土曾经受过完颜亮父亲宗干的恩惠，所以愿意听从完颜亮的调遣。另一位护卫十人长阿里出虎贪婪凶暴，完颜亮为了收买他，就把自己的女儿嫁给了阿里出虎的儿子。此外，负责管理寝宫的官员大兴国因为遭到过熙宗的责打，怀恨在心，也成为完颜亮的同谋。皇统九年(1149)十二月初九的夜里，正好赶上仆散忽土、阿里出虎担任守卫，大兴国在夜里偷出钥匙打开宫门，将完颜亮、完颜秉德、唐括辩、乌带等人带入寝宫，杀害了熙宗。事成之后，秉德等人为立何人为帝而犹豫，这时忽土说道："当初谋划的时候我们就决定立平章（完颜亮）为帝，现在还有什么可犹豫的呢？"于是侍奉完颜亮在帝座坐下，众人高呼万岁。随后，谎称熙宗要商议立皇后的事情，召见群臣，趁机杀死了曹国王宗敏、左丞相宗贤。为了巩固自己篡权夺位而得到的皇权，完颜亮开始大封拥戴自己的功臣，以完颜秉德为左丞相兼侍中、左副元帅，以唐括辩为右丞相兼中书令，以阿里出虎为右副点检、从太师、领三省事，完颜勖以下二十人分别加官晋爵。

【屠戮宗室】

完颜亮即位之后，金国的政治局面并不平稳，女真贵族的内部斗争依然十分惨烈。首先，以领三省事宗本为代表的金太宗一系子孙，对帝位回归太祖子孙一直心怀不满。尽管熙宗断然处置了宗磐、宗隽等人，但并未能压制住太宗一系的野心。此外，左丞相完颜秉德、右丞相唐括辩并非完颜亮的心腹，他们最初拥戴完颜亮之心并不坚决。为了巩固自己的统治，完颜亮开始挥舞手中的屠刀。天德二年(1150)四月，海陵王以宗本与完颜秉德合谋造反为名，在上京、东京、汴京等地同时下手，杀死了完颜秉德、宗本以及太宗一系子孙七十余人，都元帅宗翰子孙三十余人。当年十月，完颜亮再杀他的叔祖父、曾任谙班勃极烈的完颜杲子孙百余人，将朝廷内外威胁帝位的宗室子弟杀戮一空。

清除了所有牵绊势力之后，完颜亮开始进行政治改革。天德二年，他废除汴京行省尚书台和元帅府，将兵权收归枢密院。贞元元年(1153)，他下令迁都燕京，改燕京为中都，以汴京为南京，中京大定府为北京，辽阳府为东京，大同府为西京。正隆元年(1156)，完颜亮又下诏改革官制，废除中书、门下二省，只保留了尚书省，将国家权力向自己手中集中，基本确立了金朝的封建政治制度。

【侵宋被杀】

完颜亮称帝之时，宋、金之间已经和平多年，人心思安。然而完颜亮巩固住皇权之后，念念不忘灭南宋，天下一统。他不顾民心向背、国家财力，一意孤行地决定发动侵宋战争。正隆四年（1159），完颜亮命令工部尚书苏保衡在通州打造战船；正隆五年，提前征收未来五年之税赋，强令百姓代为饲养军马。在完颜亮的倒行逆施之下，山东、河北、山西都爆发了农民起义，西北地区也爆发了以撒八为首的契丹牧民起义，金国政局动荡不堪。然而完颜亮却不肯放弃南征的念头，皇太后徒单氏出面劝阻他，竟被他杀死于宁德宫，朝野上下再无人敢谏言南征。

正隆六年九月，完颜亮率领三十二位都总管的兵马，从寿春出发南下攻宋。金军兵分四路，完颜亮亲率一路，以枢密使完颜昂为左领军大都督、尚书左丞纥石烈良弼为右领军大都督，直取庐州。另外三路分别由工部尚书苏保衡、太原尹刘萼、河中尹徒单合喜为统帅，分路进攻临安、蔡州等地。十月初八，完颜亮率大军渡过淮河，连续攻占了庐州、和州。而就在他渡河前一天，东京留守、金太祖嫡孙完颜雍发动政变，自立为帝，下诏贬完颜亮为海陵王。完颜亮闻讯后不但没有回师国内，反而率军继续南下。十一月，金军在采石矶（今安徽马鞍山南）被宋军击败，伤亡惨重。不甘失败的完颜亮又率军前往瓜州

（今江苏扬州）。此时金军士兵已经无心再战，完颜亮却以严刑酷法相逼，结果军中将领在兵部尚书耶律元宜的带领下哗变，完颜亮被乱箭射死，时年四十岁。

完颜亮在位十余年，常常以虚情假意驾驭臣子。他不要尚食官进奉鸡鹅，但外出打猎时却从百姓家中索取。有时他穿着旧衣服给大臣们看，有时故意取来士兵的陈米饭吃掉，他总以古代的明君自比，责备大臣们不能直言进谏，而那些直言进谏的人却被他杀死。他在南征时在长江上建造战舰，毁灭百姓的房屋做材料，熬煮死去的人做肥油，使用民力如同马牛，最终还是归于失败。

论赞

赞曰：海陵王的智力足以拒绝建言，谈吐足以掩盖罪恶，因为想做皇帝就杀害了原来的皇帝，因为想讨伐别国就杀了自己的母亲，想霸占别人的妻子就叫她杀了自己的丈夫。这样不顾三纲，怎么能成功呢？何况他还干出了屠杀自己的宗族，铲除忠良，将姑姑姐妹纳为妃嫔的事情。就在他召集三十二位总管谋求天下一统的时候，灾难终于降临到他的头上，他的生命也就此结束，可以说古往今来的昏君中以海陵王最为暴虐，后人不可以不引以为戒啊。

世宗本纪

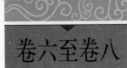

金 世宗（1123～1189），汉名完颜雍，女真名乌禄，金太祖完颜阿骨打之孙，完颜宗辅之子。海陵王时，历任兵部尚书、中京留守、东京留守等职。正隆六年（1161），发动政变，自立为帝，改年号为大定。金世宗即位后，一改海陵王的横征暴敛，他奖励农桑，修明政治，提倡节俭，人民生活较为稳定，时人对他有"小尧舜"之称。其在位二十八年，也是金国最为强盛的一个阶段。

▶【力保东京】

完颜雍，女真名乌禄，金太祖完颜阿骨打之孙，完颜宗辅之子，天辅七年（1123）出生于上京。完颜雍幼年丧父，全靠母亲李氏抚育成人，他容貌奇特，体格雄伟，胡须很美，长及腹部。完颜雍从小就孝顺仁义，深沉冷静，明达事理，具备了较高的汉文化修养。同时，他还精于骑射，在当时的女真宗室中被公推为第一，每次外出打猎时，宗室长辈都愿意跟随他观看。金熙宗皇统年间（1141～1149），完颜雍以宗室子弟的身份授光禄大夫，封葛王。海陵王天德年间（1149～1153），历任会宁牧、东京留守等职务，晋封为赵王。正隆二年（1157），按例将为郑国公，进封卫国公，后又改封为曹国公。

海陵王完颜亮即位后，因其帝位得之不正，所以对宗室大臣倍加防范，稍有异动即大肆杀戮。完颜雍为了自保，多次向其进献奇珍异宝，并卑辞以示忠心。然而海陵王忌惮未消，仍然派心腹高存福担任东京副留守，以监视完颜雍。正隆六年（1161），海陵王调集大军南下侵宋，大肆搜刮民脂民膏，征发徭役，致使百姓苦不堪言。为了扩充军力，海陵王还准备征调契丹部族的青壮男子入伍，遭到了契丹部族的反对，征兵的使者又不敢将详情报告海陵王，于是西北各地就爆发了撒八领导的契丹牧民大起义。义军在咸平府（今辽宁开原）人谋克括里的率领下攻占了韩州（今吉林四平西北），占据了咸平府，准备进攻东京（今辽宁辽阳）。当时完颜雍正担任东京留守，他从城中招募了愿意从军的子弟数百人，准备与义军作战。海陵王也派出将领婆速路总管、宗室子弟完颜谋衍率领四百骑兵征讨括里。完颜雍和谋衍会合后，率军出城，义军发现金军旌旗遍野，鼙鼓震天，又听说完颜雍已经率领大军十万前来，急忙全军撤退，东京转危为安。完颜雍就将自己的部队划归了谋衍。

【自立为帝】

当年九月，完颜雍率军回到东京。副留守高存福是海陵王的心腹，他的女儿还是海陵王的妃嫔，他一向负责监视完颜雍的一举一动。他发现完颜雍出征前打造的几十副盔甲，就造谣说完颜雍阴蓄兵甲，意图不轨，还将此事秘密报告了海陵王。高存福的家人将他的行动密告了完颜雍，这让完颜雍忧心如焚。这时有官员从燕京来，向完颜雍讲述了海陵王杀死徒单太后的事情，还说海陵王即将派人对东京的某位宗室子弟动手，完颜雍更加惶恐不安。当时完颜雍的舅舅、兴中府少尹李石正在东京养病，他劝完颜雍先发制人，除掉高存福，然后自立为帝。下定决心的完颜雍以商讨防备贼寇的名义举行会议，在会上将高存福一举拿下。不久，南征万户完颜福寿、高忠建等人不愿南征，在从辽阳行军至山东时率所部两万余人哗变，他们赶往东京归附完颜雍，完颜谋衍也从常安率五千人投奔完颜雍。东京的官员和各位将领都劝说完颜雍称帝，完颜

🍵 女真贵族饮茶图

女真内地本不产茶，但金太宗时女真人已有了饮茶的嗜好。入主中原后，女真贵族饮茶之风更盛，每年要花费大量资财向南宋购茶，朝廷甚至不得不出台法律，规定五品以上的官员才可以饮茶。

雍谦让了好久，才到宣政殿即皇帝位，改年号为大定，是为金世宗。

随后，世宗遍赏群臣，任命完颜谋衍为右副元帅、高忠建为元帅左监军，下诏揭露海陵王的罪责数十条。金世宗即位后一个月，海陵王在瓜州遭遇兵变，被乱军射死于大帐之中，世宗的帝位也得到了巩固。当时金国的内外局面都非常困难，由于海陵王的横征暴敛，金国国内民怨沸腾，国库空虚。西北方撒八领导的契丹牧民起义正在迅猛扩大，南方和南宋的关系完全破裂，都是金世宗必须尽快解决的难题。

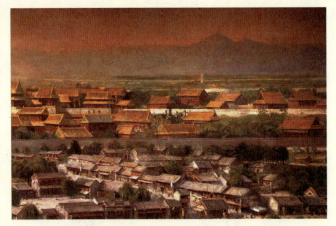

金中都北京城垣景象画（局部）

海陵王天德三年（1151），在燕京城的基础上进行扩建，贞元元年（1153）新城修建完毕，从上京迁都于此，改名为中都。金中都是当时世界上最繁华的商业大都市，为今天的北京留下大量名胜古迹。今天尚存的北海、香山、钓鱼台、玉泉山、陶然亭等，都是当年金朝皇帝的离宫别苑。

使者九人、直到海陵王被杀后才归顺世宗。世宗不以为忤，还提拔他为枢密使、右丞相。正是因为金世宗敢于使用人才，金国自熙宗朝以来宗室结党、内斗不断的政局才有所缓解。

首先，金世宗采取措施恢复经济，他下令将海陵王南征前从民间征调的五十六万头骡马还给原主。世宗还下诏安抚受害最深的山东百姓，赦免那些因躲避盗贼而流亡各地的百姓。为了缓解国库空虚的情况，世宗下令禁止修建宫殿及增加陈设，只要加强皇宫的出入管理即可，不得轻易骚扰百姓。在经济上大刀阔斧地改革外，世宗还大胆任用人才，不管是跟随他称帝的臣子，还是曾经反对他的人；不管是受海陵王喜爱的，还是受到过排挤的，只要确有才能，一律按才能任用。比如世宗的舅舅、心腹之臣李石在大定年间只出任了参知政事的职务，而北面都统纥石烈志宁曾经是海陵王的心腹，曾连杀世宗派去安抚的

【内外用兵】

大定元年（1161）十二月，契丹牧民起义军的首领窝斡正式称帝，建年号为天正，此后义军在临潢府（今内蒙古赤峰市巴林左旗南）与泰州（今吉林洮安）之间转战，多次击败金军，成为了金国的心腹之患。大定二年，世宗任命仆散忠义为平章政事兼右副元帅，纥石烈志宁为元帅右监军，以两人率领金军主力镇压窝斡义军。当年四月，金军先后在胜州、长洜击败义军。六月，仆散忠义在花道、枭岭再次击败义军，窝斡的弟弟袅被活捉。七月，金军收复了被义军占领的原州。八月，高忠建在栲栳山击败义军，义军首领徐列和附近六营奚人投降。九月，窝斡被部下稍合住和神独斡抓住，被送往金营，这场持续了一年多的大起义最终被镇压下去。其后，金世宗下诏罢免契丹猛安谋克制度，将契丹部众迁往金国内地，与女真人杂居，以避免民族起义的再次发生。在此期间，金世宗通过武力征讨和招抚诱降，

也平定了河北、山东等地的起义，金国的内乱逐渐消除。

海陵王执政期间，宋金关系从熙宗朝的和平转向冲突不断。金世宗吸取了海陵王的教训，将被征发的青壮放归家中，只在宋金边境保留了十万将士，由都元帅完颜昂统帅。此外，世宗也派人向南宋议和。当时宋高宗刚刚退位，主战的宋孝宗即位。在南宋军民高涨的抗金呼声中，宋孝宗提出与金国重定边疆、取消称臣等要求，遭到世宗拒绝。金大定三年（宋隆兴元年，1161）四月，南宋以枢密使兼都督江淮东西路军马的张浚为统帅，出兵北伐，始称"隆兴北伐"。当时金国已经镇压了国内的农牧民起义，左丞相仆散忠义、左副元帅纥石烈志宁陆续率金军主力南下。当年五月，宋军初战告捷，连续攻克了灵璧、虹县、宿州等地，形势一片大好。然而纥石烈志宁利用宋军主将李显忠和副将邵宏渊不和，以大军反攻宿州，邵宏渊不战而退，宋军遭遇惨败，不得不退守淮河。第二年四月，金世宗命令仆散忠义、纥石烈志宁主动攻宋，连续夺取了濠州（今安徽凤阳东北）、庐州（今安徽合肥）、和州（今安徽和县）、滁州（今属安徽）等地，宋孝宗只得遣使求和。大定五年（1165），两国正式议和，史称"隆兴和议"。两国恢复"绍兴和议"约定的边界，南宋割让隆兴北伐中攻占的海州（今江苏连云港）、泗州（今江苏盱眙）、唐州（今河南唐河）、秦州（今甘肃

天水）等地，南宋不再向金称臣，双方以为叔侄之国，岁币减为二十万两，绢减为二十万匹。隆兴和议后，宋金之间三十多年没有大规模的战事。

在金世宗统治时期，金国政局相对稳定，经济有所发展，百姓生活较为安定，是有金一代少见的，所以世宗也被称为"小尧舜"。大定二十九年（1189）正月，世宗病危，不能临朝。几天后，世宗病逝于中都福安殿，享年六十七岁，庙号"世宗"，四月葬于兴陵。

论赞

赞曰：金世宗立为皇帝，虽然是众人的劝进，也是天命人心所归。自从太祖以来，屡屡用兵，国家安宁的年份很少。海陵王即位后，残暴无德，百姓的赋税劳役繁重，盗贼四起，百姓们过着苦难的生活，老人没有可以留下赡养自己的儿子，小孩失去了父母的养育之爱，人们都在危机穷困中等待死亡的到来。世宗长期担任地方官员，知道造成祸乱的原因和吏治的得失。他即位五年，就和宋朝议和成功，让人民得以休养生息。他倡导节俭，崇尚孝顺友爱，赏罚有信，重视农业，勤恳地治理国家。在他所在的时代，群臣恪守职责，上下相安无事，百姓富足，仓库充实，人称"小尧舜"，这就是最好的评价。

章宗本纪

金 章宗（1168～1208），汉名完颜璟，女真名麻达葛，金世宗嫡孙。大定二十五年，太子完颜允恭病死，其子完颜璟被立为皇储。大定二十九年正月，世宗病死，完颜璟在大臣的拥戴下即位，是为金章宗，改元"明"昌。金章宗即位之初，尚能沿袭世宗朝的治世方针，修礼乐，定刑法，改官制，善待百姓；但在其统治后期，宠信后妃，用人不当，国力日衰。更为致命的是，其统治末年，蒙古崛起于北方，既不能武力解决，也未能安抚，最终埋下了金国灭亡的祸根。

▶【即位称帝】

金章宗，汉名完颜璟，女真名麻达葛，金世宗嫡孙，宣孝太子完颜允恭之子，大定八年出生于麻达葛山（今河北崇礼）。由于其父完颜允恭喜爱儒学，母亲徒单氏也喜好诗书，在父母的熏陶下完颜璟从小就具备了深厚的文学底蕴，他写的词有南唐李后主的遗风，书法则临摹宋徽宗的"瘦金体"笔法。大定十八年，完颜璟受封为金源郡王，开始学习女真小字以及儒家经书，世宗派进士完颜匡、司经徐孝美等人做他的侍读。大定二十五年（1185）三月，太子完颜允恭突然去世，世宗痛哭不止，开始将完颜璟作为皇储培养。当年十二月，进封其为原王，判大兴府事。大定二十六年，赐汉名璟。五月，任命他为尚书右丞相，并赐给他《舆地图》，让他全面了解天下的远近险要。十一月，立完颜璟为皇太孙。大定二十八年，世宗病危，立其为摄政。大定二十九年（1189），世宗病逝，遗诏立完颜璟为皇帝，是为金章宗。

🔴 金章宗跋《女史箴图》·金

【前贤后愚】

金章宗即位之初，继续沿袭了世宗与民休息的政策，当年七月即诏令减免百姓十分之一的土地税，贫瘠的河东南路、河东北路还减少了十分之二。当年十一月，世宗诏令各地总管、节度使，遇到灾荒之年可以先行赈济，然后再报告朝廷。此外，章宗还开始释放官府奴婢和私家奴婢。明昌二年（1191）二月，更定奴诱良人法，逐渐废除了女真族内的奴隶制度，使金国封建化的进程大大加快。

随着金国封建制度的逐步完善，章宗开始兴礼乐，定制度，将统治制度法典化。明昌五年（1194）二月，下诏求北宋《崇文书目》收录的全部书籍；十二月，诏用唐、宋故事，置其礼乐。明昌六年，诏令礼部尚书等编著《大金集礼》。泰和元年（1201）十二月，修成《泰和律义》，共十二篇五百六十三条三十卷，是为金国最完善的刑法律条。在外交军事上，章宗延续了世宗南北和好的方针，与南宋和平相处。宋宁宗时期，权相韩侂胄秉政，鼓动宁宗出兵北伐。泰和六年（1206）五月，南宋正式开始了开禧北伐，金章宗也全力应战。十月，章宗命平章政事仆散揆兼任左副元帅、枢密使完颜匡为右副元帅，统帅十余万大军，兵分九路反攻宋军，北伐准备不足、将帅无能的宋军全线崩溃。金军趁机猛攻宋境，以惨重的伤亡连续攻取了和州（安徽和州）、成州（今甘肃成县）、大散关（今陕西宝鸡西南）、凤州（今陕西凤县东）等地。军事上的失败让南宋政局发生变化，权相韩侂胄被史弥远和杨皇后所杀，南宋向章宗求和。泰和八年（1208），宋金和议达成，因此时南宋为嘉定元年，所以又称"嘉定和议"，两国约定：金宋改称伯侄国，岁币由白银二十万两、绢二十万匹改为白银三十万两、绢三十万匹，金军撤回国内，维持原有边界。

然而战场上的胜利不能掩盖章宗后期统治的无能，章宗对世宗的庶子非常忌惮，先后杀死了郑王永蹈、镐王永中，宗室内斗再次成为金国的杂音。此外，连续对外征战让金国陷入了财政困难，章宗开始横征暴敛、滥发交钞，结果金国物价飞涨，民生艰难，国家日衰。泰和八年（1208）十一月，章宗病逝于中都福年殿，终年四十一岁。

论 赞

赞 曰：金章宗在位二十年，上承金世宗的太平之世，国内小康，于是他考证礼乐，修订刑法和官制，典章制度成为一代统治的典范。他还多次向群臣询问汉宣帝考核名实的办法，想要超越辽、宋，和汉、唐比肩，也算是有志于治理国家的人。然而他宠信后宫，没能及时给自己确立继承人，致使传位非人，国家制度不能为后世子孙所遵行，金国从此衰落了。

宣宗本纪

金 宣宗（1163～1224），汉名完颜珣，女真名吾睹补，金世宗之孙，金章宗同父异母兄。大定二十九年，封丰王，后又改封为翼王、邢王、升王。至宁元年（1213），卫绍王被权右副元帅纥石烈执中所杀，完颜珣被群臣拥立为帝，改元贞祐。当时金国困窘不堪，北有强敌蒙古不断入侵，宣宗无策御敌，只是一味退让，将都城迁往了汴京。此后，利令智昏的金宣宗不顾强敌在侧，仍然四处树敌，南下伐宋，向西攻夏，导致金国国力日减，灭亡已指日可待。

▶【承继大统】

金宣宗，汉名完颜珣，女真名吾睹补，金世宗之孙，金章宗同父异母兄，大定三年(1163)出生。大定二十六年，赐名完颜珣；大定二十九年，进封丰王。泰和八年（1208），金章宗病逝于中都福年殿，遗诏命皇叔卫绍王完颜永济即帝位，改元大安。完颜永济在位时期，蒙古崛起于北方，成吉思汗多次率领蒙古大军攻金。至宁元年(1213)，蒙古军进逼中都，完颜永济派使臣呵斥大将纥石烈执中，结果纥石烈执中与其党徒发动政变，毒杀完颜永济。随后，丞相徒单镒等人认为完颜珣是世宗长孙，劝纥石烈执中立其为帝。于是，派出使者到彰德府迎接完颜珣入朝。当年九月，完颜珣在中都即位，是为金宣宗，改元贞祐。

金宣宗即位后，无力与手握兵权的纥石烈执中对抗，就采取韬晦之

策，任命纥石烈执中为太师、尚书令兼都元帅，封泽王，国家大事都托付给这位权臣。当年十月，蒙古大军进逼中都，纥石烈执中派元帅右监军术虎高琪率军迎战。术虎高琪连战连败，害怕纥石烈执中将自己作为替罪羊处死，就率败军回师中都，杀死纥石烈执中向宣宗请罪。宣宗不但赦免了他，还任命他为左副元帅。然而金国政局的变化对战局毫无帮助，当年十月到十二月，蒙古军连续攻克涿州、观州、沧州。贞祐二年二月，金宣宗派使者向蒙古求和。当年三月，宣宗接受了蒙古苛刻的议和条件：献纳童男童女各五百名和大批的金银财物，这才换取了蒙古大军的暂时退兵。

▶【迁都开封】

尽管蒙古军暂时退走，覆灭的危机得到缓解，但金宣宗所面临的

局面依然十分险恶，当时山东、河北各郡县几乎大半沦陷，仍在金国掌握中的只有真定、清州、沃州、大名、东平、徐州、邳州、海州等少数地方，金宣宗认为中都已经无法坚守，决心迁都于南京开封府。朝中的不少忠臣和太学生赵昉都上书反对，认为中都地势险要，如果放弃，则整个北方必将全部沦入蒙古军之手。然而宣宗决心已定，没有听取众人的谏言，于五月十日正式下诏南迁。十八日，金宣宗离开中都，迁往南京。金宣宗的迁都之举大大打击了军民的抵抗之心，放弃河北、山东已经成为事实，而且也让蒙古军产生了戒备之心，其南下攻势更加猛烈。当年五月，蒙古军攻克中都，尚书右丞相兼都元帅、定国公完颜承晖战死，户部尚书任天宠、知大兴府事高霖遇难。面对勇悍的蒙古军，此时的女真军队全无伐辽起兵时的战斗力，金宣宗只得组织契丹、汉人等民族的军队，作为抵抗蒙古军的主力。贞祐三年九月，金宣宗下诏招募各军主帅、义军将校，宣称能重新夺取中都者为王。兴定元年（1217）四月，金宣宗在术虎高琪的建议下，以南宋未缴纳当年的岁币为理由，南下攻宋，结果遭到了宋军和抗金义军的顽强抵抗，白白消耗了本可用于防御蒙古的兵力，得不偿失。

与此同时，蒙古军不断南下进攻，驻守在东北地区的金国将领和地方势力纷纷归附蒙古。贞祐二年，锦州张鲸、张致兄弟聚众十余万叛金自立，不久归附蒙古；贞祐三年，辽东宣抚蒲鲜万奴叛金自立，自称天王。在中原腹地，以杨安儿、李全为首的红袄军同样在攻击金军，反抗金朝的统治。金国陷入了沉重的内忧外患而无力自拔。元光二年（1224）十二月，忧郁成疾的金宣宗病死，终年六十一岁。

🔴 **大定通宝·金**

大定通宝是金世宗完颜雍于大定年间（1162）所铸造的货币。金朝建立以来，一直使用辽、宋货币，未造铜钱。直到金世宗即位后，才令户部铸造通宝。"大定通宝"采用仿瘦金字体钱，造型简练、形态大方，极具收藏价值。

论赞

赞 曰：金宣宗处于金国国运衰退之时，虽然有励精图治的志向，却缺乏拨乱反正的才能。他生性猜忌，苛刻成风，宠信近侍，重用纥石烈执中和术虎高琪这样的奸臣，可以说是一错再错了。迁都汴京之后，向南与宋人开战，向西侵略夏国，兵力分散，功不抵过，亡国已经是必然的结局了。

哀宗本纪

金 哀宗（1198～1234），汉名完颜守绪，女真名宁甲速，金宣宗第三子，贞祐四年（1216）被立为皇储，元光二年（1224）即帝位，是为金哀宗，改元正大。当时蒙古大军已经攻破了金中都，不但继续南下攻金，还与宋朝结盟，两面夹攻金国。金哀宗虽然采取了一些应变措施，任用了一批抗击蒙古有功的将帅，但是已经回天无力。天兴元年（1232）三月，蒙古军攻克汴京，哀宗退守蔡州，蒙、宋联军合力围攻蔡州。眼见蔡州不保，哀宗于天兴三年传位给末帝完颜承麟，自缢于蔡州城破之时。末帝承麟也为乱兵所杀，金朝灭亡。

▶【即位称帝】

完颜守绪，初名守礼，女真名宁甲速，金宣宗第三子，承安三年(1198)八月二十三日出生。泰和年间（1201～1209），被任命为金紫光禄大夫。金宣宗即位后，进封守绪为遂王，入秘书监，后改任枢密使。贞祐初年（1213），宣宗所立太子完颜守忠去世，宣宗改立守礼之子完颜铿为皇太孙，不久完颜铿也病死。贞祐四年（1216），宣宗再立守绪为皇储。元光二年（1224）十二月，金宣宗病死，完颜守绪在宣宗灵柩前即皇帝位，改元正大，是为金哀宗。金哀宗即位后，为了改变金国即将灭亡的命运，也采取了一些积极的措施：首先，他下诏允许百姓士人谈论军国政事的利弊，即使语含讥讽也不予治罪；其次，他将宣宗时期的两大奸臣权吏部侍郎

蒲察合住、左司员外郎泥庞古华山从朝中驱逐出去，后又将这两人处死。此外，哀宗大量提拔那些与蒙古军作战有功的将领，延安帅臣完颜合达因为防御有功被提升为代参知政事，兼任统领河东两路。为了能集中兵力与蒙古军作战，哀宗还改变了宣宗四面树敌作派，开始谋求与西夏、南宋和平相处。同年六月，哀宗派枢密判官移剌蒲阿率兵到达光州，出榜告谕宋朝边界的军民，金国已经决意停止南征。正大二年（1124），金国与西夏议和成功，西夏以兄侍奉金国，两国各自使用自己的年号。此后，金哀宗命令金军开始在局部发动反攻。正大四年二月，金军将领蒲阿、牙吾塔收复平阳（今山西临汾），活捉蒙古委任的知府李七斤，缴获战马八千匹。然而仅过了四个月，蒙古军就再度攻

下平阳。眼见局面越来越恶化，陕西行省的官员向金哀宗献上了上中下三策：上策是哀宗亲自领兵出征，中策是迁都陕西，下策是放弃陕西退保潼关，这三条建议都被哀宗拒绝了。

【兵败身死】

西夏被蒙古大军灭亡之际，成吉思汗在军中病死，金国获得了喘息之机。正大六年（1229）八月，成吉思汗第三子窝阔台继承大汗位，再次率领蒙古大军南征，金军虽然拼死抵抗，但国力已衰，无力再战，河南众多州县相继沦陷。正大八年（1231），蒙古大军兵分三路攻金，东渡汉水，抵达邓州（今河南邓州）。朝中百官认为不可与蒙古军交战，哀宗却认为南迁以来各地百姓倾家荡产，卖妻鬻子地供养军队，自己绝不能辜负百姓，于是下令各地将领将军队集中到襄阳、邓州，与蒙古军决战。当年十二月，金军将领合达、蒲阿、杨沃衍、陈和尚、武仙分别率领各军到达顺阳，抵挡蒙古西路大军。蒙古军分散逼近汴京，金军不敢与蒙古军决战，只得回师。两军在钧州（今河南禹州）三峰山遭遇，展开激战。蒙古军采用惯用的骚扰疲敌战术，不断消耗金军的有生力量。到第二年正月，金军久战疲惫，粮草全无，又逢天降大雪，气候严寒，全军崩溃。蒙古大军故意放开大路，在金军逃走后展开追击，一战而消灭了金军最后的主力。合达、陈和尚、杨沃衍逃奔钧州，后钧州被蒙古军攻破，三人殉国。眼见蒙古大军势如破竹，金国潼关守将李平开关投降，许州等地官员也献城投降，蒙古大军进抵汴京城下。哀宗一面率军民拼死抵抗，一面派使者求和，蒙古军攻城不克，被迫北退。天兴元年（1232），金哀宗迁往归德府（今河南商丘南），第二年又迁往蔡州（今河南汝南），蒙古、南宋联军共同围攻蔡州。天兴三年（1234）正月，哀宗将皇位传于末帝完颜承麟。第二天，蔡州城破，哀宗自缢于城中幽兰轩，末帝完颜承麟也死于巷战，传国一百一十九年的金朝灭亡。

⊙ 卢沟桥

卢沟桥位于北京西南郊永定河上，始建于金大定二十九年（1189），距今已有八百多年的历史。它是北京地区现存最古老的石拱桥，全长266.5米，宽9.3米，桥上雕刻有大小石狮485只。

斡鲁 婆卢火列传

斡鲁（？～1127），金景祖完颜乌古乃的孙子、金太祖完颜阿骨打的堂兄弟。金康祖完颜乌雅束执掌完颜部时，斡鲁率军讨平了含国部斡豁的叛乱，立下军功。金太祖时，斡鲁率军与阇母、迪古乃平定渤海人高永昌的叛乱，还大败辽军，攻克沈州，以军功出任南路都统、迭勃极烈。金军第二次伐辽时，斡鲁跟随宗翰经略西北，大破夏军。宗翰南下侵宋时，斡鲁负责镇守河东，天会五年卒于任上。婆卢火，金安帝完颜跋海五世孙，宗室大将。

▶【征战辽东】

斡鲁是韩国公劾者的第三个儿子，也是金太祖完颜阿骨打的堂兄弟。金康祖完颜乌雅束初年，苏滨水一带的含国部、斡准部、职德部心怀异志，对完颜部不满，康祖派斡鲁率军去惩罚他们，斡赛、斡鲁协助斡带。女真大军讨伐含国部的首领斡豁，攻下了他的城池然后凯旋。不久，高丽在曷懒甸修筑九座城池，斡赛原本要领兵出征，但他的母亲生病，康祖就让斡鲁代替他领兵几个月。斡鲁也筑九座城池与高丽对抗，有时出城战斗，有时据城防守，斡赛毫无保留地信任斡鲁，终于获得了胜利。

金收国二年（1116）四月，原

辽国副将、渤海人高永昌带领三千名士兵，驻扎在东京（今辽宁辽阳）。高永昌眼见辽国日益衰败，阿骨打起兵后，辽国的军事力量更是不堪一击，于是他就产生了称帝的野心，蛊惑渤海人加入他的部队，然后率扩充起来的八千士兵攻占了辽国东京，高永昌篡位称帝，自称大渤海国皇帝，改年号为隆基。辽人多次讨伐高永昌，都未能击败他。高永昌称帝的举动引起了金太祖的警惕，他诏令斡鲁统帅各军，与阇母、蒲察、迪古乃会合咸州

⬢ 副都统铜印·金

都统作为武官职务最早出现于前秦建元十九年（383），秦王苻坚发兵攻打东晋，置少年都统以统领富家子弟兵。唐代后期，曾设立诸道行营都统，统领各道兵马讨伐藩镇。到了辽、金时期，都统成为常设的武官职位。

路都统斡鲁古等人讨伐高永昌。太祖的诏书上说："高永昌胁迫士卒，独霸一方，我观察他的行为，认定他没有什么远大的谋划，他的灭亡指日可待。东京的渤海人一直对大金感恩戴德，应该很容易招抚。如果他们不肯顺从，再考虑大军讨伐，但是不要过多杀戮。"

高永昌听说金国大军来攻，急忙派部下挞不野、杓合携带礼品、金银求告于金太祖说："我们愿意和大金合力攻取辽国。"太祖派大臣胡沙补转告高永昌说："协力攻取辽国是可以的。但东京如此接近我大金的腹心之地，你竟敢占据此地，篡位称帝，你觉得我可以容忍吗？你如果能归附大金，自当赐给你王爵。你先让隶属辽国户籍的女真人胡突古来见我。"于是，高永昌派挞不野与胡沙补、胡突古一起拜见太祖，可高永昌给太祖的书信中言辞不逊，还要求太祖归还金军所俘获的渤海人。太祖勃然大怒，就扣留了胡突古，派遣大药师奴与挞不野再次前往招抚高永昌。

【平定变乱】

就在双方使者往来协商之时，斡鲁已经率领金军主力奔袭东京。金军途经一个叫益褪的地方时，正遇到辽军六万，金将阿徒罕勃堇、乌论石准拼死冲杀，大败辽兵。随后，金军在距离东京不远的沈州再次与辽军遭遇，斡鲁命令全军乘胜追击，不但击败了辽军，还顺利地攻克了沈州。高永昌听说金军攻下了沈州，非常害怕，派自己的家奴铎剌向斡鲁献上金印一枚、银牌五十块，还表示愿意削去帝号，成为金国的藩臣。就在斡鲁派胡沙补、撒八等人去答复高永昌的时候，渤海人高桢向金军投降，他揭发高永昌并不是真心投降，不过是在玩弄缓兵之计。斡鲁这才下定决心，命令全军向东京进发。高永昌眼见计策未能得逞，就杀死了胡沙补等人，率军杀出东京，与金军在沃里活水对峙。可等金军到达沃里活水时，高永昌却不战而退，一路逃回了东京。斡鲁率军追击到东京城下。第二天，走投无路的高永昌率领全军出城，与金军野战，结果被斡鲁打得大败，高永昌只好率领残余的五千骑兵逃往长松岛。早在辽国天庆四年（1114），金太祖攻打宁江州的时候，就曾将俘虏的渤海士兵全部放掉。各级将领都非常不理解，请求将这些战俘杀掉。太祖却说："既然已经打败了敌人，也攻下了城池，何必要多杀人呢？现在放掉这些人，将来一定会有用处的。"等到斡鲁大军攻至东京时，渤海人纷纷响应，甚至连高永昌的妻子儿女也被他的部下恩胜奴、仙哥等人捉住，献给了斡鲁，他们都是太祖当初在宁江州放掉的渤海人。不久，挞不野抓住了高永昌，将他献给了斡鲁。斡鲁下令将高永昌处死，于是整个辽南路和东京的各州县都归降了金国。为了奖励斡鲁的战功，太祖任命他为南路都统、迭勃极烈。此外，太祖还下诏废除了辽国严酷的法律，减轻百姓所承担的税赋，按照女真的制度设置猛安谋克。当年九月，斡鲁到婆鲁买水晋见金太祖，太祖对他大加慰劳。一日，太祖来到斡鲁的家中设宴，金国的大小官员都参加了宴会，获得了多少不等的赏赐。

不久，烛偎水部的实里古达起兵叛乱，杀死金国将领酬斡、仆忽得。太祖命令斡鲁率领胡剌古、乌蠢的兵马前去讨伐。斡鲁率军到达石里罕河时，实里古达已经逃走，在合挞剌山斡鲁追上实里古达，杀死了他和为首作恶的四个人，安抚其他部众。金太祖下诏说："你率少数部队讨平叛乱，避免了劳师动众的情况，我非常赞赏。酬斡等人为国家而死，听说他们的尸体被抛入河中，等到冰雪融化时，一定要找到他们的尸体予以厚葬。"斡鲁这才率军返回。金熙宗天眷年间（1138～1140），酬斡被赐"奉国上将军"的称号，仆忽得被赠"昭义大将军"的称号。

【追击辽帝】

天辅五年（1121），辽金和谈破裂，金太祖下诏再次伐辽，斡鲁跟随都统完颜杲追击天祚帝。当时天祚帝已经向西逃走，辽国的西京（今山西大同）降而复叛，叛军占据城西的佛塔，居高临下地攒射攻城的金军。斡鲁与鹘巴鲁率军攻上了佛塔，然后让射手向城中射箭，这才攻破了西京。天辅六年，西夏国王李乾顺听说天祚帝逃入阴山，就派李良辅率领三万士兵救援

辽国，夏军驻扎在天德军境内。娄室与斡鲁会师一处，然后向夏军发动猛攻，杀死夏军数千人。慌乱中的夏军泅渡涧水，恰逢诃水暴涨，被淹死的人不可胜数。不久，斡鲁得到消息，天祚帝就在阴山、青冢之间徘徊，斡鲁率军追击，派勃剌淑、撒曷懑带兵二百人为先锋。二人在白水泺俘获了辽国代理六院司喝离质。当时天祚帝将自己的军需物资全部留在青冢，自己带领一万骑兵逃往应州。斡鲁派部将照里、背答分别带兵追击，宗望突袭了天祚帝的大营，将天祚帝的妻子、儿女、宗族全部俘获，还得到辽国的传国玉玺。斡鲁派使者向金太祖报捷说："依靠陛下的威名，我军多次击败辽军，辽主已经无路可逃，早晚要来投降我大金，我已经严厉告诫邻国不要接纳他。"太祖下诏说："告诉每一个有功的将士，等我到前线后，一定会按功劳大小犒赏他们。让士兵们不要夺取辽主亲属的车辆帐篷，要善待他们。辽主孤单地离开国家，心怀悲伤和耻辱，我怕他会自杀。他虽然是自作孽，但毕竟曾经做过皇帝，如果他肯来投降，把他的宗族交给他。已经俘获的辽国赵王习泥烈以及其他辽国官吏，都免掉他们的罪，代我安抚他们。"

天辅七年，金太祖回到京师，任命宗翰为西北、西南两路都统，斡鲁与蒲家奴为副都统。宗翰到京师朝拜，太祖下诏说："听夏人说，宋人侵犯大金割让给他们的土地，你们要见机

行事。"斡鲁上奏说："夏人不把户口资产全交上来，还以宋人侵犯赐给的土地为借口请求援兵。宋朝边疆守臣要夺取赐给夏人的疆土，可能有其他打算。"太祖下诏说："夏人多次求援兵，或许是不想交还户口，而是想阻止我们追击辽主。宋人敢夺取夏人疆土，肯定有其他打算。我们应当谨慎防守，索取在西夏的全部户口，对事情要谨慎处理。"斡鲁又请求不要割山西的土地给宋朝。太祖又下诏说："宗翰请求不要把山西地给宋，你又说到这件事，国家大事应当慎重，不要草率行事。"等到天会三年，金太宗下诏伐宋时，斡鲁已经升任西南、西北两路都统。天会五年，斡鲁去世。皇统五年（1145），被追封为郑国王。天德二年（1150），配享太祖庙。

【婆卢火】

婆卢火是完颜部第三代首领完颜跋海五代孙。金太祖起兵讨伐辽国时，派遣婆卢火去迪古乃部征兵，因为耽误时间而被处以杖刑。后来，他和浑黜一起率领四千精兵帮助娄室、银术可攻打黄龙府。直擻里部落的辞勒罕、辙孛得兄弟曾经侵犯过耶懒路，婆卢火授命前去讨伐。到达阿里门河时，辞勒罕伪装投降，抢劫三百匹牲畜逃走，又劫掠了兀勒部二十五座营寨。婆卢火渡过苏衮河，招降附近部落，征伐壮丁当兵，到达了达特滕吴水，辙孛得被婆卢火抓住杀掉。婆

卢火挺进到达特邻城，活捉了辞勒罕的妻子儿女，后者只得投降，婆卢火因功受封谋克。金太祖攻打燕京时，婆卢火为全军右翼，从居庸关出兵，大败辽兵，辽国萧妃逃走。习古乃等人追赶萧妃等人到古北口，萧妃已经离开三天了，最终没有追上。金太宗即位后，赐给婆卢火锦衣一套。天会八年（1130），太宗赏赐给婆卢火铠甲、头盔。天会十三年，加封为同中书门下平章事。金熙宗天眷元年去世，受封开府仪同三司，谥号"刚毅"。

🍂 四童戏花葵花镜·金

铜镜是用铜制作而成的镜子，古代称"鉴"或"照子"，正面平滑光亮，用以照人，背面铸有各式各样的图文装饰，展示这一时代的文化特征。金代铜镜数量众多、样式精美，按器形可以分为圆形、菱形、八角形等七大类，按照题材可以分为龙纹镜、鱼纹镜、花卉镜、瑞兽纹镜、人物故事镜等六大类。

阇母 宗叙列传

金史

列传

阇母（？～1129），女真完颜部人，其父为金世祖完颜劾里钵，金太祖完颜阿骨打是他同父异母的兄长。女真立国后，阇母以宗室身份领兵，平高永昌，战张觉，追击天祚帝，几乎无战不予。金军南下侵宋时，阇母为金军右路军名义上的统帅，辅助宗望作战。宗叙是阇母第四子，少年时英伟过人，是金国中期的名臣。

【灭辽建功】

　　阇母是金世祖完颜劾里钵的第十一个儿子，金太祖完颜阿骨打同父异母的兄弟。金收国二年（1116），渤海人高永昌占据辽国东京（今辽宁辽阳）反辽，占据了辽东五十余州。金太祖派斡鲁前去讨伐，以阇母辅助他。金军攻克沈州后，出逃的敌人全部被阇母半路截击消灭。金军奔袭东京途中，遇到大沼泽无法前进，阇母带领所部人马率先渡过沼泽，各军随后跟进，这才挺进到东京城下。城内的人出城交战，阇母在首山击败了他们，缴获战马五百匹。此时驻守咸州路的金国将领斡鲁古放纵不法，太祖就让阇母接替斡鲁古担任咸州路副都统。天辅三年，辽金往来议和十余次都没有结果，太祖发兵伐辽，命令阇母率领咸州路全部兵马出击，只留下斜葛率领一千人留守咸州路。阇母率军来到浑河，与太祖会合，太祖率全军进攻辽国上京。辽军不肯投降，据

城死守，金太祖亲自上阵厮杀，阇母率军登城，辽国上京留守挞不野向金军投降。都统完颜杲率军进攻辽国中京，阇母带领部队从城西沿着土河前进，当时中京内只有辽军三千人，且毫无斗志，金军很快就攻下了上京城。

　　不久，阇母跟随宗翰进攻辽国西京。大军攻城时，阇母、娄室先在城东以巨木遮挡城上的箭矢和巨石，然后在城北塞住护城河。这时，城中冲出辽军万余人，火攻金军，阇母率军力战，打退了他们。接着，阇母又打造了大批的四轮皮车，通过这种高于城墙的武器，阇母很快率军登城，各部金军蜂拥而上，西京被金军攻克。之后，阇母率军与辽军五千人在朔州交战，杀伤敌军三百人，接着又在河阴打败了辽军骑兵三百人。辽军五千人驻扎在马邑县以南，阇母再次击败了他们，占领了辽军的营盘，缴获了全部的车马、器械。辽军三万人进攻到西京以西的地方，阇母带领三千人

前往阻击。阇母让战士们全部下马，在壕沟之间列阵。阇母对将士们说："前有十倍之敌，后有壕沟阻隔，如果不奋勇作战，那么没人能保住性命。"于是将士们都殊死拼搏，不但大败辽军，还一路追击占据了辽军的营地。

【平州定乱】

西京安定不久，兴中府、宜州又发生叛乱，太祖派阇母前去讨伐。临行前，太祖叮嘱阇母要尽量安抚两地，说："辽国的土地已经尽归我国所有，虽然他们发动叛乱，但是终究是我们的臣民，只要他们放下武器，回家生产，就可以既往不咎。"不久，阇母就抓获了为首的契丹人九斤，平定了兴中府。此时辽国奚王回离保自称奚国皇帝，金太祖派阇母讨伐回离保。阇母大军还没有发动进攻，回离保就被自己的部将耶律奥古折所杀，他的部众也就溃散了。天会元年(1123)，原辽国降将、平州留守张觉起兵叛金。金太祖派阇母率军出锦州讨伐。阇母在润州和营州两次击败了张觉的军队，阇母让俘虏给张觉带去了招降书。九月，阇母在新安击败了张觉的部将王孝古，又在楼峰口打败了张觉派来的援军。此时的阇母有些志得意满，与张觉主力在兔耳山展开会战，结果惨败而归。金太祖派宗望来调查阇母战败的情况，宗望带领着阇母的部众击败张觉，收复了平州，太祖这才赦免了阇母的罪责。回归本职后，阇母

🔴 耳环·金

女真贵族喜欢佩戴首饰，妇女有簪、钏、钗、耳环、耳坠、指环等饰物，男子也喜欢"耳垂金银"。

率军打败了张觉的继任者张敦固，收复了平州。金太祖派使者去慰劳他，下诏书说："听说你打下了南京，尽力安抚军民，做得很好，你麾下的将士该如何分级赏赐你就自行决定吧。"此后阇母又攻下了宜州、叉牙山，杀死了辽国节度使韩庆民，夺取了五千石的粮食。

【攻宋先锋】

辽国灭亡后，北宋童贯、郭药师在燕地整顿军队，阇母通过投降过来的人了解他们的情况，然后上奏皇帝。天会三年，金太宗下诏伐宋，宗望率领右路大军，从平州出兵。当时金太宗任命宗望为都统，以阇母为副都统，而宗望认为阇母地位尊贵，屡次立功，请求任命阇母为都统，自己监督战事。于是太宗任命阇母为都统，扫喝为副都统，两人率军在白河重创郭药师的常胜军，于是郭药师以整个燕地投降金国。随后，阇母率军渡过黄河，保卫汴梁。宋金议和后，金军分别驻扎

四童戏花葵花镜·金

于安肃、雄州、霸州、广信等地，宗望返回山西，阇母与刘彦宗留守燕京，指挥各军。八月，金军第二次侵宋，金军攻陷汴梁，救援汴梁的宋军四下逃亡，阇母、挞懒率军分路劫杀。金军北返后，阇母出任元帅左都监，攻陷了河间府，又在莫州大败宋军一万余人。当时宋将李成率军进攻淄州，被阇母击败。天会六年（1128）七月，金太宗下令金军南下追击宋高宗，阇母认为应该先经略河北，再南下伐宋。最终，金太宗采取了折中方案，以希尹经营陕西，以宗翰、宗辅南下侵宋。

天会七年，阇母去世，时年四十岁。金熙宗时，追封阇母为吴国王。天德二年，配享太祖庙。大定二年，改封鲁王，谥号"庄襄"。

【完颜宗叙】

宗叙本名德寿，他是阇母的第四个儿子。宗叙少年时身形奇伟，志向远大，喜欢和别人谈论军事。天德二年（1150），宗叙出任海陵王的护卫，被授予了武义将军的职务。第二年，授任为世袭谋克，提升为御院通进、翰林待制。正隆初年，转任符宝郎，在皇宫内共任职五年，负责保卫皇帝的安全。不久，宗叙升迁为大宗正丞，由于守母丧而离任。丧期未满，宗叙被夺情起用，升任侍卫亲军司马都指挥使，后改任左骁骑都指挥使。第二年，海陵王巡行南京，宗叙先行到达汴京。当时契丹人撒八率众起义，宗叙出任咸平尹，兼任本路兵马都总管，海陵王交给宗叙四千甲士，允许他便宜行事，征讨撒八。

宗叙率军从松亭关出发，在广宁击败了撒八的部下牛递。不久，宗叙听说金世宗在上京即位，就要去归附他，广宁尹按答海的弟弟燕京劝说宗叙，他就回到兴中府劝说白彦敬、纥石烈志宁归降世宗。这两人让宗叙代为上书表投降，宗叙到梁鱼务见世宗，被委任为宁昌军节度使。第二年二月，契丹义军攻宁昌，宗叙只有女真、渤海骑兵三十人，汉兵一百二十人，他就率领这支孤军迎敌。当时宗叙和敌人一千多名骑兵遭遇，宗叙麾下的汉兵四散逃走，宗叙与女真、渤海骑兵三十人尽力战斗，身受两处重伤，他所骑的战马中箭倒下，这才力尽被俘。被义军关押一百多天后，混入义军的临潢府百姓移剌塔等人偷来战马交给宗叙，这才让他逃脱回金国。

由于宗叙在义军的军营中待了很长时间，对义军的虚实非常了解。他刚一脱困就拜见了元帅完颜谋衍、平章政事完颜元宜，向他们建议说："敌人都是乌合之众，毫无纪律，打败他们易如反掌。"于是元帅府想委任他军职，宗叙见谋衍贪图掠夺，失去了战机，就想回去禀告金世宗。宗叙不肯接受谋衍委任的职务，他解释说："我有机密要事，必须当面向皇上奏报。"于是当天晚上宗叙就逃出军营。到达广宁后，宗叙假传命令获得驿站的马匹，昼夜兼程赶到京城。然而谋衍却抢先奏报，诬告宗叙不尊将令。世宗派人责问宗叙说："你身为节度使，不考虑敌我兵力对比，导致战败被俘。现在侥幸逃回，却拒绝帅府的命令，擅自骑乘驿马来到都城，我暂且宽恕你的罪行，你必须迅速回到军中，同心协力打败敌人。"宗叙回答说："我并不是推脱困难的人，实在是有事情需要当面禀奏，不得不来到都城。"于是宗叙被召进宫中，他逐条上奏了义军的情况，以及官军进退不合时机的现状。世宗诏令大臣讨论，都认为宗叙说得有道理。金世宗命令仆散忠义代替完颜谋衍为元帅，同时任命宗叙为兵部尚书，以本职领右翼都统，率领宗宁、乌延查剌、乌林答剌撒等将领进攻撒八。宗叙率军到达花道时，遇到义军，双方刚一交战，金军左翼都统宗亨率先逃走，宗叙率领本部军马迎击，他指挥部下三百士兵舍弃马匹徒步作战，挡住了义军。这时金军主力赶到，和宗叙合兵猛攻，义军不敌全线败退。元帅右监军纥石烈志宁率军到达，在陷泉大败义军。

宗叙又和志宁、徒单克宁追击到七渡河，再次大败义军。平定起义后，宗叙入朝担任了右宣徽使。

大定十年（1171），世宗召宗叙回到京城，任命他为参知政事。大定十一年，宗叙奉诏巡视边疆。当年六月，宗叙到达军中，长途跋涉让他身染重病，世宗下诏以右丞相纥石烈志宁代替他的职务。七月，宗叙病势越发沉重，他尽力地支撑病体，写下了关于论朝政得失、边防利害的奏章，让他的儿子上奏给世宗。不久，宗叙去世，时年四十六岁。世宗看到他的遗表，悲痛不已，停朝数日，同时派宣徽使敬嗣晖去祭奠宗叙，并赐银一千两、彩色丝织品四十端、绢四百匹。世宗对大臣们说："宗叙为国家操劳，是其他人赶不上的。"当初，宗叙曾建议招募贫民在边疆屯田，由国家供给他们粮食，宗叙认为这样做贫困的人没有缺食的忧患，可以专心从事农业生产。世宗认为他说得很有道理，但是限于形势，没有立即实行。大定十七年，世宗对大臣们说："守边的士兵每年冒着严寒酷暑，来来往往地守卫边疆，我很同情他们。我想让百姓安心生产，而边防也得到巩固，你们有什么办法吗？"左丞相良弼说："边地无法耕种，不能长期守卫，所以必须轮番戍守。"世宗说："当年参政宗叙曾为我说过这件事，他才是尽心于国家的人啊！"世宗追思宗叙，听说他的子孙经济困难，就下诏赐钱三千贯。明昌五年（1194），配享世宗庙。

娄室列传

娄室（？～1130），金国初年的著名将领，女真完颜部人。作为非宗室出身的女真将领，娄室参加了女真伐辽、征战西夏、南下攻宋的大部分战役，活捉了辽天祚帝。特别是在攻宋战争中，娄室在河东、陕西两地作战，一度成为金军在陕西的最高指挥官，为金国的攻宋战争立下了功劳。

▶【征战四方】

娄室，字斡里衍，女真完颜部人。娄室二十一岁时，代替父亲白答成为七水诸部落的首领。金太祖攻克宁江州（今吉林扶余东南）后，派娄室去招降那些归属辽国户籍的女真人。娄室不负所托，成功招降了移炖益海路太弯照撒等人。辽国天庆四年（1115），

◆ 褐釉黑彩虎形枕·金

虎形枕主要流行于宋金时期，特别是金代，一方面是因为在中国的传统文化中崇拜老虎是一种社会风俗，另一方面则因为金人善于骑射，一向有"秋捺钵"（秋天狩猎）的生活习俗，这两种原因使得虎形枕很自然地在金代流行开来。

太祖起兵反辽，娄室率军在婆剌赶山大败辽军。接着娄室乘胜追击，再次击败辽军，活捉了两位辽国将军。眼见走投无路，另外两位辽国将军益改、捺末懒也投降了娄室。随后，娄室率军进攻咸州，很快就攻占了该地。眼见女真势大，附近的部落纷纷赶来投降，娄室因此获得了大量编入辽国户籍的女真人口。天祚帝得知女真再次伐辽，就派出都统耶律讹里朵率二十万人来边疆防御。金太祖听到了这个消息，就急行军来到宁江州城西，召见了娄室。太祖见娄室军中战马疲惫，就给他补充了三百匹战马，让他跟随右翼主帅宗翰作战。双方开战后，娄室和完颜银术可率领精锐猛冲辽军的中坚营盘，连续九次都冲入辽军核心阵地，然后又破围而出，为大败辽军立下了头功。

女真大军击败耶律讹里朵后，辽军中的奚人士兵九百人前来投降，

娄室与银术可合兵一处攻打黄龙府（今吉林农安），金太祖派完颜浑黜、婆卢火、石古乃率四千骑兵协助娄室作战。最终，娄室率军在白马泺击败了辽军一万余人，获得了少有的大胜。当时宗雄已经攻占了金山县，他派遣娄室率领两千人，招纳收留那些逃散的百姓。辽军大将耶律捏里驻扎在蒺藜山、斡鲁谷，娄室击败了他，接着又攻取了辽国的显州。当时金太祖已经攻下了黄龙府，娄室向太祖进谏说："黄龙府是一座有影响力的大城，而且它远离女真的腹心之地，一旦发生变乱，恐怕附近的州郡会群起响应，我想亲自率军镇守这里。"太祖觉得娄室言之有理，就合并了黄龙府附近的几支军队，任命娄室为统军万户，坐镇黄龙府。不久，娄室升任都统，和完颜杲一起攻打辽国中京（今内蒙古赤峰西南），相继打败了辽国宿将迪六、和尚、雅里斯等人，还击败了自立为王的奚王萧霞末，收降了奚部西节度使诎里剌。辽天祚帝从鸳鸯泺向西逃往，娄室追击到白水泺，俘获了他的内库财物。接着娄室又和阇母一起攻克了辽国西京（今山西大同），天德、云内、宁边、东胜等地的官员望风而降，娄室还擒获了完颜部的大仇人阿疎。

▶【力战西夏】

金军攻克辽国中京和西京后，天祚帝率残部逃入阴山。作为辽国的姻亲，西夏皇帝李乾顺派大将李良辅率三万骑兵救援天祚帝。娄室得知夏军来袭，就派突捻、补撒率两百骑兵为哨探，结果被西夏军全部消灭。娄室又派阿土罕率领两百骑为前锋，结果又中了西夏军的埋伏，只有阿土罕只身逃回。当时诸将都产生了畏战心理，又赶上大雨连绵，都建议全军休整。娄室激励众将说："西夏人两次击败我们的侦骑，如果我们不主动进攻，夺回战场主动权，那西夏人就会认为我们已经胆怯，他们反而会主动进攻我们。"说完，娄室精心挑选了一千骑兵，和部将习失、拔离速一起前去迎战西夏大军。另一位女真将领斡鲁对娄室推崇备至，就率领本部人马一同前往。天亮后，娄室率军从陵野岭出发，只留下拔离速率领两百骑兵占据险要的地形。娄室通过审讯夏军俘虏，得知西夏军队的将领是李良辅。娄室率军来到野谷，登高远望，只见夏军正在渡过宜水河，虽然人多势众，但是队伍稀松，毫无纪律可言。娄室知道机不可失，他将自己的部队分成两部，轮流冲击渡河中的西夏军队，最终打败了兵力占优的西夏军队。

次年，辽国大将耶律大石率领辽军进攻奉圣州，在龙门东面二十五里处安营扎寨，娄室、照里、马和尚率军突袭大石的军营，生俘大石。随后，娄室和宗望率军追击天祚帝，娄室、蒲察率领二十骑兵马击败了辽军三千人，残余的辽军一千余人逃往奉圣州，也被蒲察打败。当时西夏再次派出援军进驻可敦馆，威胁金军侧翼，于是宗翰派娄室率军驻守朔州，监视西夏大军。娄室主动进攻，在霸德山西南二十里大败西夏军两万人，擒获西夏军主将赵公直。随后，娄室进兵余都谷，活捉了天祚帝。为了奖赏娄室，金太宗赐给他铁券，即便犯有死罪也只受笞刑，其他违法行为则一律不问。

【南下侵宋】

天会三年（1125）冬，金军兵分两路，南下侵宋。西路军由宗翰统帅，从西京直攻太原；东路军由宗望统帅，由平州（今河北卢龙）进攻燕京，娄室一直跟随在宗翰左右。当时银术可将太原团团包围，宋军统制刘臻率十万大军救援太原。宋军刚刚到达寿阳，娄室就率领铁骑突袭宋军，将以步兵为主的宋军主力击溃。接着，娄室率军再攻榆次，又击败了数千宋军。当时宋将张灏率军出汾州，被金将拔离速击败，被迫退守文水。娄室与突葛速、拔离速偷袭张灏，再次击败了宋军。天会四年九月，宗翰率领金军通过三百多天的围城战攻陷了太原，女真诸将分兵数路，娄室攻陷了汾州、石州，蒲察攻陷了寿阳、平定军及乐平，又相继迫降了辽州、榆社、辽山、和顺等县。占据了大半个河东之后，宗翰率军奔袭汴梁，派娄室率军从阳平道先行进发河南，宗翰还叮嘱娄室说："到达泽州后，如果能会合塞里、婆卢火、习失，就和他们一起前进。"习失前军的三个谋克在襄垣打败了宋军三千人，遇到宋军两千

人的伏兵，再次击败了宋军。撒剌答攻破了天井关，又在孔子庙南击败了宋军步兵，迫降了河阳宋军。娄室的大军到达后，渡过黄河，相继攻陷了偃师、永安军和巩县。撒剌答在汜水打败了宋军，荥阳、荥泽、郑州、中牟相继投降。当时宗翰已经和宗望在汴梁城外会师，他们派娄室率军攻打河东还没有投降的其他郡县。阿离土罕在黄河边打败了宋军，撒按在陕城下打败宋军，鹘沙虎收降了赣州的宋军三百人，习古乃、桑衮在平陆西北打败了陕州的宋军，娄室打败了解州、蒲州的宋军两万人，安邑、解州被金军攻陷，整个河中府包括绛州、石州、慈州、隰州全部被金军占领。

宗翰率军攻袭洛阳后，派娄室率军进攻陕西，打败了宋将范致虚的军队，攻下了同州和华州。不久，娄室又攻克了京兆府，俘获了宋军制置使傅亮。当时阿邻在河中打败了宋军，斡鲁在冯翊打败了宋将刘光烈的部队，讹特剌、桑衮在渭水击败了宋军，攻占了整个下邽。当时宗翰与宗辅正在江南追击康王赵构，将整个陕西地区的战事托付给了娄室和蒲察，以婆卢火、绳果监军。绳果等人在蒲城和同州与宋军遭遇，他们击败了宋军。娄室、蒲察率军连续攻克了丹州、临真、延安府，收降了绥德军及静边、怀远等城的十六座寨子，又攻破了清涧城。宋朝的安抚使折可求以麟州、府州、丰州及九座城寨向娄室投降。晋宁军所辖的九个寨子都投降了金

军，只有主寨不降。娄室久攻不下，就想撤军而去，赛里表示反对，他对娄室说："此地与西夏临近，如果我们不攻取下来，那么随时可能发生不可意料的变化。"晋宁主寨没有水井，城中军民的饮水全部来自护城河，娄室让人在城东挖好沟渠，将河水排走，城中因为缺水逐渐陷入了困境。不久，城中守将李立、石乙打开城门投降，金军攻入城内。宋军主将徐徽言誓死不降，他率军退守内城。经过三日激战，宋军终于崩溃，徐徽言突围不成，被金军俘虏。娄室觉得徐徽言忠诚刚直，就派先前投降的汉奸劝降徐徽言。徐徽言大骂汉奸，拒不投降，最后和统制孙昂一起被金军杀害。慑于金军的凶残和暴力，安平堡、渭平寨以及鄜州、坊州向金军投降。娄室、婆卢火守卫延安，折可求驻扎在绥德，薄察回守蒲州。当时延安、鄜州、坊州都残破不堪，幸存下来的百姓十中无一，娄室设置官府安定他们。不久，京兆府发生起义，娄室镇压了他们。娄室与阿卢补、谋里也来到三原，击败了淳化的宋军。随后娄室率军进攻乾州，金军挖好了地道，准备好了炮车，城内的宋军却投降了。于是娄室进军邠州，屯兵于京兆府。

由于金军在陕西烧杀劫掠，所以陕西的不少州县往往投降不久就再次爆发起义，于是右副元帅宗辅亲自指挥陕西战事，当时娄室已经身染重病。天会八年（1130），金军主将宗弼、宗辅率金军数万铁骑与南宋川陕宣抚

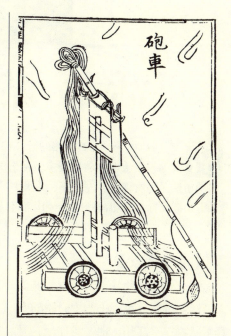

砲车·宋金

宋金时期，主要的防御兵器有大型床弩和砲，其中三弓床弩可以射击千步以外的目标，七梢砲可以发射百斤重的石弹或者火弹，射程可以达到五十步之外。

处置使张浚率领的数十万宋军在陕西富平展开决战。战斗之初，宗弼亲自率领的左军被宋军击退，这时带病出征的娄室率领右军力战，最终击溃了宋军。战斗结束后，宗辅对众将说："古往今来带病参战，为国家打败敌人，立下汗马功劳的也没有几个人。"宗辅将自己喜爱的犀角、宝玉、金银器以及铠甲头盔、七匹宝马赏赐给了娄室。同年，娄室病死。天会十三年，追赠泰宁军节度使，兼侍中，加太子太师。皇统元年（1141），追赠开府仪同三司，追封为莘王。娄室有子活女、石古乃、谋衍。

活女 谋衍列传

活女（1098～1159）和谋衍（1108～1171）都是金国大将，他们的父亲是女真著名将领娄室。在金国南下侵宋的战斗中，活女一路征战，因功历任元帅右都监、左监军、京兆尹等要职。作为活女的弟弟、功臣亲属，谋衍因拥戴世宗有功，终世宗一朝优容有加，算得上金国少有的善始善终的贵戚。

▶【完颜活女】

活女是娄室的长子，女真完颜部人。活女少年从军，十七岁时跟随女真军队攻打宁江州，他奋勇作战，身负重伤，最后被部下搀扶着撤出战场。太祖在高处看到了他战斗的场面，就来到活女的身边安抚他，赐给他疗伤的药物，对他说："你将来一定是我女真的一代名将。"不久，活女率军攻打济州，击败了敌军八千人的部队。随后又与敌人在信州遭遇，女真将领移剌本陷入敌军重重包围，又是活女奋勇冲杀，将其营救出来，最终大败敌军。宗翰率军突袭奚王萧霞末，活女再次跟随出征，以两百骑兵大败敌军三千人。在随后进攻乙室部的战斗中，活女也冲锋在前，屡立战功。

天会三年（1125）冬，金军南下侵宋，活女跟随父亲娄室围攻太原。当时宋将种师中率十万大军来援，结果被活女一战而败。东路军来到黄河边时，因为没有渡船而无法过河，娄室派活女寻找可以涉水渡河的地方，

活女率领三百人从孟津出发向下游寻找，很快就找到了可以渡河的地方，然后金军全军渡过了黄河。金军来到开封城下后，宋将郭京率领数万人突袭娄室的大营，活女从侧翼出击，打败了宋军。天会五年（1127），宋钦宗投降，金军俘获宋徽宗、宋钦宗，带着掠夺来的大批金银北上。在回军途中，活女又在平陆渡击退了宋军的拦截，夺得了大批船只渡过黄河。当时宋军在屯留、太平、翼城都驻扎有重兵，结果他们都被活女击败。在金军进攻陕西的战斗中，活女战蒲州、攻凤翔，立下了不少战功。金军彻底占领陕西后，宗辅任命活女为都统，让其进攻泾州。宋将王开山率军阻击活女，两次都被活女击败，金军趁机占领了京兆、凤翔两府。

娄室去世后，活女继承了他合扎猛安的职务，代理黄龙府路万户。天眷三年（1138），活女出任元帅右都监、左监军。此后历任京兆尹、广平郡王。终年六十一岁。

【完颜谋衍】

谋衍是娄室的次子，勇武过人，擅用长矛突阵。皇统四年（1144），谋衍的兄长活女出任济州路万户，活女将自己的猛安的职务让给了谋衍。此后，谋衍历任元帅右都监、顺天军节度使、婆速路兵马都总管的职务。

正隆六年（1161），契丹人撒八率众起义，谋衍率军征讨。回师后率军来到东都归附留守完颜雍，和群臣一起劝说完颜雍即帝位，是为金世宗。世宗任命谋衍为右副元帅，派其讨伐占据北京却不肯归附的都统白彦敬、副都统纥石烈志宁。双方的军队在建州遭遇，因为麾下士兵不愿作战，白彦敬、纥石烈志宁都成了谋衍的俘虏。

大定元年（1161），金国北方发生了以窝斡为领导的农牧民起义。当年十二月，窝斡称帝，领导起义军多次击败金军。世宗派谋衍出征，谋衍在济州集合了一万三千人的军队。大军到达泰州时，起义军已经攻至术虎崖，于是谋衍命令全军丢弃所有辎重，只携带几天的干粮，轻装追击敌人。谋衍大军到达长泺以南时，抓获了义军的哨探，得知义军准备袭击金军的补给线，于是谋衍分兵去迎击。这时义军的将领纥者投降了谋衍，还建议谋衍夜袭义军的辎重所在地。谋衍采纳了纥者的计策，当天夜里偷袭义军大营，义军被迫西撤。紧紧追赶的志宁在纥纥河追上了义军，谋衍因为贪图义军丢下的财物，下令停止追击。摆脱了困境

的义军撤入懿州境内，相继攻下了灵山、同昌、惠和等县，窥视北京。世宗听说后，下诏责备谋衍，恰巧谋衍的儿子在军中横行霸道，世宗就将谋衍贬职为同判大宗正事。不久，速频路军士速里古告发谋衍意图谋反，有关部门将他的举报呈给了世宗。世宗察觉这是诬告，就下诏审问告发人，速里古招供，世宗下令处死了他。

大定七年，谋衍出任北京留守，世宗赐给他精美的食物、华丽的御服、衣带和佩刀。世宗对谋衍说："你是国家元老，我希望你劳逸结合，才授予你这个职务，你要明白我的心意才好。"不久，谋衍改任东京留守，封荣国公。大定十一年，谋衍去世，享年六十四岁。谋衍性情忠厚，喜好打球、打猎和射箭，人们认为他在智谋上虽然比不上父亲娄室，但勇敢却很类似。

白釉黑彩荷鸭八角枕·金

中国自古就以瓷器闻名于世，古人除了会用瓷器做碗碟、花瓶外，还发明了瓷枕。瓷枕的枕面有一层瓷釉，夏天枕于其上冰冰凉凉，睡起觉来非常凉快。

银术可 霎英 拔离速列传

金史 ●列传●

银术可、霎英、拔离速是金国初年的女真将领，银术可是霎英的父亲、拔离速的兄长。正是银术可通过出使辽国，将辽国腐败的情况汇报给阿骨打，才帮助阿骨打下定决心起兵反辽。在南下攻宋的战斗中，银术可在太原、霎英在陕西都曾独当一面，对金国经略河东、占领陕西起到了重要的作用。

▶【灭辽大功】

银术可，女真完颜部的宗室子弟。金收国元年（1116），阿骨打称帝建国，是为金太祖。第二年，金太祖派蒲家奴到辽国去索要阿疎。很长时间没有结果，太祖又派银术可再去索取。此时辽天祚帝荒于政事、君臣离心，银术可等人就将金国的人心国情完整地汇报给了金太祖，进言说辽国可以讨伐。太祖下定决心伐辽，就是根据银术可汇报的情况而做出的判断。

金太祖称帝数天后，亲率大军伐辽，在达鲁古城（今吉林前郭尔罗斯塔虎城）与辽将耶律讹里朵率领的二十万辽军发生激战。银术可、娄室率领精兵直扑辽军中军大阵，前后共九次冲入敌阵又九次冲出，最终打败了辽军。战后，银术可受封为谋克，和娄室一起守卫边疆。在金国第二次伐辽之战中，银术可又和娄室、浑黜、婆卢火、石古乃一起攻打黄龙府，在白马泺击败了辽军一万多人。收国二

年，太祖从鸭挞、阿懒所部中挑出两谋克交给银术可，让其统率这些人驻守宁江州。

天辅三年（1119），金国一面休整军队，一面与辽国议和。辽国使者习泥烈往来十余次，约定七月底再与金国会谈，然而到九月底辽国使者也没有前往金国。金太祖就命令大军迁移过江，让完颜杲率军攻打辽国中京，银术可与蒲察、胡巴鲁率领三千人在中京以西七十里的地方打败了辽国奚王萧霞末的部队，萧霞末弃军逃走。这时天祚帝逃到天德军，银术可率军截断了他的退路，天祚帝终于被辽军俘获。

▶【攻打山西】

天会二年（1125）十月，金太宗下诏伐宋，银术可跟随宗翰南下攻宋，兵围太原。宗翰率军进攻泽州，南下攻宋。直到宗翰罢兵撤回云中，太原也没能攻下，宗翰就留下银术可围攻

太原。为了摧毁太原军民的抵抗之心，宗翰还派兵四处劫杀宋朝援军，金将马五在文水、耿守忠在西都谷都打败了宋军的救兵。宋将樊夔、施诜、高丰等人率军再次救援太原，银术可与习失、杯鲁、完速再次打败了宋军。宋将种师中率军从井陉关出发，占据了榆次，然后以榆次为基地救援太原。银术可派部将斡论袭击宋军，大败种师中所部，活女在杀熊岭杀死了种师中。随后金军突袭隆州谷，在那里又打败了宋将姚古的军队。在其他战线上，金将撒里土在回马口大败宋军，郭企忠在五台也击败了宋军。同年八月，金军第二次南下攻宋，这次宗翰、银术可攻陷了太原。然后金军渡过黄河，与宗望所部在汴梁城外会师，银术可也参与了金军攻打汴梁的战斗。宋钦宗投降后，宗翰率军北返云中，银术可又收降了岢岚、宁化等军，攻下了兰州，和娄室一起被金太宗赐予了铁券。

随后，金军向东攻取洛阳，银术可攻下了邓州，杀死了宋将李操等人。之后，萨谋鲁进攻襄阳，拔离速进入均州，马五攻下房州。拔离速又攻下唐州、蔡州、陈州三地，占领了颍昌府。天会六年七月，金太宗下令金军南下追击宋高宗。宗翰率军在濮州会合宗望，留下银术可驻守太原。天会十年，银术可出任燕京留守。天会十三年，银术可致仕，加保大军节度使，同中书门下平章事，迁中书令，受封蜀王。天眷三年（1140），银术可病死，时

年六十八岁。大定十五年（1175），谥号"武襄"，改配太祖庙。

【攻宋先锋】

完颜赛英，原名挞懒，他从小机敏过人，很有志向和胆量，还没有成年时，金太祖就对他青睐有加。赛英十六岁时，父亲银术可送给他一副盔甲，让他跟随自己征讨辽国，常常将他当做先锋使用，因功受封世袭谋克。

天会二年（1125），宗翰第一次攻宋不成，北返西京，留下银术可围困太原，赛英也跟随银术可四处作战。当时数万宋军救援太原，攻至南关，银术可与其弟拔离速、完颜娄室率军猛攻宋军。巷战中，一名宋军士兵挥刀砍向拔离速，赛英从旁边用刀砍断了宋军士兵的手臂，一个士兵又用长枪从旁边刺来，赛英又砍断了他的长枪。攻克太原后，赛英跟随宗翰、银术可进攻河东诸州，然后南渡黄河，进逼汴梁。宗翰率军北返后，赛英与都统马五巡行黄河以北地区，在上蔡打败了孔彦舟军。宗辅率军进攻开州，又是赛英率先登城，流箭射入他的嘴里，宗辅亲自为赛英探病。赛英没等伤愈，又支撑着起来，率军强攻大名府。后来金太宗评定功臣，以宗弼为首功，赛英次之。

天会六年（1128）七月，金太宗下令金军南下，宗翰派拔离速突袭扬州，企图活捉宋高宗，赛英再次作为金军前锋。拔离速率军在江南追击南宋孟太后，赛英奔袭至潭州。南宋大

白话精编二十四史

第九卷

91

军在常武迎击金军，骰英以五百骑兵冲阵，大败宋军，缴获战马两百余匹，拔离速对骰英的指挥能力赞叹不已。金军追击宋高宗不成，大军返回河东、河北。当时河东多郡起兵反金，骰英作为先锋镇压，攻取了绛州。随后，骰英率军进攻沁州，战斗中宋军的飞石击中了骰英的右肋，骰英只得回营休养。在此后的三天，金军连续攻打沁州全部失败，别将骨赧只好让骰英带伤指挥作战，这才攻陷了沁州。不久，骰英代理河东路都统，他和移剌余睹招降西北各部。骰英率领骑兵三千五百人，平定了九个部落，俘获人口三千人、牛马羊十五万匹。骰英率军击破宋朝吴山军，两战两胜，在狭窄的谷地大败宋军，宋军伤亡惨重。

【鏖战陕西】

木雕加彩
菩萨坐像·金

天会十一年（1133）十一月，陕西金军统帅宗弼率军再次攻打和尚原（今陕西宝鸡西南）。骰英率领本部人马击败了宋将吴曦所部五万人，夺取了新岔口，宗弼留军守卫。当时天降大雪，道路上都结了冰，天时地利都对兵力占优、死守大路的宋军有利。宗弼采纳了骰英的建议，全军放弃大路，改走宋军没有防备的丛林小路，出其不意地占领了和尚原。攻占和尚原后，骰英建议宗弼迅速攻取大散关，结果被宗弼所拒绝。骰英试图独自攻打，又被宗弼制止，宗弼甚至用刀敲击骰英的盔甲护面，命令他停止进攻。骰英劝宗弼说："宋军的士气正低，现在不攻取，将来必然后悔。"第二年二月，宗弼率军进攻仙人关，果然被宋将吴玠击败，宗弼后悔没有听取骰英的意见，于是大军撤回凤翔府（今陕西凤翔），骰英为全军殿后。

天会十五年，宗弼废除"伪齐"政权，将政令收归朝廷，废齐帝刘豫为蜀王。宗翰派元帅右都监撒离喝巡视原伪齐的州郡，安抚人心。撒离喝到达同州时，原伪齐的观察使李世辅出城迎接，他假装坠马摔断了手臂，让手下将自己抬回城内。等到撒离喝入城时，李世辅率领十名甲士冲出，抓住了撒离喝。当时敫英正在城外寻找战马，事发后守军关闭了城门，敫英无法进入城内。他辗转来到同州东门，正好陪同撒离喝入城的合荅雅率三十余骑冲出东门，敫英这才得知城内的情况。李世辅知道城内不可久留，就带着撒离喝从西门逃出城，敫英、合荅雅率军一路追赶，李世辅始终也无法摆脱追兵。李世辅知道带着撒离喝无法摆脱追兵，就胁迫他发下毒誓不再追赶后将其留在路边。敫英经过时听到撒离喝的声音，这才救下了撒离喝。为了奖励敫英，宗弼提升他为定远大将军，代理太原尹，因为其管辖区内治理得很好，很快兼任河东南北两路都总管。

【泾原大战】

天眷元年 (1138)，金国重臣宗磐、宗隽结党专权，主和派在金国朝廷占据了上风，两人将河南、陕西地割还宋朝。这引起了宗弼、宗幹等主战派的不满，他们在第二年鼓动熙宗诛杀了宗磐、宗隽，又发兵夺回了交换宋朝的河南、陕西之地，敫英率军进攻耀州。当时耀州宋军每天早上出城巡逻，晚上再返回耀州。由于耀州周围地势险要，大队人马无法驰骋，金军很难迅速攻下城池。敫英率军五百人出发，在天亮前派遣五十人埋伏在山顶，让他们看见宋军出城就用旗帜指示出宋军的前进方向，敫英率领其他的金军埋伏在山谷中。第二天，城中

的宋军像往日一样出城巡逻，山顶的金军挥舞旗帜，敫英率领伏兵杀出，一路追逐着宋军冲入耀州，拔下了宋军的军旗，插上了金军的旗帜。城中的宋军畏惧于金军的声势，只得投降。

仙人关之战后，宋将吴玠率重兵据守泾州，泾原以西的百姓纷纷响应，金军在泾原难以立足，撒离喝就想退兵京兆（今陕西西安），等候河南、河东两路援军。敫英劝他说："我军一旦退守，那么凤翔、京兆、华州、同州就不再属于大金，宋人会进而占据潼关，我们这些人就都活不成了。"撒离喝问他有何计策，敫英回答说："我军利于速战，应该在泾水以南布阵，宋军肯定会从西边来，我和斜补各自率领五百骑兵突袭宋军侧翼，元帅您再率军从中路出击，就可以击败宋军。"监军拔离速也插话道："两位将军从左右出击，我愿意率军直扑宋军中路，元帅您只要在高处多立旗帜，以为疑兵，此战可以成功。"撒离喝采纳了他们两人的意见。吴玠果然率军从西原来攻，敫英、斜补按照计划突袭宋军侧翼，双方从早晨厮杀到中午，吴玠的左右两军被金军击退，拔离速也趁机进攻宋军中路，宋军不敌，全线败退。此后蜀中宋军士气低落，再也没有主动进攻，金军稳定了关陕防线。

【宦海浮沉】

泾原大战后，敫英历任宗弼行台工部、吏部尚书，跟随宗弼巡行各地，

又升任刑部尚书，兼任元帅左都监。天德二年（1150），迁元帅右都监。元帅府撤销后，毂英又被任命为山西路统军使，领西南、西北两路招讨兵马。此后，因为在任内无功，毂英又被降为临海军节度使，历任平阳太原尹。正隆末年（1161），出任中都留守，兼西北面都统，负责讨伐契丹人撒八，驻军归化州。

大定元年（1161），金世宗在辽阳即帝位，派毂英的侄子阿鲁瓦携带诏书来到归化州，任命毂英为左副元帅，顺便派使者召见陕西都统徒单合喜，向西南、西北招讨使，河东、河北、山东诸州县宣布改元大定的诏书、赦书，调集猛安军驻扎京郊。阿鲁瓦向毂英转述了金世宗的命令，毂英犹豫不决，但他手下的士兵都心向世宗，毂英迫不得已，只好接受了金世宗的诏书。随后，毂英下令制造马具两万件，各地得知后，都认为毂英已经投向金世宗，于是世宗的诏书得到了各地的承认。当年十一月，毂英率军赶到中都，同知留守完颜璋请他到府上议事。毂英怀疑宗颜璋意图不轨，就表面上同意，摆好仪仗，做出要赴宴的样子，然后率领卫士从施仁门撤出中都，率军驻守通州。随后，毂英在三河县拜见了金世宗，世宗授予他在河南、陕西、山东便宜行事的权力。第二年正月，毂英到达南京，收复了汝州、颍州、嵩州等地，被授予世袭猛安的职务。之后，毂英入朝出任平章事，后罢为东京留守，又改任济南尹。

最初，毂英在南京倚仗战功显赫，大肆贪渎财物，毫不体恤军民，世宗派使者询问他边疆的情况。毂英答不出来，就呵斥使者说："你懂得什么？我自己会向皇帝汇报。"而等到毂英入朝觐见的时候，却没有一句话提及边疆的情况。毂英担任平章事的时候非常专横，自己想办的事情上奏后就自行处理。被降职为留守后，毂英就愤愤不平，也不接待宾客，连皇帝派来的使者也不接见。世宗大怒，于是将他贬职为济南尹。此外，世宗还下诏书责备他说："我念及你的父亲对国家有大功，你作为将领也立下了不少功劳，所以才从轻处理你。如果你再不知道悔改，不但官职不保，性命能否保住都是问题。"毂英这才叩首谢罪。

很久之后，毂英被任命为平阳尹，毂英辞官。不久，毂英又被启用为西京留守，由于母丧而离任。之后又被起用，历任东京留守、上京留守。世宗下诏说："上京是帝王大业兴起的地方，现在风俗一天天变坏，宗室成员肆意枉法，一般人难以治理，你是元老大臣，众人都听你的话，希望你能纠正风俗，约束宗室。"大定十五年，毂英最后一次辞官回家。当时金国的史官正在编写《太宗实录》和《睿宗实录》，亲身经历过的大臣中只有毂英还在世，世宗就让史官到毂英家中询问，对史实多有更改。大定十九年，毂英去世，时年七十四岁。毂英一生先后被奖赏十一次，赏黄金二百五十两、白银六千五百两、马三百一十四匹、牛羊六千五百头、奴婢一百三十人。

【完颜拔离速】

拔离速是银术可的弟弟。天辅六年（1122），宗翰驻军北安州，打算在奚王岭和斜也会合。这时辽军突然出现在古北口，宗翰派浑黜、婆卢火各自率领两百人去袭击敌人。浑黜向宗翰请求援军，宗翰想亲自前去，希尹、娄室主动请缨，率一千人前去接应。浑黜率领三十名骑兵先行，到达古北口时遇到了辽军的侦骑。浑黜追入山谷，与辽军万余步骑遭遇，浑黜损失了五名下属，只好退守谷口。此时希尹、娄室率军赶到，拔离速、讹谋罕、胡时海率军猛攻，大败辽军，缴获了敌人全部的军用物资。希尹与撒里古独、裴满突捻击败了辽国伏兵，杀其千余人，缴获战马一百余匹。娄室则穿越陵野岭与西夏军队对峙，留下拔离速带兵两百人，驻守险要之处。

天会二年（1125），金军南下侵宋，银术可围攻太原，占领附近的郡县。宋军来救援太原的军队占据了太古、祁县，拔离速、阿鹘懒又攻下了这些地方。宋将姚古驻扎在隆州谷，拔离速率军击败了他们。宋将张灏从汾州出兵，也被拔离速击退。天会

四年，金军攻克太原，拔离速被任命为勾管太原府路兵马事。之后，拔离速跟随娄室在文水击败宋军，又跟随宗翰进逼汴梁。金军回返北方后，拔离速跟随银术可攻略襄阳、邓州，连续攻陷均州、唐州、蔡州、陈州，占领颍昌郡。此后，拔离速又和马五、泰欲奔袭扬州，宋高宗只得从海上逃走。天会十五年，拔离速升任元帅左都监。宗翰经略河南时，以撒离喝负责陕西战事，拔离速在渭州击败宋军，渭州、德顺军向其投降。后来，拔离速升任元帅左监军，加金吾卫上将军。拔离速去世后，谥号"敏定"。

赤壁赋·金·武元直

此图为金代画家武元直的唯一存世作品。武元直，字善夫，北平（今北京）人，金明昌（1190～1196）年间名士。此图根据宋代文学家苏轼的《赤壁赋》创作而成，表现了苏轼受诬遭贬黄州后的清闲生活和豁达胸怀。现收藏于中国台北故宫博物院。

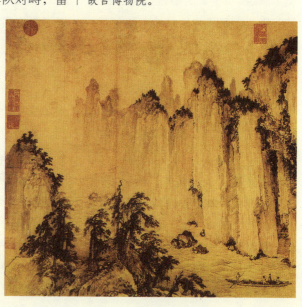

宗雄列传

宗雄（? ~ 1122），金朝大将，本名谋良虎，金康宗完颜乌雅束的长子。宗雄少年时相貌雄伟，箭法超群，在女真建金灭辽的战争中立下了汗马功劳，几乎无战不予，胜多负少。此外，宗雄好学嗜书，精通契丹文字，是女真族中少有的智将，金国初年的立法定制，他都有所参与。天辅六年（1122），宗雄病逝于归化州，时年四十岁。

▶【少年出众】

宗雄，本名谋良虎，是金康宗完颜乌雅束的长子。宗雄刚刚出生的时候，他的爷爷、金世祖完颜劾里钵就觉得他与普通的孩子不同，抱着他说："这孩子的风骨非同寻常，将来一定是国家的栋梁之才。"说完，世祖解下自己的佩刀放到宗雄的旁边，说："等孩子长大之后就让他用这把佩刀建功立业。"宗雄果然不负众望，他九岁时就能徒步追上奔跑的兔子，十一岁时就能射中奔跑中的鹿。世祖让宗雄坐到自己的膝盖上，对他说："这么小有这样的本事，长大后一定更加出类拔萃。"说完，世祖将自己的银酒器赐给了宗雄。长大以后的宗雄外表奇伟，足智多谋，孝敬长辈，人们都很喜爱他。金康宗死后，辽国使者阿息保出使女真，骑马来到灵帐前，索取康宗生前喜爱的战马。金太祖勃然大怒，想要当场杀掉阿息保，幸亏宗雄劝阻，太祖这才罢休。

▶【百战建功】

辽国天庆四年（1115），太祖准备起兵反辽，向宗雄询问意见。宗雄回答说："辽国皇帝骄横奢靡，辽国士兵不懂打仗，我们一定可以获胜。"太祖听了他的回答非常高兴。随后，女真大军进攻宁江州，当时守卫宁江州的是辽国渤海精兵，宗雄带领麾下将士奋勇作战，一举击溃了渤海兵，因军功受封世袭谋克。随后，太祖率军在出河店与辽军激战，宗雄冲锋在前，拼死力战，立下了不少功劳。达鲁古城之战中，宗雄率领女真右军，他依然拼死力战，将当面的辽军击溃。太宗又命令宗雄支援左军，宗雄就率领部队绕到辽军身后发动猛攻，辽军这才四下奔逃。宗雄带领部队乘胜追击，直到天黑才返回营地。太祖抚摸着宗雄的后背说："有你这样的孩子在，还有什么事情不能成功呢？"说完，太祖将自己的战袍赐给宗雄。

当年八月，辽天祚帝得知东北重镇黄龙府（今吉林农安）被女真攻克，感觉事态严重，就征发了七十万大军讨伐女真。获悉这一消息后，女真众将都认为敌众我寡，不宜速战。只有宗雄表达不同意见，他说："辽军虽然人多势众，但是将领昏庸无能，士兵们惴惴不安，根本不值得我们害怕，打败他们是很容易的事情，只不过需要把握好时机罢了。"太祖也认为宗雄说得很有道理。随后，女真大军在护步达冈追上了辽军，宗雄率领部属一马当先冲入辽军大阵，与辽军展开短兵相接的战斗。宗雄命令前面的士兵用棍棒击打辽军的马头，后面的士兵用弓箭攒射他们，最终大败辽军。太祖在战后嘉奖宗雄的战功，握住他的手慰劳他，还把自己的战马、盔甲、奴仆和珠宝赏赐给他。不久，完颜斜也率军进攻春州，宗雄和宗幹、娄室等人攻打金山县。大军行至白鹰林的时候，抓住了七名辽军的侦骑，宗雄放走了其中一人。县里的人听说女真大军到了，不战而溃，宗雄等人顺利地攻占了金山县。

黑釉线纹罐·金

黑釉线纹罐是金代瓷器中最富特色的陶瓷品种之一，它是金代淄博窑的典型器物，直口、鼓腹、平底。在黑色的釉面上，装饰成瓜棱样的白线纹饰，线条匀称，别具风格。

【壮年病逝】

收国二年，金太祖亲自带兵攻取临潢府，再次以宗雄为先锋。宗雄所部遇到辽军五千余人，宗雄与其激战，最终击溃了辽军。辽国临潢府留守挞不野投降后，太祖将挞不野的女儿赏赐给了宗雄，作为宗雄击溃辽军的奖赏。后来宗雄与蒲家奴巡视泰州的土地，他将当地的泥土包裹起来献给太祖说："泰州的土地就是这样肥沃，非常适宜种植粮食。"太祖同意了，将一万多户百姓迁移到泰州屯田。

天辅五年（1121），金军攻克了辽国西京（今山西大同）。不久后，西京中的百姓又发动了叛乱，当时女真大军粮食匮乏，不少将领主张放弃围攻西京。宗雄却提出了不同意见，他认为西京是人口众多的大城，如果放弃它不管，那么其他投降过来的人就会发生动摇，辽国余孽和西夏人也会因此窥视金国。太祖觉得宗雄的分析很有道理，就犒赏三军准备攻城。当天晚上，天空中出现大火球，大如星斗，坠落到西京城中。宗雄趁机宣扬说这是西京城破的吉兆，请求立刻发起进攻。不久，金军攻破西京城。为了奖赏宗雄，太祖赏赐给

🔴 白釉刻花龙纹大盘·金

他一百两黄金、十套锦袍以及大量的奴婢。

攻克西京之后，宗雄与宗翰在西京东四十里处大败辽国耶守忠部，然后在鸳鸯泺迎接太祖，接着护送太祖车驾来到归化州。这时宗雄身染重病，宗幹询问他有什么遗言要留下，宗雄喘息着回答说："国家大业已成，皇上万寿无疆，四方敌人已经被肃清，我已经死而无憾了。"天辅六年（1122），宗雄病逝，时年四十岁。太祖没能见上宗雄一面，就听到了他病死的消息，太祖万分悲痛，哭着对群臣说："宗雄谋略过人，作战时英勇果断，很少有人能和他相提并论。"太祖下诏将宗雄安葬在归化州，在他去世的地方修建佛寺。

宗雄好学问，喜读书，为人宽厚。一次，他和太祖去打猎，结果被身后的飞箭射伤，他怕太祖生气处罚射箭的人，就面不改色地继续打猎。打猎结束后，他偷偷地拔出箭支，回家卧床休息了两个多月。在此期间，他卧

床学习契丹文字，基本上可以自由书写。金国建立之初，大凡法规制度都是宗雄与宗幹建议施行的。此外，宗雄还是万人敌的勇士，他武艺高强，箭法出众，能射中三百步外的目标。一次，宗雄骑马追射三只獐子，本来已经射中了两只，就在他射第三只的时候突然马失前蹄，他跳下马来继续射箭，还是射死了第三只獐子。还有一次，宗雄正在徒步追赶一只野兔，挞懒也在他身后射了一箭。挞懒害怕射中宗雄，就高喊："箭来了！"宗雄回头接住了挞懒射的箭，然后又用这支箭射死了兔子，他就是如此矫捷勇武。

天眷年间（1138～1140），宗雄被追封为太师、齐国王。天德二年（1150），加封秦汉国王。大定二年（1162），追封为楚王，谥号威敏，配享太祖庙庭。宗雄的子孙中比较出色的有儿子蒲鲁虎、按塔海、阿邻，孙子一辈中有长春、胡里剌、胡剌、鹘鲁、茶扎、怕八、蒲带和讹出。

【宗雄诸子】

宗雄去世后，他的长子蒲鲁虎继承了他猛安的职务。蒲鲁虎死后，朝廷追赠金紫光禄大夫，蒲鲁虎的儿子桓端继承了猛安的职务，官至金吾卫上将军。桓端去世后，他的儿子没有继承职务就去世了，金章宗让宗雄的另一个孙子蒲带继承了猛安的职务。

宗雄的另一个儿子阿邻聪慧过

人，口才出众，通晓女真、契丹大小字和汉字。阿邻小的时候曾经进宫，金熙宗看到他非常吃惊，指着他说："这孩子将来一定能为国家出力。"阿邻十八岁时，被任命为定远大将军、顺天军节度使。天德二年，阿邻升任益都尹兼山东东路兵马都总管，历任泰宁、定海、镇西、安国等军节度使。正隆六年（1161），海陵王完颜亮率数十万大军南侵宋朝，任命阿邻为神勇、武平等军节度使，率军从寿州渡过淮河。当年十月，阿邻率军到达庐州，与宋将王权激战于柘皋镇、渭子桥，大败宋军。随后，阿邻率军进逼和州，再次击败了宋军。就在海陵王率军南征之际，金世宗完颜雍在中都即皇帝位，海陵王也在侵宋前线的兵变中被杀，女真大军不得不渡河返回北方。当时淮河上渡船很少，金军难以迅速渡河，阿邻就通过俘虏找到可以涉水过河的地方，然后插上柳枝作为标记，全军顺利渡过了淮河。阿邻入朝拜见世宗时，世宗听说他带领全军而还，就任命他为兵部尚书，赐给他金牌一面、银牌四面。阿邻去世后，世宗来到永安寺致祭，百官前去吊唁，赏赐给阿邻家人银五百两、彩缎三十段、绢一百匹。

按塔海是宗雄次子，他生性端庄持重，遇事不冲动，很有乃父遗风。他十五岁时，太祖就赐给他一品伞。二十多岁时，按塔海在御前分组打球，按塔海连胜三场，宗室子弟和完颜族中长辈都非常惊叹。大家进献礼物时，以按塔海所获得礼物最多，太宗高兴地说："今天这场胜利都是这孩子的功劳。"于是重赏了按塔海。天眷二年（1139），按塔海继承了父亲猛安的职务，出任大宗正丞。获得官职后，按塔海就把猛安的世袭让给了兄长蒲鲁虎的儿子桓端。此后，按塔海历任武定军节度使、侍卫亲军都指挥使，进封谭王。海陵王南下侵宋时，按塔海进谏说："抛弃祖宗建立功业的地方，而去占领别人的土地，是不义的。"海陵王很不高兴，就削去了按塔海的官职，将他贬为西京留守、广宁尹。世宗在中都即位后，命令传到广宁，按塔海的弟弟燕京拒绝接受，而按塔海则接受了命令。后来，兄弟二人来到中都觐见世宗，朝廷官员认为两人动摇不定，应该予以处死。世宗认为不遵命令的是燕京，按塔海还是忠诚的，就只处死了燕京，任命按塔海为大宗正。不久，又升按塔海为太子太保，封兰陵郡王，后又改任劝农使。大定八年（1169），世宗召见了按塔海，感慨地说："像你这样的老臣国家还有几人呢？"赐给按塔海钱一万贯、府邸一座，让他留在京城参加巡行、打球、打猎和宴会。大定十四年，按塔海去世，时年六十七岁。临终前，他对自己的子孙们说："你们不要因为自己生在富贵之家而做坏事，做人要谦虚退让。当年海陵王因为猜疑大肆诛杀皇亲宗亲，我正是因为谨慎才免于一死，你们不要败坏了我们的家风。"

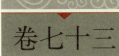

卷七十三

希尹 守贞列传

尹（？～1140），金国初年的著名将领，女真文字的创制者。希尹先从金太祖完颜阿骨打征战，后从宗翰追击辽天祚帝，收降辽西京（今山西大同）。金国南下侵宋时，希尹又担任元帅右监军，自西京攻取太原。金熙宗即位后，希尹逐渐失势。天眷三年（1140），希尹与宗弼产生矛盾，被熙宗以"心在无君"的罪名赐死。

【灭辽建功】

希尹，女真名谷神，女真完颜部人。辽国末年，完颜部首领阿骨打起兵反辽，希尹就是女真族重要的谋士之一。在多次征战中，希尹屡立战功。在女真初战告捷之后，正是希尹和宗翰向阿骨打祝贺，并劝其立国称帝。辽国天庆五年（1115），阿骨打建金

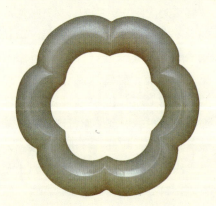

🏵 **花瓣形玉环·金**

玉环是一种圆形而中间有孔的玉器，形状与手镯类似，流行于新石器时代至明清时期。从唐代开始，玉环出现内外六瓣莲花形的器形。图中的玉环于1980年出土于北京丰台王佐公社乌古伦窝伦墓中。

称帝，希尹也成为开国功臣。

希尹性格谨慎，智慧过人，通晓女真族古老的族规和法度，女真人认为他是通神的智者，称其为"萨满"。女真人最初没有文字，国家强大以后，与邻国的往来贸易、本国的税赋征发都使用契丹文字。阿骨打对这种情况很不满意，就命令希尹创造女真文字，完善本国的典章制度。希尹仿照汉字的楷书，同时沿用了契丹文字的体制，配合女真的语言习惯，最终创造了女真文字。天辅三年（1119）八月，希尹创制的女真文字正式开始使用，成为金国的官方文字。金太祖非常高兴，赐给希尹宝马一匹、华衣一套。后来到了金熙宗时期，又创造了一批女真文字，与希尹所造的文字一起使用，希尹所造文字称为"女真大字"，而熙宗时所造文字称为"女真小字"。女真文字的出现对女真族社会文化的发展起到了积极的作用。

天辅五年十二月，金国大举攻辽，

100

希尹跟随在宗翰的军中，逐渐成为了宗翰麾下的第一智将。金军攻破辽国中京后，辽人迪六、和尚、雅里斯逃走，希尹与迪乃古、娄室、耶律余睹去袭击他们。迪六等人听说来追击他们的军队是希尹领军，不敢抵抗，一路奔逃，希尹就带着沿路俘获的百姓胜利返回。回返中京的路上，奚人落虎前来投降，希尹接纳了他，还劝降了落虎的父亲诧里刺。

第二年，宗翰率军驻扎于北安州（今河北承德西），派希尹经略附近的地方，俘获了辽国护卫耶律习泥烈。宗翰得知天祚帝正在附近的鸳鸯泺，就派婆卢火率两百人进攻古北口，浑黜率两百人为后援。浑黜探听到辽军势众，就向宗翰请求增援。宗翰想亲自领兵前去，希尹、娄室就劝他说："这是小股的敌人，就让我们带领一千骑兵去消灭他们吧。"浑黜到达古北口后，遇到了辽军的游骑兵，就将他们赶入了山谷。很快，辽军主力的万余骑兵赶到，浑黜占据关口死守待援。关键时刻，希尹率军赶到，大败辽军，斩首一千余人，俘获战马一百余匹。随后，希尹率领八名骑兵继续追击辽军，在五院司连续三次击败了天祚帝的亲兵。第二天，投降希尹的辽国降兵报告说，天祚帝就在沙漠之中，正准备逃往辽国西京。于是希尹率军继续追赶，在白水泺南面追上了天祚帝的车驾，天祚帝只带领少数护卫轻骑逃走，国库宝物全部留给了希尹。此后，希尹率军追至乙室部等地，最终

还是没能活捉天祚帝。此后，金太祖任命宗翰为西南、西北两路都统，希尹跟随宗翰驻扎西京。天会元年（1124），宗翰入朝，希尹暂时代理了西南、西北两路都统的职务，可见其在宗翰军中的地位。天会二年（1124），天祚帝率领着他拼凑而来的五万大军出夹山，企图收复金国已经占领的郡县。结果半路遇到希尹大军伏击，辽军四散溃逃，天祚帝逃往金山司。不久，希尹得到消息说天祚帝意图投奔宋朝，就派娄室率精兵伏击，最终活捉了天祚帝，辽朝至此灭亡。

【南下攻宋】

天会三年（1125）十月，金国大举侵宋，希尹担任了元帅右监军的职务，跟随宗翰率领西路军自西京攻袭太原，然后包抄汴梁。第二年，金国再次伐宋，这次不但攻陷了汴梁，还掠走了宋徽宗、宋钦宗父子。天会七年，宗翰率军追击宋高宗赵构，希尹率军进攻扬州，以接应在江南水网地区作战的宗翰。当时驻扎西京的元帅耶律余睹意图谋反，希尹察觉了他的动作，果断平定了这次叛乱，余睹被杀。为了奖赏希尹，朝廷赐予他铁券丹书，除了难以赦免的大罪，其他罪行都可以不问。当时西夏与金国已经签订了盟约，但双方边境纷争不断，互相掠夺子民的行为经常发生。希尹上奏朝廷说："虽然已经签订了盟约，但是西夏人不可信任。"皇帝回答他说："对西夏的事情一定要谨慎处理，

既不要扩大纷争，也要对他们严加防范。"

天会十年（1132），希尹跟随宗翰入朝。当时金国朝野正在讨论立储君的大事，希尹与宗翰、宗幹请立完颜亶为谙班勃极烈（女真皇储职务），太宗接受了众人的推举。天会十三年（1135），完颜亶即位，是为金熙宗。熙宗在宗幹等人的支持下，开始实行汉化政策，以三省六部制取代了女真族的国论勃极烈制度，任命宗翰为太保、领三省事，希尹为尚书左丞相兼侍中，加开府仪同三司。此后，希尹从西京返回金国上京，进入了金国朝廷的中枢。希尹对汉文化非常向往，他跟随宗翰侵宋时，众将都忙着抢夺奇珍异宝，而希尹则喜欢收集宋朝图书。入上京担任左丞相后，希尹与宗宪等人力排众议，参考唐、宋、辽三朝的典章制度，结合女真族的实际情况，制定了官制、礼乐等制度，深得熙宗的信任和肯定。

【内争被杀】

天会十五年（1137）六月，熙宗为了铲除宗翰的势力，以贪赃罪为名处死了宗翰的亲信高庆裔，不久后宗翰郁郁而终。希尹感觉到了自己处境危险，就在天眷元年（1138）请求致仕。熙宗没有立刻同意，而是采用了逐渐削权的办法，罢免了希尹左相的职务，降其为兴中府尹，然后以东京留守宗隽为左丞相兼侍中。然而这个任命被证明失败至极，宗隽与太师领三省事

宗磐、左副元帅挞懒结党营私，专横跋扈，有架空熙宗的态势。为了压制这些权臣，熙宗不得不起用智谋过人的希尹为左丞相兼侍中，封陈王。天眷二年（1139）六月，郎君吴矢谋反，涉及宗磐、宗隽，熙宗终于下定决心兵戎相见。希尹在宫中埋下伏兵，趁着朝会之际擒拿宗磐、宗隽。希尹的第三子挞挞勇武过人，在宫廷上捉住宗磐的手当场擒杀了他。随后，宗隽也被捕处死。

天眷九年（1140）九月，希尹跟随熙宗巡视燕京，金国另一位重臣宗弼也来到燕京朝见熙宗。希尹与宗弼酒后发生口角，宗弼上奏熙宗，说希尹有不臣之心。或者是熙宗忘记了希尹在铲除宗磐集团时的功劳，或者是宗弼势力太大，熙宗不愿与其发生争执，于是下诏说："希尹内心邪恶，目无君王，私下里谈论皇位的归属，理应处死。"于是希尹最终被赐死。皇统三年（1143），熙宗察觉希尹确无谋反的罪行，就恢复了他的名誉，追赠他开府仪同三司、邢国公的职位。天德三年（1151），追赠豫王。

【完颜守贞】

守贞是希尹的孙子，本名左麈。贞元二年（1154），守贞继承了祖父希尹的谋克职务。大定年间，守贞历任符宝侯、彰德军副节度使、北京留守、上京留守等职务。后因安置契丹户民内部娶亲，而被杖责一百，免去官职。大定二十五年，守贞被重新起

用，授西京警巡使。金世宗喜欢守贞的刚直，升他为大兴府治中，后来又改任同知西京留守事。御史台奏报守贞治理地方卓有成效，世宗对大臣们说："守贞是功臣的子孙，自身又很有才能，以后可以重用。"金章宗即位后，任命守贞为刑部尚书，兼右谏议大夫。不久，守贞升任尚书左丞。明昌三年（1192）夏天，金国大旱，皇帝下罪己诏。守贞惶恐不安，认为是自己失职，上书请求解除自己的职务，皇帝将其降职为知东平府事。有一天，章宗问大臣们："守贞治理东平如何？"大臣们回答说："毫不费力，以他的才能治理东平实在可惜。"章宗沉默不语，随后任命守贞为西京留守。

守贞喜爱读书，通晓律法，熟悉女真建国以来的典章制度。当时金国已经立国七十余年，却仍然沿用辽、宋的法律制度，杂乱而且缺乏衔接。章宗即位后，决定制定金国自己的律法，主要的任务大多由守贞完成，所以明昌年间号称律法清明。守贞刚直清明，善于识人，当时朝中的正人君子大多是他所推荐的，而每逢皇帝询问他问题，他都根据经义来回答。皇帝和他品论人才，守贞总是看重他们的心术和品行，没有丝毫的隐瞒，所以以大臣胥持国为首的奸臣

非常仇视他，最终守贞被罢免了官职。后来外臣赵秉文入翰林，立刻上书皇帝说："请陛下亲君子而斥退小人。"皇帝问谁是君子谁是小人，赵秉文坦然回答说："君子就是老丞相完颜守贞，小人就是现在的参知政事胥持国。"守贞受国人推崇的程度可见一斑。

⊙ 洞天山堂图·金
这幅画图绘白云吞吐飘浮于山间，山谷中松林茂密，清溪流淌，犹如世外仙境。最初被定为五代时期南唐画家董源所作，经考证画风更近于金代山水画的风貌，应为金代仿董源的作品。现收藏于中国台北故宫博物院。

宗翰列传

宗翰（1080～1137），女真名粘没喝，汉语讹传为粘罕，金国初年女真著名将领，女真国相撒改的长子。宗翰跟随太祖完颜阿骨打起兵反辽，后又跟随完颜杲西征灭辽，太宗时又和宗望两路伐宋。作为女真建国的第一功臣，宗翰历侍金太祖、金太宗、金熙宗三朝皇帝，先后立下了拥立阿骨打称帝、建策攻宋、拥立金熙宗等大功，全盛时期其掌握金国大半的军事权力和政治权力，是金国初年的第一权臣。金史称其："内能谋国，外能谋敌，决策制胜，有古名将之风。"

▶【少年成名】

宗翰，本名粘没喝，汉语讹传为粘罕，女真完颜部宗室，国相撒改的长子。宗翰的祖父劾者是金景祖完颜乌里乃的长子，劾者的弟弟就是太祖完颜阿骨打的父亲、金世祖劾里钵。景祖去世后，劾者将部落联盟长的位置让给了弟弟劾里钵。劾里钵感念兄长的恩德，就任命其子撒改为国相。阿骨打建金称帝后，撒改因功劳卓著出任国论勃极烈。

作为完颜部宗室子弟，宗翰少年时就跟随部落四处征战，十七岁时就因为勇武过人而被军中将士所敬服。阿骨打起兵反辽后，宗翰的军事建议经常和阿骨打不谋而合，所以他也深得阿骨打的信任。女真军队在宁江州大败辽军后，活捉了辽军统帅耶律谢十，国相撒改就派宗翰、希尹来到前线祝贺胜利。当时太宗完颜吴乞买以

下的宗室群臣都劝阿骨打称帝，阿骨打却仍然谦让，宗翰和阿离合懑、蒲家奴一起进言阿骨打说："如果不称帝位，立国号，那就无法获取天下人心。"阿骨打这才下定决心称帝建国。女真军队在护步达岗大败天祚帝率领的辽军主力后，宗翰和其他宗室子弟共同拥立阿骨打称帝。

同年四月，金辽议和不成，宗翰趁机向太祖建议说："辽主失德，内外离心，我朝自兴兵以来战无不胜，大业已成。不如现在趁其内乱，立刻进攻他们。这既是天时也是人事，不可失去这样的机会啊！"金太祖接受了宗翰的建议，准备发动灭辽之战。当年五月，太祖大宴群臣，在宴会上太祖对宗翰说："自从起兵以来，你对战争的谋划推断和我不谋而合，宗室中虽然有比你更年长的战将，但是如果考虑大军主帅的人选，那就没有

比你更合适的。你要负责整顿军队，等待出兵伐辽的时机。"说完，太祖亲自给宗翰斟酒，还脱下自己的衣服给宗翰穿上。由于当时正值盛夏，所以太祖没有立刻发兵。为了奖赏宗翰在伐辽之战中的表现和拥戴的功劳，太祖任命宗翰为国论移赉勃极烈，宗翰从此进入了金国的军政中枢——勃极烈之中。

【灭辽主帅】

当年十一月，宗翰再次向太祖进言说："将士们已经休整很久，人心思战，战马也已膘肥体壮，现在就是进攻辽国中京的最好时机。"大臣们又以时值严冬、天气寒冷为由请求推迟出兵，这次太祖没有听群臣的意见，他命令五弟完颜杲统帅内外各路军马，蒲家奴、宗翰、宗幹、宗磐等人为副都统，以降将耶律余睹为向导，挥军猛攻辽国中京。天辅六年，金军攻克中京后，宗翰率领一支偏师进攻辽国北安州（今河北承德附近），他与娄室、徒单绰里合兵一处，大败奚王萧霞末，攻取了北安州。随后，宗翰率军驻扎北安州，他派遣希尹率军攻取附近的地区，俘虏了辽国护卫耶律习泥烈，得知辽天祚帝就在鸳鸯泺打猎。因为天祚帝听信奸臣萧

奉先的谗言，杀死了自己的儿子、晋王敖鲁斡，群臣离心离德，而且辽国在西北、西南两地兵马羸弱，难当大用。宗翰立刻派出使者向主帅完颜杲报告说："辽主已经到了穷途末路的地步还不忘记打猎，甚至还杀了自己的亲生儿子，已经到了人神共弃的地步。我们该如何进攻请你指示，如果你不愿意出兵，那我就率领偏师进攻他。"完颜杲答复宗翰说："最近皇帝刚刚命令我不要仓促进攻，你说的事情还需要慢慢商议。"宗翰知道完颜杲无意进取，又担心失去活捉天祚帝的最好时机，就又派使者通知完颜杲说："皇帝虽然有不让进攻的命令，但也允许我们灵活掌握。现在辽人不

🔴 **陶版四件·金**
建筑组件，泥质灰陶，版面刻有武士和凤纹。人物手持兵器，双目圆睁，神态十分生动。

堪一击，正是我军进攻的好时机，一旦失去这个机会我们会追悔莫及。我现在已经出兵，该在哪里和你会合请告知我。"

宗翰先斩后奏的做法让完颜杲非常愤怒，但在宗幹等人的劝说下，他还是决定共同进击，在奚王岭和宗翰会商。随后，完颜杲率军出青岭，宗翰率军出瓢岭，两人约定在羊城泺会师。宗翰亲率六千精兵奔袭天祚帝，半路听说天祚帝从五院司率兵来战，就昼夜兼程，一晚上就赶到了辽军营地，措手不及的天祚帝落荒而逃，宗翰派希尹率领精兵追赶。当时西京发生叛乱，辽将耿守忠派五千兵马声援叛军。辽军到达城东四十里处时，金军将领蒲察乌烈、谷赧对他们发动进攻，斩杀辽军千余人。这时宗翰、宗雄、宗幹、宗峻陆续率军赶到，宗翰率领本部兵马冲击辽军，其他金军则在战场外不断地箭射辽军。一番激战过后，

耿守忠大败，五千辽军全军覆灭，宗翰的弟弟扎保迪也在此役中阵亡。

【促金攻宋】

宗翰抚定西部州郡部族之后，在行宫拜见了太祖，然后跟随太祖攻取燕京。燕京平定后，太祖按照功劳高低分等级地赐给宗翰、希尹、挞懒、余睹金器。太祖根据与宋朝童贯的密约将燕京"还"给宋朝后，回师驻扎

赵城金藏·金

《赵城金藏》以中国第一部木刻版汉文大藏经《开宝藏》和少部分《契丹藏》为底本，历时二三十年完成。因刻于金代，后被供养在赵城县（今属山西洪洞）广胜寺，每卷卷首又加刻广胜寺刊刻的《释迦说法图》，该经书被叫做《赵城金藏》。全世界保存下来的金代全藏刻书极少，全藏约七千卷左右，六千多万字，其他流传下来的金代藏经仅有十几卷，而这部《赵城金藏》约留存四千五百余卷，较为完整，又是传世孤本，因而被视为稀世瑰宝。

在鸳鸯泺。不久，太祖感觉身体不适，准备返回会宁。临行前，太祖任命宗翰为西北西南两路都统、迭勃极烈，斡鲁为副都统，驻军云中。当年七月，太祖在返归途中病逝，完颜吴乞买即皇帝位，是为金太宗。

太宗即位后，依然重用宗翰，授权宗翰在人事权责上可以"便宜行事"，还交给宗翰空白委任状一百份。当时宋朝派人来交割宋金"海上之盟"中划归宋朝的州郡，宗翰上书太宗说："宋朝接纳辽国的降人，还切断了燕山的往来道路，以后必然违反盟约，不应该把山西的土地还给他们。"太宗认为是太祖当初答应归还宋朝的土地，因此拒绝了宗翰的建议。

宗翰的部将擒获了辽国逃将耶律马哥，宗翰将其送到会宁，太宗下诏赏赐给宗翰所部七百匹战马，还拨出种子一千石、粮食七千石赈济刚刚归附的百姓，宗翰上书请求将宗望、挞懒、石古乃所部精兵划归自己，太宗不愿让宗翰一家独大，只拨给了宗翰五千兵马。宗翰又上奏太宗说："先帝征讨辽国的时候，希望借助宋人的力量夹攻敌人，所以才许诺将燕地还给他们。宋人和我们结盟以后，请求增加岁币来换取燕云的土地。当时我们双方约定，不许收容藏匿逃亡的人，不许引诱骚扰双方的边民。现在宋人不但招纳那些逃亡的人，还对他们重加赏赐；我们多次开列逃亡叛逆的名单向童贯索取，却没有得到任何回答，我请求不要还给他们土地。"不久，

金国宗室众将见宋朝武备不修，国力衰弱，纷纷要求南下攻宋，宗翰、宗望、斡鲁、阇母都请求发兵。

【东路主帅】

天会二年（1125）十二月，金太宗下诏伐宋。太宗任命谙班勃极烈完颜吴为都元帅，统领金军；以宗翰为左副元帅，与希尹、耶律余睹等人率军从西京攻取太原；以宗望为南京路都统，与阇母等人自南京攻燕京，然后进逼汴梁。宗翰率军南下后，连续攻克了宋朝的代州、朔州，包围了太原。宋朝河东、陕西两路集中四万大军救援太原，结果在汾河之北被宗翰击败，伤亡过万。由于西路军宗望所部已经从河北直扑汴梁，多日没有消息，宗翰就留下银术可等将领围困太原，他自己亲率大军南下。天会四年，宗翰逼降了威胜军，攻克了隆德府。当宗翰所部攻至泽州（今山西晋城）时，宋朝派出使者来到宗翰军营，宗翰才知到宗望的西路军已经进逼汴梁，宋朝割让太原、中山、河间三镇与金国议和。宗翰率军北返，但太原宋军誓死不降，宗翰连续攻克了文水、盂县，留下银术可继续围攻太原，宗翰返回了西京。

当年八月，金太宗再次下令侵宋，以宗翰为左副元帅、宗望为右副元帅。九月，宗翰攻陷太原城，俘获了宋朝经略使张孝纯。宗翰的部将鹘沙虎也攻克了平遥、离石、介休、孝义等县。十一月，宗翰率

军从太原直扑汴梁，连续攻克了隆德府、泽州等地。随后，宗翰率军渡过黄河，在汴梁城下和宗望会师。宋朝再次派使者求和，甚至打算以黄河作为两国边界，被宗翰等人拒绝。不久，宋钦宗开城投降。第二年四月，宗翰、宗望押解着宋徽宗、宋钦宗、赵氏宗族四百七十余人以及大批财物北上，北宋就此灭亡。宗翰返回北方后，太宗赐给他免死铁券，除了谋反的大罪，其他罪行可以凭借铁券免罪，这算得上极其优厚的赏赐了。

【追击赵构】

为了巩固金国的统治，宗翰要求河东、河北两地的州县推荐优秀能干的人才出来做官。太宗派出身契丹的大臣耶律晖和宗翰同行，同时命令黄龙府路、东京路的官员推荐像耶律晖这样的人才。此时郑州发生了百姓起义，宗翰率军镇压，并将洛阳、襄阳、颍昌、汝州、均州、郑州等地的百姓全部迁移到河北，并派娄室攻取陕西。

北宋灭亡后，宋康王赵构在南京（今河南商丘）称帝，是为宋高宗，史称"南宋"。天会六年（1128）七月，金太宗下令金军南下追击宋高宗。宗望率领的河北金军认为应当放弃攻打陕西，集中兵力南下伐宋；而宗翰所部河东金军则认为陕西与西夏相邻，不能轻易放弃。宗翰也不愿意放弃已经到手的陕西诸地，他对宗望说："如果我们放弃陕西南下，西夏肯定会认

为我们出现了紧急情况。所以追击赵构并不值得担心，应该先处理陕西的事情。"河北、河东两个派系金军争论不下，只好将各自的意见奏报给金太宗。金太宗采取了折中的处理方法，既要求赵构逃往哪里就要追击到哪里，又表示陕西不可轻易放弃。最终宗翰和宗望达成妥协，宗翰留下希尹、蒲察、婆卢火、绳果等人攻打陕西，银术可镇守太原，耶律余睹驻防西京，宗翰和宗辅率领河东军一部和河北军大部南下追击赵构。

两路金军在濮州会合后，一路南下，连续攻取了东平府、徐州。当时宋军从江淮一带征集来的金币都留在徐州官仓内，全部被宗翰缴获，分给了他的部下。慑于金军的淫威，袭庆府、济南府相继投降金军，志得意满的宗翰派拔离速等人突袭宋高宗驻扎的扬州。就在金军攻到扬州的前一天晚上，宋高宗已经逃过了长江。为了保命，宋高宗连续给宗翰写了两封求饶信。之前，宋高宗给宗翰的元帅府投书时，格式都是"大宋皇帝致大金元帅帐前"，现在就去掉帝号，改称"宋康王赵构谨致书元帅阁下"。宗翰没有理会宋高宗，派出宗弼、挞懒、拔离速分路追击。宗弼所部渡过长江，连续攻克建康、杭州，宋高宗坐船出逃海上。阿里、蒲鲁浑从明州出海，连续追击了三百里也没能追上宋高宗，金兵在长江以南大肆烧杀抢掠，于天会八年带着掠夺来的珠宝财物返回中原。天会十年，宗翰升任国论勃

极烈，兼都元帅，成为金国最高的军事长官。

【郁郁而终】

北宋灭亡后，金国的权力架构发生了微妙的变化。由于宗翰、宗望分别出任左副元帅和右副元帅，他们各自掌控着以西京为中心的云中枢密院和以燕京为中心的燕京枢密院，不但手握重兵，还拥有着任免官吏、司法裁断、征收税赋等权力，已经成了和太宗并驾齐驱的两大势力集团。天会六年，宗望病死，燕京枢密院并入云中枢密院，宗翰也就掌握了燕云诸州、河北、河东、陕西等地，成为了金国一人之下、万人之上的第一重臣。天会八年，宗翰采纳心腹谋士高庆裔的建议，扶植原宋朝济南知府刘豫建立了伪齐政权，宗翰的势力基本控制了整个华北。

天会十年（1132），宗翰返回金国上京。当时金太宗已经卧病在床，按照女真的皇位继承制度，原本应该是太宗的弟弟、谙班勃极烈完颜斜也（完颜杲）继承帝位。可斜也早在两年前已经死去，金太宗有心立自己的长子宗磐为帝，彻底打破女真兄终弟及的皇位继承制度。然而宗翰却别有盘算，他觉得太祖完颜阿骨打的嫡孙合剌（阿骨打长子宗峻的儿子）年幼，比年长的宗磐更便于控制，就和心腹大臣希尹、合剌的养父宗幹一起拥戴合剌即位。由于宗翰兵权在握，而且拥戴合剌的理由又符合祖制，病

重的太宗无力争辩，只得立合剌为谙班勃极烈。天会十三年，太宗去世，合剌即位称帝，是为金熙宗。尽管宗翰在金熙宗得位的过程中出了大力，但他倾盖朝野的势力让金熙宗也忌惮三分，金熙宗采用明升暗降的做法，将宗翰、希尹、高庆裔等人召入京城为官，悄无声息地剥夺了他们的兵权，将宗翰一系的权力彻底架空。天会十四年（1137），金熙宗以贪赃枉法的罪名处死了高庆裔，失去兵权的宗翰对此无可奈何，只能坐视亲信被杀，最终愤懑而死，终年五十八岁。宗翰死后，熙宗将其心腹希尹等人一一罢官处死，彻底清除了宗翰一系的势力。

作为女真开国的第一功臣，宗翰被金国历代君主所推崇，即便是将他视为眼中钉的金熙宗也在他死后追赠他为周宋国王。大定年间（1161～1189），宗翰被追封秦王，配享太庙。

论赞

赞曰：宗翰对内能谋划国家大事，对外能料敌先机，决定策略来打败敌人，有古代名将的遗风。临潢府之战后，女真各位将领都有懈怠的情绪，只有宗翰不断地请战，越过数千里去追击辽国皇帝。各位将领都有观望的心理，只有宗翰不断地追问出兵的时间。宗翰刚放下武器，就回到朝中确立了熙宗的帝位，他显示的精诚有谁能掩盖呢？

宗望列传

宗望（？～1127），金国初年女真名将，金太祖完颜阿骨打第二子。女真建国前，宗望跟随阿骨打四处征战，是阿骨打最为倚重的将领之一。辽国灭亡后，又是宗望力主侵宋，他率领右路金军两次伐宋，给宋朝百姓带来了深重灾难，最终导致北宋灭亡。作为金军在河北地区的最高统帅，宗望掌控河北军政数年，时人将宗望、宗翰掌控的燕京枢密院和云中枢密院称为"东朝廷、西朝廷"，其权势可见一斑。

【千里征战】

宗望，本名斡鲁补，又译斡离不，金太祖完颜阿骨打第二子。女真建国前，宗望一直跟随阿骨打四处征战，护卫在太祖左右。天辅五年（1121），太祖任命完颜杲都统内外诸军，以宗翰、宗望为其副手，再次大举攻辽。第二年，金军攻克辽国中京，宗翰在北安州擒获了辽主侍卫耶律习泥烈，得知辽主正在鸳鸯泺打猎，就请求出兵攻击。宗望跟随完颜杲从青岭出发，宗望和宗弼作为先锋率领百名骑兵先行。由于长途奔袭，士卒疲惫不堪，宗望就和马和尚率少数骑兵追赶辽军，他们俘获了五名辽兵，得知辽主还在鸳鸯泺没有离开，于是继续追击。尽管宗望全力追赶，但还是没有追上，辽主已经逃入了阴山。当时辽国秦晋国王耶律淳已经在燕京称帝，那些刚刚投降金国的州郡人心不稳，完颜杲就派宗望请金太祖亲征。

宗望到达上京后，百官前来迎贺，金太祖也褒奖他说："宗望率领十几名骑兵追击敌人数千里，这是值得赞赏的行为啊。"宗望上奏说："现在云中刚刚平定，各路辽军还有数万之众，天祚帝还在阴山、夹山之间徘徊，耶律淳又在燕京称帝，各地的百姓人心惶惶，因此各位将领希望陛下能御驾亲征。"太祖回答说："孤军远征，如果只靠我事先嘱咐的计策，那肯定无法应付形势的变化，我将在六月一日率军出征。"大军出发后，太祖驻扎在大泺的西南，完颜杲派希尹上奏请求把西南招讨使迁移到内地，太祖询问群臣应该将各部安置在哪里，宗望回答说："中京残破，粮草不足，应该将他们安置到上京。但新归附的人如果发生骚动，那些有心归附的人必然犹疑惊恐，这件事要慎重处理。"太祖就将宗望的意见转达给将领们，让他们参考施行。

【追袭辽主】

　　六月底，太祖得知天祚帝在大鱼泺打猎，就亲率精兵万人追击。蒲家奴、宗望作为全军的前锋，领兵四千，昼夜兼程，终于在石辇驿追上了天祚帝。当时经过长途行军剩下的金军前锋只有千余人，而辽军却有两万五千之众。蒲家奴召集众将商议对策，以耶律余睹为首的大多数将领认为敌众我寡，而且金军原来疲惫，不可交战。只有宗望力排众议，他谏言说："现在好不容易追上辽主却不主动进攻，等天黑后他逃跑了就再也没机会了。"于是金军向辽军营地发起猛攻，双方短兵相接，殊死搏斗。就在金军被团团包围，局面愈发不利的时候，异想天开的天祚帝认为金军必败，就带着妃嫔来到战场附近的山冈观战。耶律余睹见状，就对宗望说："那就是辽主的麾盖，只要抓住他辽军必败。"于是金军骑兵向辽主所处的山冈发动冲击，天祚帝大惊失色，下山就逃，辽军士气顿挫，全线溃败。宗望率军紧紧追赶辽主，但天祚帝再次逃脱。

🌀 木雕加彩菩萨立像·金

　　金太祖攻克燕京后，任命斡鲁为都统，宗望为副都统，率军继续追击天祚帝于阴山、青冢之间。宗望、希尹、银术可率领三千精兵分路出击。快到青冢时，道路泥泞，大队骑兵不能前进，宗望就与当海四人用绳索捆住辽国林牙耶律大石，让其为向导，直奔天祚帝的营帐。当时天祚帝已经逃奔应州，他的内宫女官看到金兵来袭纷纷四散奔逃，宗望命令手下抓住她们。过了一阵子，后面的大军赶到，将天祚帝的妃子、重臣的夫人以及天祚帝的儿子们全部俘获，其中车驾有一万多辆，只有辽国梁王雅里和他的长女趁乱逃走。娄室、银术可缴获了天祚帝左右的车驾，然后大军进至扫里门，下书招降天祚帝。天祚帝得知他的亲属宗族全部被金军俘虏，就召集了五千兵马与宗望决战。结果宗望率领一千余骑兵打败了天祚帝，天祚帝再次逃跑，他的传国玉玺和一万四千匹战马、八千辆车驾全部被金军俘获。宗望将传国玉玺献给金太祖，太祖说："这是群臣的功劳啊！"然后太祖将玉玺放入怀中，向东恭敬地拜谢天地，然后记录众将的功劳，对他们大加赏赐。

走投无路的天祚帝派使者向宗望请降，并且献上了"元帅燕国王"的金印。宗望写信招降天祚帝，还告诉了他耶律大石北迁的事情。随后，宗望又派人将天祚帝请降的事情通知了西夏，以此来打消西夏人救援辽国之心。宗望率军奔赴天德军，辽国大臣耶律慎思投降。这时宗望派出的先锋吴十回禀说，夏国已经保护着天祚帝西渡黄河。宗望写下檄文给西夏人说："如果你们真心归附大金，就应该按照以前约定的将辽主送给我们；如果你们还犹豫不决，将来你们一定后悔莫及。"不久，天祚帝的儿子、辽国秦王被活捉后，太祖非常高兴，将辽国的蜀国公主余里衍赏赐给了宗望。

【南下攻宋】

金国天会元年（1123），原辽国降将、平州留守张觉起兵叛金。金太祖派大将阇母领兵讨伐，结果在兔耳山被张觉打败。金太祖派宗望去查问情况，宗望就带领阇母的军队继续作战，张觉不敌，趁着黑夜逃奔宋朝。平州城内的百姓推举守将张敦固为都统，继续抵抗。张敦固派出八千士兵分四路出城，再次被宗望打败。宗望派人劝降，张敦固回答说："平州已经抵抗多日，不敢轻易投降。"宗望答应赦免城中军民，城中官吏职位照旧，并且表示要减轻徭役赋税。然而

等张敦固开城投降后，阇母还是杀掉了张敦固。这时金太祖召见宗望，询问是否按照"海上之盟"将山西之地交给宋朝。当时宗翰和斡鲁都表示反对，宗望不但也表示反对，还请求先发制人，所以南下侵宋的主张实际上是宗望最早提出来的。

天会三年，金太宗下诏伐宋，宗望率领右路大军，从平州出兵。当时金太宗任命宗望为都统，以阇母为副都统，而宗望则上奏说："阇母是我的叔父，还是以阇母为都统，我监督战事即可。"金太宗同意了宗望的请求。阇母、宗望率领大军赶到三河县，击败了郭药师四万五千人的大军，金将蒲芦也在古北口打败了三千宋军。眼见金军全力南下，自己无力对抗，首鼠两端的郭药师向宗望投降，金军顺利攻占燕山府，缴获了大批的军用物资，包括战马一万匹、头盔铠甲五万件、兵器七万件。随后，宗望击破真定宋军五千人，攻克了信德府，驻军邯郸。由于有了郭药师的投降，宗望对宋朝的虚实了解得更加透彻，更加坚定了他南下侵宋的野心。宗望请求任命郭药师为燕京留守，赐姓完颜，太宗都允许了。

天会四年正月，宗望率军强渡黄河，攻取了滑州。随后，宗望使者到汴梁问罪，要求宋朝交出童贯、谭稹、詹度，两国以黄河为界，同时还要向金国缴纳贡品人质。眼见金军已经兵围汴梁，宋钦宗请求议和，两国约为伯侄之国，以康王赵构、太宰张邦昌

为人质，增加岁币，并割让太原、中山、河间三镇。议和完毕后，宗望率军返回孟阳。宋将姚平仲率军袭击金军大营，被金军侦骑发现，宗望分派众将迎击，大败姚平仲的军队。之后，宗望准备再次进攻汴梁，惊慌失措的宋钦宗派使者宇文虚中赶赴金营，向宗望解释此事与朝廷无关。宗望这才停止进军，改以肃王赵枢为人质，将康王赵构放回宋朝。

宗望率军返回燕京后，立刻卸磨杀驴地撤销了常胜军。郭药师率军叛辽归宋，现在又叛宋归金，宗望深觉其反复无常，将其遣返安置于安肃、雄州、霸州、广信等地，以耕种为业。对于那些不愿退伍的士兵，宗望予以杀戮。六月，金太宗以宗望伐宋有功，任命其为右副元帅，其手下的将士也有不同等级的赏赐提升。

当年八月，金太宗再次下诏伐宋。宗望在保州会合诸将，命其分路出击宋朝河北州县，耶律铎在雄州，那野在中山，高六、董才在广信，都击败了宋军。宋将种师闵率四万人进驻井陉关，再次被宗望击败。随后，宗望攻下了天威军，接着大军东进，攻克了真定府，然后从真定府直下汴梁。十一月，宗望率军逼降魏县（今河北魏县），然后大军渡过黄河，连续攻克了临河县、大

瓷枕指瓷质的枕头，枕上或用彩釉绘成精美的图画，或题有诗句。作为中国古代瓷器造型中较为流行的一种，瓷枕烧制于隋代，繁荣于唐宋，开始时是作为陪葬的冥器，以后又作寝具和诊脉之用。形状有长方形、腰圆形、云头形、花瓣形、鸡心形、椭圆形等等。

名县、清德军、开德府。宗望分派将领阻击宋朝援军，金将奔睹、那野、赛剌、台实等人连续击败宋军。宋军一万人出汴梁交战，也被宗望击败。不久，宗翰的东路军也赶到汴梁，两路金军合攻开封。十月二十五日，汴梁城破；十二月初二，宋钦宗献表投降。金太宗派完颜勖到军中慰劳宗望、宗翰。第二年四月，宗望、宗翰押着宋徽宗、宋钦宗以及宋朝皇室宗族四百七十余人，以及从城中搜刮的珪璋、宝印、衮冕、祭器、图书等大批财物北上，北宋灭亡。

天会五年六月，宗望病死于河北。天会十三年，追封为魏王。皇统三年，进封许国王，又徙封晋国王。天德二年，赠太师，加辽燕国王，配享太宗庙。大定三年，改封宋王，谥桓肃。

宗磐 宗固 宗本列传

宗磐（？～1139），女真名蒲鲁虎，金太宗完颜乌乞买之子。金太祖伐辽时，宗磐跟随完颜杲参加了攻取辽国中京的战役。金太宗时，宗磐出任国论忽鲁勃极烈。金熙宗时，出任尚书令，与宗幹、宗翰共同执掌朝政。宗翰病死后，宗磐与宗隽自成一党，独揽朝政，引起了金熙宗、宗幹、宗弼君臣的一致不满。天眷二年（1139），被熙宗以谋反罪处死。宗固和宗本同为金太宗之子，宗固虽然也受到宗磐的牵连，但还得以善终；宗本则因为受到海陵王的猜忌，最终被诬为谋反，太宗子孙七十余人全部被杀。

▶【完颜宗磐】

宗磐，本名蒲鲁虎，金太宗完颜乌乞买之子。天辅五年（1121），都督内外军事的完颜杲率金国大军二次伐辽，攻打辽国中京（今内蒙古宁城县西南），宗磐与斡鲁、宗翰、宗幹都以副都统的身份辅佐完颜杲。天会十年（1132），宗磐出任国论忽鲁勃极烈。金熙宗即位后，为了安抚太宗嫡系子孙，任命宗磐为尚书令，封宋国王。不久，又拜宗磐为太师，与宗幹、宗翰同领三省事。天会十五年，金国三重臣之一的宗翰病死。由于熙宗年纪尚轻，朝政大权由宗磐和宗幹掌握。此时的宗磐日益骄横，他仅仅因为和宗幹发生争吵就以辞职要挟熙宗。大臣乌野认为大臣不和非国家之福，熙宗只好委曲求全，为宗磐和宗幹调和矛盾。熙宗的退让反而让宗磐变本加厉，他甚至在熙宗面前拔刀威胁宗幹，幸亏都点检萧仲恭阻止了他。

后来，左副元帅挞懒、东京留守宗隽入朝，宗磐和他们结党营私，把持朝政，专横跋扈。更让金国内部主战派无法容忍的是，这三人力主与南宋议和，还强迫熙宗同意将陕西、河南之地还给南宋，以换取南宋称臣。为了压制宗磐三人的势力，熙宗于天眷二年将宗翰一派的重臣希尹复相，又联系驻守河北、手握重兵的宗弼，终于在当年以阴谋作乱的罪名处死了宗磐、宗隽二人，挞懒被贬职为行台左丞相。处死宗磐后不久，熙宗的皇后过生日，宰相的夫人和王妃们前往宫中祝贺，熙宗命令撤去音乐，对众人说："宗磐等人都是宗室，竟然阴谋作乱，我的感情上高兴不起来啊。"随后，熙宗将黄金盒、银鼎赐给了平乱有功的宗幹、希尹。

【完颜宗固】

宗固，本名胡鲁，金太宗完颜乌乞买之子。天会十五年，宗固出任燕京留守，受封幽王。宗磐被杀后，熙宗没有大肆株连太宗诸子，而是派宗固的儿子完颜京到燕京去安抚宗固。后来，太宗的儿子鹘懒又与行台左丞相挞懒谋反被杀。世宗下诏说："有人认为燕京留守、幽王宗固等人应该开除出皇族户籍，我实在不忍心。宗固等人只是不能再自称皇叔，他的母亲妻子降低封号即可。"皇统二年（1142），又任命宗固为大宗正。六年，任命宗固为太保、右丞相兼中书令。七年，宗固去世。

【完颜宗本】

宗本，本名阿鲁，金太宗完颜乌乞买之子。皇统九年，宗本出任右丞相兼中书令，进封太保，领三省事。金熙宗时，海陵王的父亲宗干和宗磐掌权，宗磐差点杀死宗干，所以海陵王非常忌恨太宗子孙。海陵王称帝后，对太宗子孙更加忌恨，就让秘书监萧裕为宗本等人罗织罪状。一开始，海陵王与萧裕打算以谋反的罪名处死宗本，但又担心缺乏证据，让天下人非议。当时大臣萧玉和宗本关系很好，海陵王认为如果萧玉出面告发宗本谋反，那众人一定不会怀疑。于是海陵王派人请宗本来打球，等宗本和太宗另一子、大宗正事宗美来到后，立刻杀掉了他们。宗本死后，萧裕派人召见了萧玉。萧裕趴在他的耳边告诉他

说："皇上认为宗本等人不可留，已经杀掉了他们。皇上想治他们谋反之罪，命令你出面告发他们。现在已经写好了你的告发书，你尽管按照交代给你的说，不要有不同的说法，否则恐怕要祸及全家。"萧玉只好照办，按照萧裕所教的上奏。眼看证据到手，海陵王就派使者去杀害了太宗之子、东京留守宗懿和北京留守完颜卞。接着，海陵王又大开杀戒，将太宗的子孙七十余人全部杀死，太宗的后代就此断绝。

顺昌大战图

出自清刊本《百将图》。绍兴十年，宋金和议后，金军南下顺昌（今安徽阜阳），宋将刘琦率领八字军赶到，以不到两万人的兵力击败金军十余万人，此战也被列为"南宋中兴十三战功"之一。

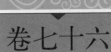
完颜杲列传

颜杲（？～1139），女真名斜也，金世祖完颜劾里钵之子，金太祖完颜阿骨打的同母弟。金太祖称帝后，出任国论昊勃极烈。天辅五年（1121），出任忽鲁勃极烈，都统内外大军，是金国第二次大举伐辽时的军事主帅。天会三年，金国南下侵宋时任都元帅，坐镇上京。天眷二年（1139），病死，金熙宗时追封辽越国王，金世宗时追谥"智烈"。

▶【攻克中京】

完颜杲，女真名斜也，是金世祖完颜劾里钵的第五个儿子，金太祖完颜阿骨打的同母兄弟。金收国元年（1115），金太祖称帝后不久，就任命四弟乌乞买为谙班勃极烈，也就是皇储，而完颜杲按照女真兄终弟及的继承制度，受封为国论昊勃极烈，成为了第二位的皇位继承人。天辅元年（1117），完颜杲率领一万骑兵攻打泰州，占领了金山县。攻克泰州后，完颜杲将城中积蓄的粮食转移到乌林野，赈济那些率先投降的部族，然后再把他们迁移到内地。

天辅五年（1121），金太祖任命完颜杲为忽鲁勃极烈，总领金国内外军马，完颜杲成为了金国名义上的军事负责人。第二年，完颜杲率军进攻辽国中京，部将蒲家奴、宗翰、宗干、宗磐都升为副都统，宗隽出任合扎猛安，都接受了御赐金牌。金太祖下诏给完颜杲说："辽国政治败坏，

已经到了人神共弃的地步。想统一海内，所以让你统帅大军，行使讨伐作战的权力。你一定要慎重行事，善用谋略，有功则赏，有过必罚，将士们的粮饷补给一定要保证，不要骚扰投降的部族，不可放纵士兵掳掠。遇到好的战机就大胆前进，不要错过。具体的事务可以灵活处理，不用事事上报朝廷。"当时守卫中京的辽军听说金军将至，就烧掉城中的粮草，带领城中居民逃难。辽国大臣、奚王萧霞末打算根据金军兵力的多少决定下一步的行动：如果金军兵少就迎战，打不赢再撤退山西。完颜杲知道辽军已经全无斗志，就丢下军需物资，率领轻骑千里追击。天辅六年正月，完颜杲先后攻克了高州、恩州、回纥三城，进抵中京城下。城中的辽军不战而溃，金军顺利地攻克了中京，缴获战马一千两百匹、牛五百头、羊四万七千只、车驾三百五十辆。完颜杲分派众将驻守要害之地，他亲自率军进驻中

京，然后派出使者向金太祖报捷献俘。太祖下诏说："你带兵在外征战，能够恪尽职守，攻克敌人的城邑，还能安抚百姓，我非常欣慰。你要好好安抚归降的部族、百姓，把我的意思传达给将士们，不要因为一次战斗的胜利就松弛懈怠。"

【因病早逝】

攻克中京后不久，希尹擒获辽天祚帝的护卫习泥烈，得知天祚帝正在鸳鸯泺打猎。宗翰觉得机会难得，就写信给完颜杲，请求出兵，结果被完颜杲拒绝。不甘心的宗翰第二次派出使者，向完颜杲陈述机不可失，失不再来的道理。完颜杲还是犹豫不决，幸亏他的侄子宗幹劝说，完颜杲才从青岭出发，和宗翰在羊城泺会师。当时天祚帝还在草泺一带徘徊，完颜杲派宗翰、宗幹率领六千骑兵去袭击他。天祚帝闻讯向西逃走，宗翰派挞懒率领一千骑兵为先锋，抓获了辽国枢密使得里底父子。

完颜杲正指挥将领们追击天祚帝，西京又有军民反叛，完颜杲就率军进攻，再次攻克了西京。随后，完颜杲率大军来到白水泺，在那里招抚没有投降金国的州郡和部落。这时，辽国秦晋国王耶律淳在燕京自立为帝，这让那些刚刚投降金国的州郡人心不稳，完颜杲就派宗望前往会宁，请求金太祖来到前线稳定军心。当年六月，金太祖从会宁出发，亲征辽国。完颜杲

派大将马和尚在挞鲁河迎接太祖。不久，斡鲁、娄室击败了西夏将领李良辅，完颜杲派希尹向太祖报捷。希尹等人在大泺西南见到了太祖，太祖嘉奖了他们。

天辅七年（1123），太祖病死，太宗乌乞买继位。按照女真惯例，太宗任命完颜杲为谙班勃极烈，确立了完颜杲的皇储地位，让他和宗幹一起处理国政。天会三年（1125），金太宗下诏伐宋，完颜杲并没有亲自领兵，而是坐镇京城，担任了都元帅的职务。天会四年，金军第二次侵宋，这次攻陷了汴梁，俘获了宋徽宗和宋钦宗。天会八年，完颜杲因病去世。皇统三年（1143），完颜杲被追封为辽越国王。天德二年（1150），配享太庙。大定十五年（1175），加谥号为"智烈"。

🐟双鱼水草纹镜·金

双鱼镜是金代典型的铜镜类型，一方面因为女真世代居住于白山黑水之间，长期从事渔猎活动，鱼和他们的日常生活密切相关；另一方面因为双鱼有富贵吉祥、多子多孙的含义。

宗弼列传

宗弼（？～1148），女真名斡啜，又作兀术或斡出，金太祖完颜阿骨打第四子。金太祖反辽起兵时，宗弼跟随完颜杲向西追击天祚帝，立下了不少战功。金太宗南下侵宋时，宗弼跟随宗望出征。宗望死后，宗弼出任右副元帅，经略山东，南下江南，多处征战。后又和宗辅经营陕西。金熙宗时，宗弼受封为沈王，拜都元帅，领行台尚书省。宗弼一生南征北战，伐辽侵宋都有战功，身具名将和名相两种才华。金世宗品评金代名臣时曾说："宗翰之后，惟宗弼一人。"

▶【首战立功】

宗弼，女真名斡啜，又作兀术、斡出或晃斡出，金太祖完颜阿骨打第四子。辽国天庆四年（1114），金太祖起兵反辽时，宗弼还没有成年，所以没能参加第一次伐辽之役，倒是他的兄长宗峻、宗幹、宗辅、宗望先后跟随金太祖、完颜杲等女真老一代将领四处征战。天辅五年（1121）十二月，辽金和谈破裂，金太祖下令第二次伐辽，宗弼跟随五叔父、国论忽鲁勃极烈完颜杲出征，这也是他首次参战。

天辅六年（1122），完颜杲率军攻克了辽国中京（今内蒙古宁城西南），完颜希尹俘获了天祚帝的护卫习泥烈，审问得知天祚帝正在鸳鸯泺狩猎。于是完颜杲和宗翰兵分两路进击鸳鸯泺，宗望和宗弼就跟随在完颜杲军中。大军刚刚走出青岭，就和辽将越卢、勃古、野里斯率领的三百余

辽军骑兵遭遇。宗望带着宗翰、马和尚等百余名骑兵追击辽军。激战中，宗弼的箭矢全部射光，他就抢过辽军士兵的长枪，独力杀死辽军八人，生擒五人，过人的勇武让他在金军中初步确立了自己的威望。通过审讯俘虏，宗望、宗弼得知天祚帝还流连于鸳鸯泺，尚未离去，为大军获取了至关重要的情报。

▶【攻宋先锋】

天会三年（1125）十月，金太宗下诏两路侵宋，其中西路军由宗翰率领，从西京直攻太原；东路军由宗望统帅，由平州（今河北卢龙）进攻燕京，宗弼在东路军中担任行军万户。东路军从平州出发后，在白河大败郭药师的常胜军，郭药师投降金军，宗望兵不血刃地攻克了燕京。此后，金军一路南下，连克中山、真定、信德。

天会四年正月，宗望派宗弼夺取汤阴县。宗弼率军猛攻，迫使宋军三千人投降。到达黄河时，宋军已经焚烧桥梁，金军无法从桥上渡河，宗弼、合鲁索率七十名骑兵涉水过河，杀散了烧桥的宋军五百人。渡过黄河后，宗望派使者吴孝民进入汴梁，企图诱降宋朝君臣，宗弼则率领三千骑兵为先锋，逼近汴梁。听说金军大举来攻，宋徽宗弃城而逃，宗弼挑选了一百名精骑追赶他，没能追上，只缴获了三千匹战马。眼见金军势大，懦弱无能的宋钦宗请求议和，两国约为伯侄之国，以康王赵构、太宰张邦昌为人质，增加岁币，并割让太原、中山、河间三镇予金，宗望这才率军返回燕京。同年八月，金太宗第二次下诏侵宋，宗弼再次跟随已经升任右副元帅的宗望南下。不久，宗翰的东路军也赶到汴梁，两路金军合攻开封。十月二十五日，汴梁城破，十二月初二，宋钦宗献表投降。第二年四月，宗望、宗翰押着宋徽宗、宋钦宗以及宋朝皇室宗族四百七十余人，以及从城中搜刮的大批财物北上，北宋灭亡。

【经略河北】

天会五年（1127）六月，右副元帅、领燕京枢密院事的宗望去世，宗望异母弟、金太祖第三子宗辅继任为右副元帅。十二月，宗辅率军征讨淄州、青州一带的抗金武装，宗弼跟随宗辅出战。在青州之战中，宗弼击败了宋将郑宗孟的数万兵马，攻克了青州城。

接着，宗弼率军进攻临朐，先是击败了赵成领导的抗金武装，接着又打败了宋将黄琼的军队，占领了临朐城。第二年年初，宗辅率军队返回河北，在黄河边遇到了宋军三万人的袭击，宗弼再次击败了宋军，杀伤一万余人。北宋灭亡后，宋康王赵构在南京（今河南商丘）称帝，是为宋高宗，史称"南宋"。天会六年（1128）七月，金太宗下令金军南下追击宋高宗，宗弼率领本部人马跟随宗辅南下。宗辅大军从河北出发，宗弼为其部先锋，兵锋直指开德、濮州、大名等河北州县。宗弼的前锋乌林答泰欲打败了王善率领的二十万抗金义军，攻陷了濮州，迫降了周围的五个县。接着金军攻打开德府，宗弼所部率先登上城墙，击溃了开德守军。在攻打大名府时，又是宗弼所部抢先登城，河北各地被金军彻底占领。为了奖赏宗弼的战功，宗辅禀告金太宗，将其提升为元帅右监军。

【追索高宗】

金军安定河北后，宗翰、宗辅分派挞懒、宗弼、拔离速、马五率军分路南下。宋高宗听说金军大兵压境，立刻从扬州逃奔江南。宗弼率军进攻归德府，宋军从西门和北门出城野战，被宗弼击溃。宗弼断绝了归德与外界的交通，将石炮架在壕沟边，准备发动进攻，城内的宋军只得投降。接着，宗弼派遣阿里、蒲卢浑攻打寿州，宗弼率大军跟随其后。金军前锋刚刚到达寿州城外，南宋安抚使马世元就率领城中官员出城投降。宗弼所部的行动更加骄横，所过州县如庐州、巢县都不战而降。一直到长江北岸的重镇和州（今安徽和县），金军才遇到了宋将郦琼的万余兵马的阻击，但宋军仍然一战即溃，将和州拱手相让。当年十一月，宗弼率军南渡长江。到达江宁以西二十里的时候，宋将杜充率领步骑六万前来决战，宗弼部将鹘卢补、当海、迪虎率军出击，大败杜充所部，南宋官员陈邦光率领官员献江宁府而降。宗翰留下长安奴、斡里也守卫江宁府，派遣阿鲁补攻下了太平州、濠州、句容、溧阳等地。然后宗弼率军沿长江西进，多次击败宋将张永等人的军队，宋将杜充也投降了金军。

宗弼得报宋高宗驻跸杭州，就从江宁取道广德军路，连续攻克越州、湖州。为了防止宋高宗闻讯逃走，宗弼派部将阿里、蒲卢浑赶赴临安（今浙江杭州），在钱塘江上准备船只。宗弼到达临安后，临安的守将、官吏和世家大族都已经逃跑。宋高宗听说临安失守，就从越州逃往明州（今浙江宁波）。宗弼自己驻守临安，派遣阿里、蒲卢浑率领四千精骑追击宋高宗，又派讹鲁补、术列速攻取越州。阿里、蒲卢浑一路击溃宋军数千人，顺利渡过曹娥江，在距离明州二十五里的地方大败宋军，进逼明州城下。明州城中的宋军出战失利，宋高宗又从明州登船逃入海上。宗弼率大军到达后，攻克了明州。阿里、蒲卢浑继续追击，在昌国县（今浙江舟山）抓获了南宋明州守官赵伯谔。按照赵伯谔的交代，宋高宗已经逃往温州，还要从海路逃往福州。宗弼派部署坐船出海，在海上追击了三百多里，也没能追上，只能返回临安。天会八年（1130），宗弼宣布暂停长达两年之久的追捕行动，率领金军带着从江南掠夺来的大批财物北返中原，金军一路烧杀劫掠，给江南人民带来了深重的灾难。

【激战黄天荡】

金军北返途中，宗弼率军夺取了秀州，他的部将赤盏晖在平州击败了宋军，夺取了平江，金将阿里率军先行赶赴镇江。南宋江、浙制置使韩世忠派遣水军扼守长江口，以高大的战船阻止金军通过。宗弼所部虽然人多势众，骁勇善战，但是缺少大型战船，他统领的女真、契丹军队又不善水战，刚一交锋就被淹死两百余人。无奈之下，宗弼只好从镇江逆江西进，而韩世忠所部宋军则沿着北岸跟随前进。两军边作战边行军，宋军的大型战船比金军多出几倍，航行时绵延数里，宋军战船上打更的声音甚至都传到了金军的耳中。韩世忠不断派出轻便的战船骚扰金军，双方一天要交战十几次。双方将要航行到黄天荡的时候，宗弼派人沿着老鹳河的旧河道挖掘了三十里长的河渠，一直连通到秦淮河，这才逃回了建康（今江苏南京）。这时金将挞懒派遣移剌古从天长县救援宗弼，乌林答泰欲也率军前来会合，连续打败了宋军。

就在宗弼准备从建康出发，北渡长江撤回北方之时，韩世忠也率军赶到，他以战船封锁江面，再一次断绝了金军的退路。无奈之下，宗弼张榜求策，一个姓王的福建人贪图赏金，就向宗弼建议说："宋军战船大多为海船，全靠风力驱动。如果找一个无风的天气出战，再用火箭攻击宋军的战船，则宋军不攻自破。"宗弼采纳他的建议，连夜制作火箭。四月二十五日，晴空万里，长江之上一丝风都没有，宗弼就在这一天挑选了射术精湛的士兵，驾着轻便的小船，用火箭攒射宋军战船上的篷帆。一时间浓烟和火焰笼罩了整个江面，韩世忠的部队不战而溃，被淹死、烧死的将士无法计算，只有韩世忠和少数将士得以弃船逃生，从陆路撤回了镇江。

金副元帅印

【进兵陕西】

天会八年（1130）七月，金太宗以右副元帅宗辅替代陕西都统娄室节制陕西金军，同时将宗弼所部西调洛阳，准备先攻陕西，然后入川东下，迂回灭宋。与其同时，南宋知枢密院事兼川陕宣抚处置使张浚也接到了宋高宗的诏令，准备在陕西发动攻势，以牵制淮南金军，使其不能南下。八月，张浚以熙河路经略使刘锡为都统制，率泾原路经略使刘锜、秦凤路经略使孙渥等五路大军，步、骑共十八万人，号称四十万，向陕西耀州富平地区集结。金朝闻宋军反攻，急命完颜宗弼率精骑两万由洛阳驰援陕西；命娄室率军数万由河东进至绥德军（今陕西绥德），完颜宗辅率金军进至富平，双方在陕西展开了一场决战。宗辅以宗弼统率金军左翼，以娄室统率金军右翼，从两翼向宋军发动猛攻。战斗开始不久，宗弼的左翼金军陷入泥泞无法驰骋，被宋军团团包围，伤亡惨重。混战中，金将韩常的眼睛被流箭射中，他怒吼着拔掉箭矢，鲜血淋漓，就用泥土塞住眼睛的伤口，然后跃马高呼搏斗，再加上娄室在右翼拼死力战，这才将宗弼救出重围。

牵马图

中国古代绘画，牵马的女真猎手，旁边是倒地的猎物。图中的马是蒙古马，身体粗壮，额宽腿短。

随后，娄室率右翼军猛攻宋军左翼，宋经略使赵哲临阵脱逃，宋军一片大乱，随之全军崩溃，金军大获全胜，乘胜占领了陕西大部。

富平之战后不久，娄室病死，宗辅也返回燕京，宗弼被提升为右翼都统，成为金军在陕西的最高统帅。天会十年，宗弼率军从陕西进攻四川，经过和尚原（今陕西宝鸡西南）时，遭遇了宋将吴玠、吴璘兄弟的拼死抵抗。面对占据险要地形的宋军，宗弼进退不得，只能下令撤军。宋军伏兵

四起，万箭齐发，宗弼身中流矢，部下伤亡惨重，这是宗弼从军以来遭遇的第一次惨败。天会十一年，宗弼再次率军进攻四川，这次他击败了吴璘所部，夺取了和尚原。次年，宗弼率军攻打进入四川的门户仙人关，结果被吴玠击败，退军凤翔府（今陕西凤翔）。同年三月，宗弼率军返回燕京。天会十五年，金熙宗提升宗弼为右副元帅，受封沈王。

▶【权倾朝野】

天眷初年（1138），领三省事宗磐专权跋扈，他对内勾结左丞相宗隽，对外拉拢手握兵权的左副元帅挞懒，将河南、陕西割还宋朝。宗磐等人的做法引起了金熙宗和主战派大臣的不满。最终，在宗弼、宗幹等人的支持下，金熙宗以谋反罪名处死了宗磐、宗隽，解除了挞懒的兵权。为了奖励宗弼的拥戴之功，熙宗任命宗弼为太保，兼领行台尚书省、都元帅。这时宗弼发现挞懒接受宋人贿赂，就前往燕京诛杀挞懒。挞懒闻讯从燕京南逃，准备投奔南宋，结果在宋金边境被宗弼抓获，后被押往祁州（今河北安国）处死。

清除了宗磐等人后，熙宗将军权、行政全部交给宗弼处理，下诏令说："各州郡军队的事情，决定于元帅府；民间的诉讼及钱粮事务，交给行台尚

书省处理。"宗弼建议发动侵宋战争，夺回交付宋朝的河南、陕西之地，熙宗也表示同意，并下诏通告朝廷内外。随后，宗弼从黎阳奔赴汴梁，右监军撒离喝从河中出兵陕西。宗弼派孔彦舟攻取汴州、郑州，派王伯龙攻打陈州，派李成攻取洛阳，宗弼自己率军攻取亳州和顺昌府。一月之间，金军攻取了河南、陕西大部，宋岳飞所部退守颍昌，宗弼顺利地占领汴梁。金熙宗派使者慰劳宗弼，奖赏他麾下有功将士三千余人。野心勃勃的宗弼不甘就此罢手，又挥军南下，结果一败于顺昌刘锜部，二败于郾城岳飞部，其所部伤亡惨重。

当年九月，宗弼在燕京拜见了巡行至此的金熙宗。宗弼在燕京住了二十天，在他回元帅府的酒宴上，熙宗赐给他甲胄、弓箭和宝马。也正是在这次酒宴上，宗弼和左丞相、宗翰昔日的心腹希尹发生言语冲突，宗弼大怒。第二天向皇后裴满氏辞行时，宗弼向皇后告发希尹有不轨之举。宗弼走后，皇后向熙宗禀告，熙宗派人追回了宗弼，允许他处死希尹。第二年，宗弼升任左丞相兼侍中、都元帅领行台尚书省事，成为了金国一人之下、万人之上的权臣。

宗弼执掌军政大权后，对内减税赈济，选拔合格的官吏，重用文人，北方的经济得到了一定的恢复。对外方面，宗弼也从坚定的主战派转而支持"南北和好"。皇统元年（1141），宗弼利用秦桧除掉南宋大将岳飞，然后允许宋高宗割地请和。皇统二年，宋金签订和议，史称"绍兴和议"。宋金两国西以大散关、东以淮河为界，南宋向金称臣，每年输白银二十五万两、绢二十五万匹。绍兴议和后，宗弼进为太傅，派出左宣徽使刘筈出使南宋，用衮衣冠冕、珪玉宝物册封赵构为南宋的皇帝。金熙宗下旨赏赐宗弼人口、牛马各一千、骆驼一百头、羊一万只，并且从宋朝每年进贡的贡品内赐给白银两千两、绢两千匹。宗弼上表请求退休，熙宗没有允许，而是赐给他世代享受特权的金书铁券。皇统七年，又进为太师，领三省事，都元帅、领行台尚书省事依旧。第二年，宗弼去世。大定十五年（1175），追谥"忠烈"；大定十八年，配享太宗庙。

论赞

赞曰：宗弼将宋高宗逼迫到海岛之上，最终签订了以淮水为界的和约。熙宗欲将河南、陕西全部还给宋朝，而纠正这一错误做法的还是宗弼。宗翰去世后，宗磐、宗隽、挞懒等人沉溺于富贵之中，各个都有称王称帝的野心，以宗干那样才华出众的人也不能把他们怎么样。当时如果没有宗弼，金国的形势就危险了。世宗曾经说过："宗翰去世后，值得称赞的大臣只有宗弼一人。"这话恰如其分。

刘彦宗 刘筈列传

刘彦宗、刘筈是辽末金初时期燕地人，父子两人都是辽国大臣，后投降女真。在金国建国之初，刘彦宗帮助其建立国家礼仪制度，进行民政管理，为金国治理民间事务，立下了不少功劳。刘彦宗死后，其子刘筈也在金国担任过高官。

【效力女真】

刘彦宗，字鲁开，大兴宛平人。他的先祖刘怦曾经担任过后唐卢龙节度使，后晋石敬瑭割让幽云十六州给契丹后，刘家先后六代在辽国做官，刘彦宗也在辽国的科举考试中高中进士。辽国保大四年（1124），辽国天祚帝出逃天德军，秦晋国王耶律淳在燕京自立为帝，提升刘彦宗为留守判官。耶律淳病死后，萧妃执掌朝政，刘彦宗升任签书枢密院事。当时金太祖率军攻打居庸关，萧妃从古北口逃走。太祖率军抵达燕京城外时，刘彦宗、韩企先等人献表投降。太祖刚一见到刘彦宗，就非常器重他，让他出任左仆射，佩戴金牌。

金军第二次伐辽时，辽国辽兴军节度副使张觉降金，金太祖任命他为临海军节度使，知平州。后又升平州为南京，任他为同中书门下平章事。当时燕民众不堪金兵肆虐，要求张觉摆脱金国统治。金太祖听说张觉心怀不满，就派遣刘彦宗、斜钵去安抚他。

太祖到达鸳鸯泺，身患疾病，就返回了上京，留下宗翰总领军事，以刘彦宗辅佐宗翰。天会元年（1123），张觉起兵叛金，事败后逃亡宋朝。南京军民推举张敦固为首领，登城据守。太祖派宗望前往征讨，同时又任命刘彦宗为同中书门下平章事，知枢密院事，加侍中，辅佐宗望所部军机，宗望将各州郡的民事都交给刘彦宗处理。

天会二年（1125）十二月，金太宗下诏伐宋，刘彦宗献上了十条伐宋的策略，被太宗任命为汉军都统。金军攻陷燕京后，金太宗又授予刘彦宗在燕京自行任免一品以下官员的权力。随后金军继续南下侵宋，兵围汴梁，宋钦宗割让河间、太原、中山三地求和，宗望分派将士分驻安肃军、雄州、霸州、广信军，留下阇母、刘彦宗调整管理燕京诸军。当年金军再次南下攻宋，第二次包围了汴梁，刘彦宗对宗翰、宗望说："汉代的萧何进入关中后，对百姓的财物毫不侵犯，只收取地图和户籍图书。后晋时，辽太宗攻入汴梁后，收集后晋皇帝的车驾、礼服和各种图书，这都是好的榜样。"宗翰、宗望深表赞同，开封城破后，金军除掠夺了大量的金银珠宝外，还广为搜集祭器和图书。天会六年，刘彦宗病死，时年五十三岁，被追封为郓王。大定十五年，刘彦宗被追封为兖国公，谥号"英敏"。

【次子刘筈】

刘筈是刘彦宗的次子，年幼时离家外出求学。天辅七年，金军进攻燕京，刘筈跟随他的父亲、兄长一起出城投降，被任命为尚书左司郎中。金太祖去世后，北宋、西夏都派使者吊唁慰问，所有接待使者的礼仪都是由刘筈制定的。后来，刘筈升任卫尉少卿、元帅府从事。当时元帅府授予刘筈便宜行事的权力，但凡约束、废除和设置的法令大多出自刘筈之手。天会二年，刘筈跟随宗翰南下侵宋，围攻太原。天会四年，刘筈的父亲刘彦宗去世，他丁忧回家守丧，然而孝期未满就被再次起用，出任直枢密院事加给事中。

"改达昌河谋克印"·金
"谋克"为"百夫长"，管辖三百户。在金代，"谋克"是古代女真社会的最基本的组织形式，具有行政、生产、军事合一的特点。此印中"改达昌河"应为该"谋克"治所的称谓。

天眷二年（1139），刘筈出任左宣徽使。皇统二年（1142），刘筈以中枢侍郎的身份出任江南册封使，出使南宋临安。出使期间，南宋大臣用三十万钱的金银珠宝贿赂他，刘筈却不为所动，南宋大臣感叹说："金国还是有人才的。"皇统六年，刘筈出任行台尚书右丞相，兼判左宣徽使事。不久，陕西的金将请求在与南宋交界之处修建防御工事，以防备宋军的进攻，刘筈又建议说："我军长于骑马，而不善于据城而守。现在大规模地修建城池，就会伤害民力，况且我国已经与南宋签订了盟约，还是不要轻易违背。"于是金国停止在边界修城。皇统九年，刘筈被任命为司空，后来又升任平章政事，受封吴国公，兼任行台右丞相。天德元年（1149），受封滕王。第二年，被任命为尚书右丞相，兼中书令，受封郑王。当初刘筈担任宣徽使的时候，对熙宗的皇后阿谀奉承，让海陵王完颜亮非常不齿。完颜亮称帝后，刘筈请求致仕，完颜亮下诏讽刺他说："你为官不算愚笨，侍奉君主不算谄媚，就不要因病致仕了，直接免除所有职务。"刘筈因此惭愧畏惧而死，时年五十八岁。

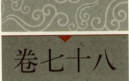
韩企先列传

韩企先（1082～1146），金国初年名臣。韩企先出生于辽国官宦世家，辽国末年投降女真，先后担任两朝宰相二十多年，帮助金国摆脱了勃极烈制度，建立了汉化的三省六部制，推动了金政权的封建化改革，被金国几代皇帝奉为贤相。

▶【官制改革】

韩企先，辽国兴中府（今辽宁朝阳）人，先祖为蓟州玉田（今属河北）人，辽国名臣、中书令韩知古的九世孙。后来韩家迁居柳城，是辽国的显贵之家。辽天祚帝乾统年间（1101～1125），韩企先考中进士，但因为没有处理好上下级关系，多年没能提升。金国都统完颜杲平定中京后，韩企先出仕金国，被任命为枢密院副都承旨，不久升职为转运使。宗翰为都统经略山西时，开始组建云中枢密院，韩企先因追随宗翰有功，被任命为西京留守。天会六年（1128），燕京枢密使刘彦宗因病去世，右副元帅宗弼所部转战陕西、江南等地，燕京枢密院也就并入云中枢密院，韩企先取代了刘彦宗的职务，出任同中书门下平章事、知枢密院事。第二年，韩企先升任尚书左仆射兼侍中，受封楚国公，华北地区的地方官员任免、赋税征收都要以韩企先及云中枢密院的决定为准。

金太祖平定燕京后，将汉人的宰相职务赐给左企弓，还在广宁府设置中书省和枢密院，而朝廷中的完颜宗室则还担任着女真官职。金太宗即位后，也没有做出改变。宗辅平定张觉、张敦固在平州的叛乱后，又将中书省和枢密院迁移到平州。金军攻克燕京后，这套统治体质又迁移到燕京。当时所有汉人居住地的官吏选拔、税赋征收、劳役调发都由刘彦宗、韩企先这样的汉人宰相决断。天会初年，谙班勃极烈完颜杲和国论忽鲁勃极烈宗幹掌握朝政，他们劝说金太宗改变女真旧制，采用汉官制度，太宗表示同意，金国开始在全国进行官制改革。天会四年，制定尚书省及以下的各司、府、寺的汉官制度。天会六年，韩企先出任知枢密院事，全力推动官制改革，采用以尚书省为核心的枢密院事。通过韩企先的推动，汉官制度开始在金国统治下的华北地区施行。

【任人唯贤】

天会十二年，金太宗召韩企先入朝担任尚书右丞相，协助宗干在东北地区推行官制改革。太宗刚一见到韩企先，就非常惊讶地说："我以前在梦中见到过你，今天算是看到本人了。"当时上京的官员们正在商讨确定礼仪制度，典章的增加和废止，韩企先博览群书，知识渊博，熟知辽朝制度，再参照唐、宋旧制，有的继承，有的删改，都由他决定。韩企先担任宰相后，努力使朝中的所有职务都所得宜人，把培养扶植、奖励提拔后辈作为自己的责任。他推崇有德行的读书人，为朝廷引荐人才，一时间朝中多为正人君子。韩企先还观察朝中的弊政和遗漏，暗中献策与公开进谏同时进行，时常能向皇帝提供自己的意见。因此，宗翰、宗干等人都非常敬重韩企先，每有重大决策，必先咨询韩企先的意见，称赞他是贤明的宰相。

皇统元年（1141），韩企先受封为濮王。皇统六年二月，韩企先去世，终年六十五岁。大定八年，配享太宗庙。大定十年，司空李德固的孙子李引庆请求承袭他祖父猛安的职务。世宗批示说："李德固没有功劳，他的猛安职位还是空缺着吧，汉人宰相中只有韩企先最贤明，其他人都比不上他。"大定十一年，金国要将开国功臣的画像挂在衍庆宫。金世宗特别下诏说："宰相韩企先，本朝的典章制度大多出自他的手笔，至于参与决定的政事，更是不为外人所知。汉人中的宰相，不论是在他前的，还是在他后的，都不能和他相比，应该把他放在功臣的画像中，以鼓励后来的人。"大定十五年，追谥"简懿"。韩企先的次子韩铎在皇统末年以功臣子的身份出任武义将军。

🔴 赵霖昭陵六骏图跋·金·赵秉文

如果说韩企先是金初汉官领袖的话，那么赵秉文是当之无愧的金末"士人领袖"。他历经五朝，官至六卿，当时朝廷中的诏书、册文、表以及与宋、夏两国的国书大多出自其手，时人称他"平日字画工夫最深，诗其次，又其次散文"。这幅《赵霖昭陵六骏图跋》就是他将行书和草书融为一体的作品。

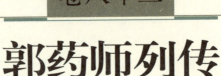

郭药师列传

郭 药师是辽末金初时期一位枭雄式的人物,他出身于辽东"怨军"之中,依靠投机钻营和麾下的武装力量在辽、宋、金三方之间游走,对辽和北宋的灭亡起到了重要的作用。他毫无政治操守,虽然一度拥兵数十万,成为一方诸侯,但最终也因为反复无常而被女真贵族夺权免用。可以说正是辽、宋、金三个政权矛盾错综复杂、冲突逐鹿的时代造就了具有鲜明个性的郭药师。

▶【叛辽归宋】

辽国天庆年间,昔日称雄北方的辽国已经是日暮途穷,东北地区的女真族却开始走上历史舞台,成为辽国的心腹大患。天庆六年(1116),渤海人高永昌杀死了辽国东京留守萧保先,自称大渤海国皇帝,改元应顺,占领了辽东地区的五十余个州。天祚帝派宰相张琳讨伐,结果被支援高永昌的女真精兵所败。于是天祚帝任命燕王耶律淳为都元帅,招募辽东一代的饥民,组成了一支民众武装"怨军"——意为向女真人报仇报怨的意思。出生于辽东铁州(今辽宁营口东南)一带的郭药师因为骁勇善战、谋略过人,成为了怨军中一员将领。怨军成立后,不但未能向女真人报怨,反而是叛乱不断。保大元年(1121),怨军将领董小丑因为作战不利被处死,其手下罗青汉等人率怨军作乱。辽国都统耶律余睹、萧干率大军平叛,情急之下,郭药师等人杀死了罗青汉

等人,向萧干投诚。萧干从投降的怨军中选出两千人编为四营,任命郭药师、张令徽、刘舜仁、甄五臣等人为怨军统领。

辽国保大二年(1122)三月,女真对辽国发动了全面进攻,辽国天祚帝逃奔夹山,耶律淳在燕京称帝,改元建福,史称"北辽"。耶律淳将怨军改名为"常胜军",任命威武雄壮的郭药师为诸卫上将军,统一指挥常胜军。不久,耶律淳病死,其皇后萧氏称皇太后,代为行使皇帝权力。当时,北宋以太师领枢密院事童贯率军北伐燕京,结果在白沟河被耶律大石、萧干所败,伤亡数万大军,不甘心北伐失利的北宋君臣再次以大军二十万进攻。这时,北辽政权已经是内外交困,败亡只是时间问题,野心勃勃的郭药师不甘心陪葬,就和部将赵鹤寿、甄五臣一起率常胜军所部八千余人,以涿、易两州归降北宋。郭药师的投诚让宋军主帅童贯喜出望

外，他上报宋徽宗，进封郭药师为恩州观察使。

【兵权在握】

宋军夺取涿、易二州后继续北进，与辽国四军大王萧干所率北辽残军在卢沟隔河对峙。郭药师向宋军都统制刘延庆献计说："萧干调集了全国兵力来抵抗我军，他的都城燕京一定兵力空虚，如果我们以一支精锐部队绕过辽军主力，趁夜偷袭燕京，则大事可成。"刘延庆觉得郭药师的计策可行，就派郭药师率领精兵六千，在半夜时分渡过卢沟，从辽军防区之外突袭燕京。天亮时分，郭药师部将甄五臣率五千精兵一举攻破了燕京的迎春门。随后，郭药师所部冲入燕京城内，郭药师下令只接受城内的汉人归降，而杀尽契丹、奚人等异族百姓。郭药师还派人劝萧太后归降，萧太后一面虚与委蛇，一面秘密诏令萧干率军回援燕京。结果，郭药师的屠杀令激起了燕京城内百姓的反抗，萧干大军又迅速回援，宋军在辽人的内外夹击下遭遇惨败，郭药师连自己的战马都丢掉了，险些被辽军俘虏，最后在部将的掩护下才爬城逃出。虽然未能攻下燕京城，宋徽宗仍然觉得郭药师杀敌有功，进封其为安远军节度使。为了挽回自己的颜面，童贯在此后请求于金国大军，用重金买回了一座空城，取得了一场滑稽的北伐胜利。同年，郭药师再拜武泰军节度使，加检校少保、同知燕山府。

燕京之役后不久，宋徽宗下旨召见郭药师。在开封，宋徽宗对郭药师恩宠有加，不但赐给他一座豪华奢靡的宅院府邸，还赐给了他无数的美女歌姬。徽宗自己在皇家禁地金明池接见了郭药师，还下令让贵戚勋臣们轮流宴请郭药师。此时的郭药师也充分展现了自己的表演天分，他在一次宴会上跪倒在徽宗面前，哽噎地说道："臣在辽国，也曾听说过大宋皇帝的威名，一直认为您是天上神仙一流的人物，实在没有想到今天有幸见到真龙天子啊！"郭药师的一番表演让徽宗深为感动，他表示将整个燕地都托付给郭药师，郭药师也非常配合地表示将以死报效朝廷。随后，徽宗又表示希望郭药师能出兵活捉辽国天祚帝。郭药师立刻变换了一副为难的表情，他对徽宗说道："天祚帝是罪臣的故主，他因国家败亡而出走，臣也因此得以归降陛下。陛下今天有什么样的命令，臣都不会推辞，但是让臣去追捕故主，臣实在不愿这么做，希望陛下还是派别人去吧。"说完，郭药师号啕大哭，这又大大地迷惑了宋徽宗，认为郭药师对故主忠义，是个有情有义的臣子，不但没有怪罪他，还将身上所穿的朱袍和两只金盆赐给了郭药师。郭药师从宫中出来后，向自己的部下展示皇帝赏赐的宝物，然后假惺惺地对部下说："我能有今天的风光，可不是我一个人努力的结果，靠得还不是你们拼死拼活？"说完，郭药师下令剪碎金盆分给部下，这一

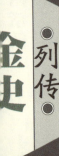

金史 列传

🔴 **坐龙·金**

金会宁府（今黑龙江阿城）遗址出土，龙呈后肢伏地的躬身蹲坐姿态，这种静坐姿态的龙，通常只出现在建筑物等的饰件中。龙的造型较粗放，尖吻，张口露齿，鬃毛向后飘扬，左前足直立踏地，右前足上抬，以足爪扶按云朵，姿态呆滞，具有地方造型特色。

收买人心的做法让他手下的将士大为感动，纷纷表示愿为郭药师效死。不久，徽宗下旨进封郭药师为太傅，让其归守本镇。

▶【飞扬跋扈】

　　郭药师回归燕地不久，萧干率军犯边，郭药师率军在峰山大败萧干，活捉其部下阿鲁太师，还缴获了辽太宗耶律德光用过的金印。随后，萧干也为其部将所杀，北辽的残余势力土

崩瓦解，郭药师再次得到了徽宗的封赏。尽管徽宗对郭药师信任有加，但出于对武将的忌惮，还是派大臣王安中出任燕山宣抚使、知燕山府。后来又派大臣詹度与郭药师同知燕山府。郭药师自认为劳苦功高，一直想压詹度一头，就故意放纵士兵为祸地方，欺压百姓。詹度眼看着常胜军为非作歹，自己却无力处置，就上告朝廷。徽宗眼看两位大臣不和，就派河间府蔡靖替换詹度。蔡靖知道郭药师气焰熏天，不愿和他正面冲突，两人基本上相安无事。另一位大臣王安中对郭药师更是阿谀奉承，事事讨好，凡是郭药师的请求没有不答应的，燕山府逐渐地成为了郭药师一人的天下。为了保住自己的权势，扩充自己的势力，郭药师一方面用金银珠宝结好朝廷的权贵宦官，让这些人为自己在徽宗面前大说好话；一方面大肆扩充兵力，将常胜军扩充到三十万人。

　　北宋朝野上下对郭药师大肆招兵买马颇有微词，宋徽宗也产生了疑虑，就加封郭药师为太尉，召他入京为官。郭药师担心自己离开燕山大本营后会失去兵权，就拒绝奉召。这下宋徽宗更怀疑郭药师存心不良，就派童贯前往燕山府查访郭药师的行事，准备一旦查明郭药师心怀不轨就将他捉入京城治罪。童贯刚刚来到燕山府，郭药师就率部下在易州迎接。郭药师见到童贯后，立刻以大礼拜见。童贯非常

诧异，急忙闪到一边，询问郭药师说：
"您现在也是太尉了，官职和我相当，
为什么要对我行此大礼呢？"郭药师
故作谦卑地回答说："您对我的恩德
如同慈父一样，我今天就是来拜见父
亲的，不是什么大臣间的往来。"这
个马屁拍得童贯十分舒服，他对郭药
师更加另眼相看。第二天，郭药师陪
童贯来到郊外的旷野上，当时四下无
人，十分寂静。只见郭药师跳下马背，
挥动手中的令旗，四野之间突然出现
了无数铁骑，甲胄精良，杀气腾腾。
童贯和他的手下被吓得面无人色，童
贯这才明白郭药师这是先软后硬，先
礼后兵，自己根本制衡不了这个飞扬
跋扈的将军。童贯回到开封后，不敢
向徽宗诉说实情，只说郭药师练兵有
方，绝无异心。权相蔡京的儿子蔡攸
也在一旁替郭药师说好话，宋徽宗从
此放下心来，对郭药师恢复了信任。

【叛宋降金】

　　然而徽宗的信任并没有让郭药
师感恩戴德。当时金军大将宗望向北
宋朝廷索要已经投奔北宋的辽国人张
觉，懦弱的北宋君臣就杀了张觉，将
其人头送还给了宗望，这让同为降人
的郭药师产生了兔死狐悲之感。金天
会三年（1125）十一月，金兵分东、
西两路对北宋发动进攻，东路军以宗
望为南京路都统，自南京入燕山，连
续攻克了檀州、蓟州等地，郭药师率
领常胜军在白河与金军对峙。虽然郭
药师所部衣甲鲜明，器械俱全，却在

女真骑兵的攻击下一战即溃。郭药师
与蔡靖商议投降，蔡靖不愿，于是郭
药师扣押了蔡靖及转运使吕颐浩等，
向宗望投降，金军兵不血刃地攻陷了
燕京城。消息传到开封，惊慌失措的
宋徽宗还不肯相信这个事实，还打算
封郭药师为燕王，让其为北宋守住燕
京等地，可惜已经为时太晚。

　　宗望得到郭药师这样熟知北宋内
情的降将非常高兴，不但赐给郭药师
金牌，还赐姓完颜。此后，郭药师又
带领他的常胜军作为女真大军的前锋
进攻开封。在郭药师的谋划下，金军
放心地长驱直入，最终攻破开封，掠
走了大批的百姓子女和金银珠宝。这
样，郭药师为金国立下了汗马功劳，
但女真贵族重用这位乱世枭雄不过是
权宜之计，退兵后不久，宗望就找借
口夺取了郭药师的兵权。海陵王完颜
亮即位后，下令所有赐姓的官员都恢
复本姓，所以郭药师的儿子安国依然
得以姓郭。后来，完颜亮率大军进攻
南宋，结果战事不利，被大臣所杀，
郭药师的儿子郭安国也死于乱军之中。

论赞

赞　曰：郭药师是辽国残余的罪人，
　　　北宋的祸端和金国的功臣。他
身为一个臣子，却给三个不同的国家
带来了如此不同的祸福。战国时期魏
国宰相公孙痤劝说他的君主杀死卫鞅，
难道能说是没有远见吗？

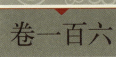
术虎高琪列传

术 虎高琪（？～1220），又名术虎高乞，金国西北路猛安（今内蒙古多伦、正蓝旗一带）人。金世宗时期，出任护卫。金章宗时期，历任武卫军铃辖、同知临洮府事等职务，在与南宋军的多次作战中屡立战功，升任镇州防御使。金宣宗时，出任元帅右监军，因与蒙古军作战屡战屡败，为避免被权臣纥石烈执中作为替罪羊，术虎高琪率军杀入中都，杀死纥石烈执中，宣宗只得任命他为左副元帅、平章政事，执掌金国朝政。后来术虎高琪结党营私，独揽大权，终被宣宗所杀。

▶【初战立功】

术虎高琪（？～1220），又名术虎高乞，金国西北路猛安（今内蒙古多伦、正蓝旗一带）人。金世宗大定二十七年（1187），术虎高琪充任京城亲军护卫，不久升任十人长。金章宗在位时，出任河间府都总管判官、武卫军铃辖，升任宿直将军，此后历任建州刺史、同知临洮府事。泰和六年（1206），宋金之间爆发战争，术虎高琪与彰化军节度副使把回海在巩州一带防御宋军，宋军一万多人从巩州辖轳岭发动进攻，术虎高琪率军奋勇作战，大破宋军，朝廷赐给他白银一百两、彩缎十匹。西羌首领青宜可归附金国，术虎高琪与知府事石抹仲温接应青宜可一同进攻宋军。同年十一月，南宋陕西、河东宣抚使吴曦降金，金章宗派术虎高琪为册封使，封吴曦为蜀国王。出使回来后，术虎

高琪加官为都统，受封平南虎威将军。不久，宋将李孝义率领步骑三万人进攻秦州，宋军先锋一万人围攻金军驻守的皂角堡，术虎高琪率军救援。当时宋军在山谷中排兵布阵，以战车为左右翼，掩护弓弩手作战。双方交锋时，宋军依托战车，五战五胜，金军难以攻破。这时术虎高琪改变战术，将自己的骑兵分成两拨，轮番出战，使宋军得不到喘息之机。随后，术虎高琪派部将蒲察桃思剌率军悄悄登上后山，然后从山上居高临下地发起冲锋，两路夹击宋军，结果大破宋军，李孝义不得不撤围而走。之后，宋军三千人进攻马连寨，术虎高琪派遣部将夹古福寿伏击宋军，再次取得胜利。

▶【诛杀权臣】

卫绍王大安三年（1211），术虎高琪已经官至泰州刺史、镇州（今河

北怀来）防御使，代理元帅右都监，率领纥军三千人驻防中都。金宣宗贞祐元年（1213），术虎高琪升任元帅右监军，当时正逢蒙古军大军南下，术虎高琪奉命从镇州移军中都，大军行至良乡时与蒙古军遭遇，大败后逃入中都。此后，术虎高琪屡次奉命出城作战，屡战屡败。把持朝政的太师兼尚书令纥石烈执中警告他说："你已经连续打了多次败仗，如果再不能取胜，我就要用军法处置你了！"术虎高琪出城作战，结果又打了败仗，术虎高琪害怕回到中都后被杀，就在十月十五日率领纥军进入中都，包围了纥石烈执中的府邸，杀死了纥石烈执中，拿着他的人头向朝廷请罪。宣宗虽然是纥石烈执中所拥立，但是早就对其结党营私、专权跋扈不满，也有意将其除掉，于是宣宗赦免了术虎高琪，任命他为左副元帅，还对他部下的将士大加封赏。不久，宣宗又任命术虎高琪为平章政事，将军政大权交由其掌握。大权在握后，术虎高琪变得比当年的纥石烈执中还要专横，太府监丞游茂因为向宣宗进言，请求抑制术虎高琪，结果被术虎高琪杖责一百，免去官职。此后，术虎高琪规定，但凡是大臣单独上奏，必定要有一名太监陪同，以此来防备大臣向宣宗揭发他的罪行。贞祐三年，应奉翰林文字完颜素兰向宣宗密奏说："术虎高琪本来没有功劳名望，仅仅因为怕死才杀死了纥石烈执中。他嫉贤妒能，培植党羽，玩弄权势，作威作福。这样的奸人还请陛下断然施行责罚。"宣宗只是回答说："这样的大事只有你敢说啊，我要慢慢考虑这件事。"此时宣宗已经有处置术虎高琪之心了。

▶【迁都汴京】

面对蒙古大军不断南下的攻势，金宣宗毫无应对之策，只是一味地遣使求和，并且准备放弃中都，迁都汴京。当时左丞相徒单镒反对迁都，认为聚集兵马粮草、固守中都

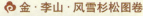
金·李山·风雪杉松图卷

才是上策。术虎高琪也主张坚守中都，但宣宗南迁之意已决，徒单镒和术虎高琪的建议最终未被采纳。贞祐二年五月，宣宗率嫔妃、百官迁往汴京。南迁后，跟随宣宗进入河南的金军主力不下数十万，术虎高琪以重兵驻守河南，对华北、东北被蒙古大军围攻的州县丝毫没有援助之意，任凭蒙古军纵横抢掠。此外，为了充盈国库，术虎高琪横征暴敛，加剧了金国的社会矛盾。

贞祐四年（1216），蒙古大军攻取了潼关，驻扎在嵩山和汝州之间。御史台的官员上奏说："敌军已经越过潼关、崤山、渑池，深入到了腹心之地，逼近京城西郊。敌人知道汴京屯有重兵，他们不敢进攻，只是以轻骑兵阻截道路，分兵攻打河南州县，这是他们疲惫我军的战略。如果我们只防守汴京，那么中都的灾难必将再现。希望陛下派陕西的军队监视潼关，以右副元帅蒲察阿里不孙挑选京城勇敢将领十余人，分别率领精兵数千夹击蒙古军。"不愿出城野战的术虎高琪却上奏说："御史台的官员们不懂军事，守卫防御的策略不是他们所能了解的。"懦弱的宣宗在军事上对术虎高琪言听计从，最终没有采纳御史台的建议。当年十二月，术虎高琪出任尚书右丞相，他为了保全自己的身家性命，请求宣宗下旨加固汴京内城。当时河南百姓为了养活南下的大批官僚和数十万的军队已经困苦不堪，连

宣宗也意识到民力疲惫，就下旨回复术虎高琪说："这项劳役一旦兴起，老百姓就更加困苦不堪了，就是城墙完整加固了，我们能够独自保全它吗？"没有采纳术虎高琪的意见。

【南下伐宋】

在宣宗南迁之后，术虎高琪掌握的私人武力纥军已经投降蒙古，他知道失去了军事力量的支持，自己的下场一定惨不堪言，于是开始劝说宣宗南下伐宋，以期重新掌握兵权。兴定元年（1217）四月，宣宗派遣元帅右都监乌古论庆寿、签枢密院事完颜赛不经营南征事务，与南宋彻底断交。当年十月，右司谏许古上书，劝说宣宗与南宋议和，全力应对蒙古的侵扰。宣宗命令许古起草议和的国书，然后将草稿交给宰相们过目，术虎高琪说："言辞中有哀求的意思，显示我们金国卑微软弱，这份文稿不可用。"议和之事因此作罢。不久，集贤院官员吕鉴上奏，认为在汴京屯兵数十万，不但粮草无法供给，还迫使百姓大量逃亡，不如议和，开放榷场。术虎高琪却斥责吕鉴狂妄，其言语毫无根据，荒诞不稽。当年十二月，平章政事胥鼎上书言攻宋六不可，主张遴选将士，严守边境即可，术虎高琪再次以大军已经出发，无须再讨论为理由，没有采纳胥鼎的意见。兴定元年（1217），宣宗下诏伐宋，金军分东西两路，东路以乌古论庆寿、完颜赛不为统帅，在陇山、

七里山连续击败宋军，攻占了光山、罗山、定城等地，但在枣阳被宋军击败。第二年，金军再次发动猛攻，却仍然没能取得进展。西路金军从秦州、巩州、凤翔军出发，攻入西和、成州、阶州等地，缴获军粮数万斛。然而南征虽有小胜，却始终无法给予南宋重创，反而消耗了金国本就空虚的国力，灭亡已经无法避免。

【身死族灭】

兴定二年，平章政事胥鼎、右司谏吕造再次上奏，要求宣宗允许百官密奏言事，以便听取各种意见。宣宗采纳了他们的意见，召集百官商议防御河北、陕西的计策。术虎高琪非常嫉恨胥鼎、吕造两人，认为这是在变相剥夺自己的大权，没有采用大臣们任何一条建议。当时，术虎高琪主张修建汴京内城，宣宗就询问他说："大臣们说修建内城的劳役太多繁重，恐怕不能完成。"术虎高琪回答说："完成是能够完成，只是护城河来不及疏通罢了。"宣宗问："没有护城河可以吗？"术虎高琪回答说："只要守御得法，有没有护城河不是大问题。"宣宗不快地说道："与其让敌人兵临城下，为什么不能让他们根本无法到达都城呢？"话语中表达了对术虎高琪不采纳群臣守御河北、陕西之策，只顾修筑内城的不满。

术虎高琪自从担任丞相以来，独掌大权，作威作福，与高汝砺等人狼狈为奸，对依附自己的人就任用，不依附自己的人就排斥。凡是讨论政事的大臣违背了他的心意，他就假装称赞其才干，然后将其派到河北处理军政事务，暗中派人将其置于死地。兴定三年（1219）九月，宣宗次子、平章政事、英王完颜守纯准备揭发术虎高琪的罪状，秘密召集了右司员外郎阿里、知案蒲鲜石鲁剌、令史蒲察胡鲁商议。蒲鲜石鲁剌、蒲察胡鲁将此事告诉了尚书省都事仆散奴失不，后者又将此事告知了术虎高琪。完颜守纯惧怕术虎高琪的权势，没有敢继续行事。不久，术虎高琪指使家奴赛不杀死了自己的妻子，然后归罪于赛不，将其送往开封府杀人灭口。事情败露后，宣宗以此为理由杀死了术虎高琪，时年兴定三年十二月。宣宗晚年时，常常说："败坏天下的人就是术虎高琪。"终生以此事为遗憾。

论赞

赞曰：术虎高琪擅权杀死纥石烈执中，金宣宗不能治他的罪，反而委曲求全，这已经不是正确的方法了。金国到了南迁的时候，已经如同残疾虚弱的病人，元气所剩无几，术虎高琪任用小吏而厌恶儒生，喜好用兵，破坏与宋朝议和的策略，正如荒谬的庸医给病人服用毒药，只能加速死亡。假如宣宗在术虎高琪诛杀纥石烈执中的时候，就能伸张大义除掉他，又何至于这样贻害国家呢？

白话精编二十四史

◉ 第九卷 ◉

崔立列传

崔立（? ～ 1234），将陵（今山东德州）人。金末兵乱，投上党公张开部下，任都统、提控等职。天兴元年，哀宗出逃，授其为西面元帅，驻守汴京。翌年正月，乃与其党药安国、扬善等叛乱，杀守城诸官，立梁王完颜从恪为监国，自任军马都元帅、尚书令、郑王。其叛党药安国、孛术鲁长哥、韩铎等皆委以要职。又遣人至蒙古军统帅速不觯处约降。同年四月，押金两宫皇后、梁王从恪及诸宗室至青城，以与蒙古军。天兴三年六月，被部将李伯渊、李琦等所杀。

【策动兵变】

崔立（? ～ 1234），将陵（今山东德州）人，年轻时贫困，品行不好，曾经在寺庙中给和尚当仆役。金宣宗兴定年间（1217 ～ 1221），蒙古军南下，崔立趁着兵荒马乱投靠了上党公张开。以功劳升任都统、提控，后又升为遥领太原知府。金哀宗正大初年（1224），崔立请求入朝为官，被选官部门驳回，他常常因为自己官职不到三品而愤懑。天兴元年（1232），金军与蒙古军战于钧州三峰山，几乎全军覆灭。三月，蒙古军围攻汴京，金朝到了穷途末路的时刻，此时崔立受封为安平都尉。当年十二月，哀宗放弃汴京逃往归德府（今河南商丘），留下参知政事完颜奴申镇守汴京，崔立也被任命为西面元帅。当时蒙古大军已经围城数十日，城中米价高涨，百姓甚至易子相食，而完颜奴申等人毫无退敌之策，只知道死守汴京。百姓和下级官吏们纷纷议论，打算立宣宗之子、荆王完颜守纯为监国，举城投降蒙古。崔立听到了这些传闻，就勾结药安国等人，准备发动变乱。

天兴二年（1233）正月，崔立率领甲士两百人，与党羽孛术鲁长哥、韩铎、药安国等人撞开尚书省大门，冲入官衙。完颜奴申闻讯出来，只见崔立拔剑在手，逼问道：“京城危急，你们可有对策？”完颜奴申请求好好商量，崔立置之不理，将完颜奴申杀死。随后，崔立率人奔赴东华门，路遇点检温屯阿里，见他身穿全副盔甲，就把他也杀了。崔立让人告谕百姓：“两位丞相闭门不出，束手无策，我就把他们杀了，这也是为全城百姓寻求一条活路。”崔立赶回中书省，与百官商议拥立何人为帝。崔立认为卫绍王的女儿正在蒙古军中，应当拥立其兄长完颜从恪，就以太后的名义封完颜从恪为梁王，代理国事。崔立自封为太师、军马都元帅、尚书令、郑王，他的两个弟弟崔倚、崔侃分别被封为平章政事和殿前都点检。崔立的党羽孛术鲁长哥被封为御史中丞，韩铎被封为都元帅兼知开封府事，折希颜、药安国、张军奴都被封为元帅，师肃任左右司郎中，贾良为兵部郎中兼右司都事。

【祸乱被杀】

大封党羽之后，崔立派使者向蒙古大将速不觯投降。蒙古军开至开封城西南的青城时，崔立身穿皇帝的服装，在仪仗卫士的引导下前往拜见。速不觯招待崔立饮宴，崔立像对待父亲一样侍奉速不觯。回到城中后，崔立将开封四面的哨楼全部烧掉，蒙古军大喜，相信崔立是真心投降，就没有立刻开进城中。崔立谎称蒙古人要索取跟随哀宗出逃官员的家属，将其女眷集中到一起，每日奸淫掳掠，坏事做尽。当年二月，崔立又把皇族子弟监禁宫中，限制出入，他趁机千方百计地搜刮城中金银，不惜以酷刑相逼，郯国夫人、内侍高祐、京城富户李民望先后被拷打致死，城中死难者不下万人，城内人人对崔立切齿痛恨。当年四月，崔立将两宫、梁王、荆王和皇族子弟送往蒙古大营。蒙古军随后冲入汴京，当时崔立正在城外，蒙古士兵冲入他的家中，将他的妻妾宝玉全部抢走，崔立得知后大哭不已，

却也无可奈何。

崔立的卖国恶行激起了众人的愤怒，陕西人李琦时任都尉，他原本依附崔立的妹夫折希颜，但因为妻子貌美，崔立就想霸占；李琦又多次遭到折希颜的羞辱，就想诛杀崔立。宝坻人李伯渊、燕人李贱奴也对崔立不满，三人共议除掉崔立。天兴三年（1234）六月，传闻开封附近出现宋军，李伯渊等人趁机在封丘门放火以恐吓崔立。第二天一早，崔立带着李伯渊等人去察看火势，结果半路被杀，他的妹夫折希颜等人也被杀死。李伯渊等人将崔立的尸体绑在马尾，拖至皇宫前对众人说："崔立杀害无辜，抢夺财物，奸人妻女，大逆不道的行为古今罕见，该不该杀死他？"众人齐声高呼："把他千刀万剐都不能解恨。"于是将崔立斩首示众，随后抄没了崔立家中财物。

论赞

赞曰：崔立趁机篡权，大肆奸淫妇女，压榨百姓，横征暴敛，总是以供应蒙古军需为名，纵情作乐，使民众对国家积怨在心，他犯下的罪恶真是死有余辜。何况他的志向正想做第二个刘豫。金人俘虏别国的君主，统治别国的臣子，百年之后恰好引出崔立狂妄的阴谋，因此酿成青城这场惨祸。曾子说："警惕，你怎样对别人，别人也会反过来这样对你。"这话能不令我们信服吗？

武仙列传

武仙（？～1234），金末地主武装首领，威州（今河北井陉北旧威州）人。兴定四年（1220），受封恒山公。不久后，武仙叛金投降蒙古。金哀宗正大二年（1225），武仙杀死蒙古河北西路兵马都元帅史天倪，再次归附金国，金哀宗复封他为恒山公。天兴二年（1233），金哀宗逃至蔡州，武仙不但不予救援，反而率军攻打南宋金州。第二年，蔡州城破，金朝灭亡，武仙部众溃散，率十余骑逃往泽州，被士卒所杀。

▶【受封国公】

武仙（？～1234），威州（今河北井陉北旧威州）人。据说武仙曾经做过道士，所以当地人才以"仙"作为他的名字。金宣宗贞祐二年（1214），由于蒙古军不断南下，金宣宗决定迁都汴京，黄河以北的山西、河北、山东等地相继失陷。武仙率乡兵据守威州西山，抗蒙古自保，远近归附他的百姓日益众多，很快成为很有影响力的地主武装。不久，金宣宗诏授武仙为权威州刺史。兴定元年（1217）三月，金国将领石海占据真定（今河北正定）叛金，武仙率军攻破真定，斩杀石海，迫降其部众。宣差招抚使惟宏为武仙请封，于是宣宗任命他为威州刺史，兼真定府治中，权知真定府事主持真定府军政事务。兴定四年（1220），升任知真定府事，兼经略使，遥领中京留守，兼元帅右都监。当时面对蒙古军不断南下的局面，北方不少汉族

地主开始聚众守土抵抗，金宣宗为了让他们为金朝效力，拱卫开封，就授予他们官职、爵位，先后共封了九位国公，准许他们统帅本部兵马，任免官吏，征收赋税。其中武仙受封恒山公，无论是兵力还是财富都是九公中的第一人。

同年，武仙在真定投降蒙古军，蒙古大将木华黎以部将史天倪出任河北西路兵马都元帅，以武仙为副帅，驻守真定。武仙和史天倪一起驻守真定六年，两人长期不和，武仙就在正大二年（1225）杀死了史天倪，以真定归附金国。蒙古大将笑乃鞯讨伐武仙，武仙弃城逃走，南下逃奔汴京。正大五年，哀宗召见了武仙，仍然封他为恒山公，建府于卫州（今河南汲县）。天兴元年（1232），金军在三峰山（今河南禹县境内）被蒙古军击败，武仙逃往密县。不久，武仙来到河南南阳留山，在那里收容溃散的士兵十

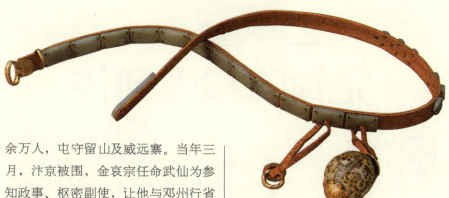

余万人，屯守留山及威远寨。当年三月，汴京被围，金哀宗任命武仙为参知政事、枢密副使，让他与邓州行省完颜思烈合兵援救汴京。八月，武仙率军来到密县，得知速不罕要从这里经过，立刻按兵不动。完颜思烈急于救援汴京，行军到达京水时遭到蒙古军突袭，金军不战自溃，武仙也退守留山。金哀宗再次命令武仙救援汴京，武仙不愿出发，请求延缓三月再行。当时邓州宣差总领黄掴三合已经暗中投降蒙古，他劝说武仙攻取裕州，然后又禀报了蒙古大将，前后夹击武仙部，武仙在柳河遭遇惨败，仓皇逃奔圣朵寨。

【兵败身死】

天兴二年（1233），金哀宗逃往归德府（今河南商丘），后又迁移到蔡州。当年三月，武仙因为圣朵寨军粮不足，就把部队转移到邓州。当时邓州粮食也严重不足，于是他分派士兵到新野、顺阳、淅川的老百姓家中就食。不久，武仙前往顺阳，邓州守将移剌瑗担心武仙对自己不利，就投降了宋朝，将武仙所部的虚实告知宋朝守将。宋将孟珙派兵五千进攻武仙，结果被武仙击败。七月，金哀宗

⊙ 玉带·金

玉带通常是指用玉装饰的皮革制的腰带即革带。北方草原民族非常喜爱腰饰，无论是契丹还是女真贵族腰佩玉带的风尚都非常流行，玉带上的图案大多为山水、猎狗、天鹅、海东青等等。

在蔡州被围，派遣近侍责令武仙发兵救援，哀宗在诏书中婉言求哀，武仙所部将士听了之后，相对哭泣，都愿意前往与国家共存亡。武仙担心军心有变，就宰杀牛马，和将士歃血为盟，宣誓不辜负国家，众将非常高兴。然而不久后，武仙又以蔡州道路阻塞、己方军粮缺乏为理由，主张先攻取宋朝金州，安置下老弱残兵，再奔赴蔡州。随后，武仙下令取道淅川，沿河而上。当时山路艰险，水流湍急，士兵们落水淹死的难以计数，粮食也消耗殆尽，士兵逃走的十有八九。无奈之下，武仙只好决定全军返回。天兴三年（1234）正月，蔡州城破，金哀宗自缢身亡，金朝灭亡。将士们对武仙不肯援救蔡州非常怨恨，纷纷逃走。武仙无处可去，就带领十八人北渡黄河。五月，武仙逃往泽州，结果被泽州的守军杀死。

完颜陈和尚列传

完颜陈和尚（1192～1232），金国末年女真第一名将。尽管身处末世，陈和尚却颇具儒将风采，他博览群书，好学问，善治军，他统领的忠孝军堪称金末一代强军，在大昌原、卫州和倒回谷战役中大败蒙古军，成为了金军在蒙金战争中少有的亮点。三峰山之战后，金军主力被蒙古军全歼，无力回天的陈和尚不肯投降蒙古，最终被杀。

【南归金国】

完颜陈和尚，名彝，字良佐，世人都称呼他的小名陈和尚，丰州（今内蒙古呼和浩特东）人。他的父亲完颜乞哥是金国萧王的直系子孙，金章宗泰和年间（1201～1208），南征宋朝，因军功卓著授同知阶州军事。后来，宋军收复阶州时，完颜乞哥战死于嘉陵江。

金宣宗贞祐年间（1213～1216），蒙古大军攻入中原地区，丰州很快沦陷，已经二十多岁的陈和尚被蒙古大军掠走。蒙古军的主帅非常喜欢年少英武的陈和尚，就让他在帐前听用。当时陈和尚的母亲仍然在丰州居住，由他的堂兄安平都尉完颜斜烈奉养。陈和尚在北边被扣留了一年多的时间，他以探望母亲为借口，请求归乡，蒙古大军主帅就派了一队士兵监视着他回到了丰州。陈和尚和堂兄斜烈趁着蒙古士兵不备，就杀散了看守，夺取十几匹战马，侍奉着母亲南下投奔

金国。不久，蒙古大军发现了陈和尚的行踪，就出动骑兵追赶，他们放弃马匹改走偏僻小路才得以逃脱。因为没有了马匹，陈和尚的母亲年纪又大，无法徒步行走，兄弟二人就用小车载上母亲，两人共同拉车，终于成功地南渡黄河，回到了金国。

【蒙冤入狱】

金宣宗听说了陈和尚兄弟二人携母南归的故事，非常感叹，决定重用忠孝的陈和尚兄弟。因为斜烈有世袭的官位，就任命他为都统；陈和尚初任护卫，不久升任奉御。不久，完颜斜烈出任行泗州（今江苏盱眙西北）、寿州（今安徽凤台）元帅府事，奏请陈和尚随同其前往。朝廷就任命陈和尚为宣差提控，佩戴金印，跟随斜烈赴任。完颜斜烈又召太原人王渥为经历官。王渥，字仲泽，文章学问与金末的大儒雷渊、李献能齐名，极受陈和尚兄弟

的敬重，他们像师生朋友一样往来。陈和尚聪颖过人，十分喜好文史，在宫中担任护卫时就被同僚们称赞为秀才。现在遇到了王渥这样的大儒，自然更是虚心求教，王渥教授他《孝经》《小学》《论语》《春秋》《左氏传》，陈和尚基本能读懂其中的大意。军中无事的时候，陈和尚就趴在窗下，练习毛笔小字，行事如同一位饱读诗书的书生，对世间的情趣看得很淡。

正大二年（1225），完颜斜烈罢元帅职，改任诸军总领，陈和尚跟随兄长驻守方城（今属河南）。不久，斜烈患病修养，军中的事务都由陈和尚代为处置。军中宿将李太和与方城镇防军将领葛宜翁因事发生斗殴，两人到陈和尚面前告状，请求他决断是非曲直。陈和尚根据事情的缘由判定葛宜翁做事不当，酌情责打了他。葛宜翁性格暴躁凶悍，以自己理屈挨打而不平，不久就郁郁而终。去世前，葛宜翁给妻子留下遗言，一定要报复陈和尚。于是，葛宜翁的妻子就上诉御史台、尚书省和近侍官，说陈和尚因为私人恩怨而冤枉她的丈夫，请求官府公断。为了给官府施加压力，葛氏还于龙津桥南堆积柴草，声言如果得不到公正的审判就举火自焚，以此向丈夫谢罪，于是陈和尚就被关入大牢。当时负责审理此案的台谏官认为陈和尚曾经在宫中担任过天子侍卫，一定是骄横跋扈，有违反国法的行为，才导致出了人命案，理应处以死刑。这个裁决被奏报给金哀宗，哀宗认为缺乏证据，一直没有决断。陈和尚在狱中一直待了十八个月，他泰然自若，反而收集了不少书籍在狱中阅读。正大三年，斜烈大病初愈，哀宗命他率军西征。入朝时，哀宗发现斜烈面容枯槁、身形瘦削，感到十分吃惊，就问道："你是担心陈和尚的案子吗？你尽管出征吧，我现在就赦免他。"然而因为御史台和台谏院的反对，陈和尚并没有得到赦免。

【初露锋芒】

不久，斜烈因病去世。哀宗得知这个消息后，就派人赦免了陈和尚。陈和尚来到宫中谢恩，哀宗对他说："有司告你因为私愤而杀人。现在你的兄长去世了，我失去了一位名将。因为你兄长的缘故，我决定不顾国法赦免你，天下百姓一定会议论我徇私枉法。今后你一定要发奋努力，建功立业，全力地帮助国家渡过危难，这样天下人才会知道我不是随意赦免你的。"陈和尚一边哭泣，一边叩首，他的悲伤程度让周围的人都为之动容。于是陈和尚就以戴罪之身出任紫薇军都统，第二年转任忠孝军提控。忠孝军是由回纥人、乃蛮人、羌人、浑人以及中原地区被蒙古军队俘虏后逃回的人组成的，由于成分复杂，且多为骄兵悍将，这支军队一直都非常难以管理。但陈和尚赏罚分明，治军

白话精编二十四史

◉ 第九卷 ◉

有方，所有决定都符合法规，凡经过的州县，除获取规定的粮草外一律秋毫无犯，大街小巷不再有这些士兵的喧哗声。每次战斗，忠孝军士兵都率先进攻，冲锋陷阵如同暴风骤雨，很快成为了金国最精锐的部队。

正大五年（1228），蒙古大军进攻大昌原（今甘肃宁县东南），平章政事完颜合达问谁可为先锋，陈和尚应声而出，慨然应命。他先沐浴更衣，然后披甲上马，头也不回地奔赴战场。这一日，陈和尚率四百骑大破蒙古军八千铁骑，全军将士都欢欣鼓舞，准备参战，这也成为了蒙金开战二十年以来金国第一次取得这样大的胜利。战后论功行赏，陈和尚名列第一，哀宗下旨嘉奖，任命陈和尚为定远大将军、平凉府判官、世袭谋克。一时之间，陈和尚名满天下。正定七年，蒙古万户史天泽率领河北蒙军围攻卫州（今属河南），陈和尚率领忠孝军为先锋，再次击败蒙古军，解了卫州之围。正大八年，蒙古大将速不台率军围攻潼关，又是陈和尚率领忠孝军在倒回谷（今陕西蓝田东南）大败蒙古军。就这样，在待罪出征的四五年中，陈和尚屡立奇功，官职也升到了御侮中郎将。

陈和尚为人正直无私，不媚上，不欺下，在军中很有威望。金国副枢密使移剌蒲阿虽然是全军统帅，但是性情轻佻，没有深远的谋略，常常为了一点小利驱使士兵到蒙古军的占领地抢掠人口、牲畜，使得将士们一夜

之间奔驰两百余里，疲惫不堪，军中将士慑于他的权势无人敢劝说。陈和尚私下里对同僚说："副枢密使身为大将军，却专干抢掠的事情，今天得百姓三百人，明天得牛羊一二千，而士兵累死了多少却不考虑。国家多年以来积蓄的兵力财力，早晚被他挥霍殆尽。"有人把陈和尚的话转告了移剌蒲阿。一天，移剌蒲阿与众将饮宴，劝酒劝到陈和尚的时候，移剌蒲阿就问道："你小子背后说我坏话，说国家的兵力财力要被我挥霍殆尽，可有这样的事情吗？"陈和尚喝完杯中酒，不慌不忙地回答说："有这事。"移剌蒲阿见陈和尚面无惧色，只得悻悻地说道："今后我有错你可以当面指出，不要背后议论。"

【兵败殉国】

天兴元年（1232），完颜合达、移剌蒲阿率金军主力在邓州准备与蒙古军决一死战。然而蒙古军统帅忽必烈却避开金军主力，分兵从小路突袭汴京。得到这一消息后，惊慌失措的完颜合达、移剌蒲阿急忙率两万骑兵、十三万步兵赶赴汴京，陈和尚和他的忠孝军也在大军之中随行。蒙古军采取避实击虚、逐渐削弱的战术，在金军回师开封途中不断骚扰和袭击，致使金军主力疲惫不堪，士气越发低落。当金军主力来到钧州三峰山（今河南禹县）时，正赶上天降大雪，士兵数日没有进食，再加上严寒的天气，全军已经到了崩溃的边缘。以逸

待劳的蒙古军趁机发动猛攻，金军全军覆没，移剌蒲阿被擒，完颜合达、陈和尚率数百骑逃入钧州。不久，蒙古军攻破钧州，陈和尚指挥士兵与敌进行巷战。陈和尚为了不死于乱军之中，只身藏于隐蔽之处，等到外面厮杀停止后，主动跑到蒙古军士兵面前说："我是金军大将，要见你们的主帅。"蒙古军士兵押着陈和尚来到大将帐外，蒙古大将喝问陈和尚的姓名。陈和尚回答说："我就是忠孝军统领陈和尚，指挥大昌原之战的是我，在卫州大败你们的是我，在倒回谷重创你们的还是我。我如果死于乱军之中，也许会有人以为我背叛了国家，现在我死得明明白白，天下间的人总算会有了解我的。"蒙古大将劝陈和尚投降，陈和尚宁死不屈，蒙古士兵就砍断了他的双腿，又用刀从他的耳朵割至嘴角，陈和尚喷血而呼，至死不绝。蒙古大将佩服他的节操，就用马奶酒祭奠他说："好男儿，他日再生，就跟随在我的左右吧！"陈和尚时年四十一岁。

同年六月，金哀宗下诏追封陈和尚为镇南军节度使，将其塑像送入褒忠庙，刻石立碑，记载他忠贞不屈、壮烈殉国的事迹。

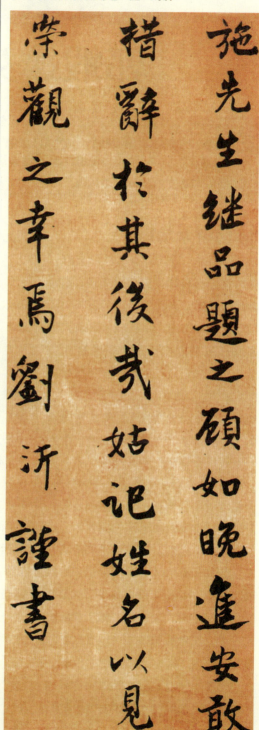

跋苏轼李白仙诗卷·金·刘沂

白话精编二十四史

◉ 第九卷 ◉

143

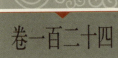

郭蝦蟆列传

郭 蝦蟆（1192～1136），又名郭斌，金末元初之际的金国大将。郭蝦蟆少年时以善射而闻名，从军后先后参与了对西夏、蒙古的多次大战，屡立战功。金国灭亡后，郭蝦蟆不愿投降蒙古，以孤城抗敌三年有余，在弹尽粮绝、城破军覆之际自杀殉国。

【少年从军】

郭蝦蟆，会州（今甘肃靖远南）人，家中世代都是保甲射生手，蝦蟆和他兄长郭禄大都因为善于射箭应募从军。兴定初年（1217），郭禄大因军功迁遥授同知平凉府事兼会州刺史，郭蝦蟆随兄长在会州军中服役。兴定四年（1220），西夏大军攻打会州，郭禄大望见西夏军队的主帅身着金甲，就出城冲入敌阵，在两百步外一箭射中西夏军主帅的咽喉，使其当场毙命，西夏军士气为之一夺。后来，西夏军攻破会州城，郭蝦蟆和兄长一起被俘，西夏人喜爱他们的箭术，没有当场杀掉他们，而是将他们囚禁起来。后来，兄弟两人逃出会州，结果被西夏人发现，郭禄大被杀，郭蝦蟆独自逃回金国。金宣宗有感于郭禄大的忠义，任命郭蝦蟆为巩州（今甘肃陇西）钤辖，再授同知兰州军州事。

兴定五年（1121）冬天，西夏大军万余人进攻定西，郭蝦蟆率军迎敌，斩首七百，俘获马匹五十，因功升任

同知临洮府事（今甘肃临洮）。元光二年（1123），西夏出动步骑数十万大军进攻凤翔府（今陕西凤翔），元帅赤盏合喜委任郭蝦蟆总领军事。郭蝦蟆陪同合喜巡城的时候，发现护城河对面有一名西夏将领坐在胡床上指挥作战。合喜指着那名西夏将领问蝦蟆说："你不是神射手吗？能一箭射中他吗？"郭蝦蟆目测了下距离，然后回答说："没问题。"郭蝦蟆平时射箭的时候专门找对方腋下这种盔甲无法保护的地方，一向箭无虚发。这次郭蝦蟆也不例外，他张弓搭箭，等那名西夏军官刚一抬肘，就一箭射出，将西夏军官当场射死。军心大乱的西夏军队不得不退兵。同年冬天，郭蝦蟆与巩州元帅田端收复会州。郭蝦蟆率领五百骑兵，都身穿红色战袍，从会州南山上一冲而下。守城的夏军看到了，还以为是神兵天降。城上有人把手放到控制吊桥的悬风板前，郭蝦蟆一箭射去，将那人的手和悬风板射穿。夏人惶恐，于是出城投降。

【兵败身死】

金哀宗正大元年（1224），田端占据巩州叛金自立，金哀宗下令陕西两行省出兵平叛。郭蝦蟆率领士兵抢先登上巩州城，田端开门冲出，被他的弟弟田济杀死，叛军被杀的共有五千余人。蝦蟆因功遥授凤翔知府、本路兵马都总管、元帅左都监，兼行兰州、会州、洮州、河州元帅府事。

天兴元年（1232），金国都城汴京粮尽，金哀宗召集援军而不得，蒙古大军且夕可至，哀宗只好放弃汴京逃往归德府（今河南商丘）。第二年，哀宗又从归德府逃往蔡州（今河南汝南）。哀宗担心蔡州无法坚守，准备再奔巩昌府，就任命粘葛完展权参知政事，行省事于巩昌府。天兴三年（1234），蔡州被蒙古大军攻破，金哀宗自杀。粘葛完展得知哀宗已死的消息后，就率众守城以待金朝继立的皇帝。绥德州将领汪世显嫉妒完展的权势，就派使者约郭蝦蟆共同进攻完展。郭蝦蟆对使者说："完展公奉皇帝的命令担任行省的职务，他的命令谁敢不从？现在陛下被困于蔡州，我等无力拼死营救，反而要攻击完展公，这岂是臣子所为？"后来汪世显攻破了巩昌，活捉并杀害了粘葛完展，然后全军投降了蒙古。

金国灭亡之后，西部州郡没有不投降蒙古的，只有郭蝦蟆独守孤城三年之久。丙申年十月，蒙古集中大军攻城，郭蝦蟆估计这次难以幸免，就集中城内的金银铜铁铸为炮弹，用来回击敌人。他还杀光牛马慰劳将士，又放火烧掉了自己的居所和积蓄，以表示死战到底的决心。郭蝦蟆率军与蒙古大军日夜血战，拼死抵抗，蒙古军一时间也无法攻破城池。随着战斗的不断进行，守城的局面愈加恶化，郭蝦蟆麾下的将士几乎伤亡殆尽，城破只是时间的问题。蝦蟆就命令士兵在州府中堆积柴草，将自己的家眷和将领们的妻子儿女关进州府的房屋内，准备城破之时举火自焚。城破，蝦蟆率军与蒙古军进行巷战，有的士兵箭矢用光了，就跳入大火中自焚而死。蝦蟆独自爬上大草堆，以门扉掩护自己，连续射出了两三百只箭，几乎是百发百中。射光了所有箭支后，蝦蟆将弓箭投入火中，自焚而死，城中也没有一个人投降。郭蝦蟆殉难时，年仅四十五岁，当地人为他立祠祭祀。

骑射图·金

在中国古代，射艺一直是非常重要的军事技艺，俗语称："军器三十有六，而弓为称首；武艺一十有八，而弓为第一。"无论是汉代的匈奴、南北朝时的鲜卑，还是辽、金两代，无一不以骑射为立国之本，金代就曾要求每名女真骑兵出征时要携带三张弓、箭矢400只。

卷一百二十六

元好问列传

元好问（1190～1257），字裕之，号遗山，太原秀容（今山西忻州）人。元好问七岁能诗，十四岁从学大儒郝天挺，熟读经史。正大元年（1224），中博学宏词科。正大八年（1231）秋，受诏入中都，出任尚书省掾、左司都事。金国灭亡后，返回家乡秀容，记录下金代杂事百万余字，为后人撰写《金史》保留了大量材料。元好问还长于诗词、书法，精于鉴赏书画、古玩，通晓历法、医药。蒙哥汗七年（1257）病逝于获鹿寓舍，时年六十八岁。

【少年英才】

元好问（1190～1257），字裕之，号遗山，太原秀容（今山西忻州）人。元好问的父亲元德明，酷爱读书，从不谈论世俗鄙事，与世无争，多年应举不中，就纵情于名山胜水之间，饮酒赋诗，终年四十八岁。元好问出生后七个月，就过继给二叔元格和婶母张氏，四岁时就开始认字读书，七岁时就能作诗，被时人誉为"神童"。元好问十四岁时，元格调任陵川，元好问受业于陵川大儒郝天挺（字晋卿），他对应试文章毫无兴趣，而是博览经史子集，诸子百家，仅用六年时间完成了全部学业。贞祐二年（1214），金宣宗迁都汴京，黄河以北再无安全可言。为了躲避战火，元好问全家迁往河南福昌（今河南宜阳），后又迁于河南登封。当时元好问与文人雅士赵秉文、冯璧、王著等人为友，他游览太行山，访古于黄河岸边，以

诗酒酬唱，相继创作了《箕山》《琴台》等诗篇，深得礼部尚书赵秉文的赞赏，认为近世再也找不到这么好的作品了，于是元好问名动京师，成为众口相传的才子。

金宣宗兴定五年（1221），元好问科举进士及第，但因为科场纠纷，被人诬陷，他愤然不就选任。金哀宗正大元年（1224），元好问得到赵秉文等人的举荐，参加考试，中宏词科，被任命为权国史院编修，赴汴京为官。此后，元好问历任镇平令、内乡令、南阳令等职务。天兴元年（1232），被提升为尚书省左司员外郎。天兴二年（1233），蒙古大军兵围汴京，元好问也被围城中。金哀宗率军逃出汴京，潜逃至归德府（今河南商丘）。当时开封城内人心惶惶，百姓议论纷纷，打算拥立宣宗子、荆王完颜守纯监国，举城投降蒙古。安平郡尉、京城西面元帅崔立趁机发动兵变，杀死

大批官员，举城投降蒙古。当年四月，元好问随同皇族亲贵、文武百官被蒙古军押往青城，后又被押往山东聊城。在此时间，他写下了不少诗篇，表达了他对战火中饱受摧残的北方人民的同情。

【诗史传世】

窝阔台汗十一年（1239），元好问携家眷返回秀容老家。天命之年的元好问将著书立说作为自己的责任，他认为金人统治天下，在典章制度方面几乎能赶上汉唐盛世，而在亡国之后修撰国史，使其不至于消亡，正是他的责任。窝阔台汗十三年，元好问前往顺天府蒙古万户、世侯张柔处，表示自己愿意承担修撰金史的任务，希望能借阅《金实录》。早在金哀宗天兴二年（1233），张柔率军攻克汴京时，曾将大批金国实录掠走。张柔奏请蒙古皇帝，得到准许，但由于大臣乐夔的反对而未能成行。元好问自认不能让一代人的事迹泯灭不传，就在家中修建野史亭，自修金史。此后的二十多年中，元好问周游于中原之地，博采遗逸，但凡得到金国君臣的遗言往行，就用小字记录在随身携带的方寸小纸上，累计达到了一百多万字，流传后世的有《中州集》《壬辰杂编》等。元人修撰金史时，很多的资料都来自于元好问的记述。

除了在史学方面贡献很大外，元好问还是金代的文学巨匠。他的文章有法有度，冠绝于金朝一代；他的诗作奇峰迭起，毫无人工雕琢的痕迹，有精美的文采而又不落入浮华的俗套；他的五言诗高古沉郁；七言、乐府诗不用传统题目，别出心裁；他的歌谣长短句慷慨悲歌，有幽燕之地的遗风。元好问的词作也自成风格，用以表达情谊、抒发感伤的作品数百篇。金朝灭亡后，人才凋零，元好问被公认为一代宗师巨匠，许多人家为先人做墓志铭时都来请求他，他遗留下来的著作共有《杜诗学》一卷、《东坡诗雅》三卷、《诗文自警》十卷。蒙哥汗七年（1257），元好问病逝于获鹿寓舍，时年六十八岁。

☯ 元好问像

元好问所著的《中州集》是一部金代诗歌总集，收录了金代已故或者未出仕于蒙古的诗人词客包括金朝两位皇帝、诸位大臣以至百姓的诗词2116首，并为每位作者共二百五十余人著有小传，填补了中国文学史上的一段空白。

纥石烈执中列传

纥石烈执中（？～1213），原名胡沙虎，金东平府（今山东东平）女真人。金世宗时，出任拱卫直指挥使。金章宗时，历任右副点检、西北路招讨使、知大兴府事等职务。因其暴虐成性，贪赃不法，被御史弹劾，改任武卫军都指挥使。卫绍王完颜永济即位后，历任知大兴府事、西京留守、右副元帅等职务，率军驻防于中都城北。次年，蒙古军进攻中都，执中因屡战屡败受卫绍王申斥，乃与完颜丑奴、蒲察六斤等人率军杀入中都，弑杀卫绍王。随后，又拥立宣宗为帝，被任命为太师、尚书令、都元帅，封泽王。不久，蒙古大军再次进攻中都，部将术虎高琪屡战屡败，为免遭执中制裁，术虎高琪率军入城，将执中斩杀于府中。

▶【暴虐成性】

纥石烈执中，本名胡沙虎，东平府人。大定八年（1168），纥石烈执中出任皇太子护卫，此后历任太子仆丞等职务。明昌四年（1193），执中受命出使，监酒官移剌保迎接来迟，又用劣酒招待他，执中勃然大怒，打伤了移剌保，金章宗下令责打了执中五十大板。承安二年（1197），执中被金章宗召入朝内，担任签书枢密院事的职务。章宗命令执中协助丞相完颜襄出征，执中不愿离开京城，就上奏说自己和完颜襄有矛盾，与他一起出征恐怕被他所杀。章宗恼怒他诽谤大臣，就贬他为永定军节度使，后来改任西北路招讨使，复为永定军节度使，又因为夺取国家军马被解除职务。泰和元年（1201），执中又被起用，出任知大兴府事。泰和六年四月，宋、金之间爆发大战，执中以山东东路、西路节度使的身份率军出征。五月，宋军进攻金城，执中与他部下巡检使周奴内外夹击，大破宋军，活捉忠义军将领吕璋。十月，执中率军两万人出青口，与宋军一万多人隔河

磁州窑白地彩绘牡丹纹碗·金

彩碗直径14.6厘米，敞口，弧壁，圈足。碗里外满施白色釉，外壁光素无纹，内壁在三道弦纹内绘牡丹花纹，纹饰风格粗犷，线条简单豪放。宋金时期磁州窑的装饰品种多样，以白地黑花为典型代表。

对峙。执中以水军两千人牵制宋军主力，然后派副帅移剌古与涅率领四千精锐骑兵从下游渡河，包抄宋军后路，宋军不战而溃。执中因破敌有功，升任元帅左监军。由于纵容部下抢劫财物，章宗派人责打了执中手下的经历官阿里不孙，责令他退还财物。不久，南宋请和，章宗下令退兵，任命执中为西南路招讨使，后改任西京留守。

【跋扈被杀】

大安元年（1209），执中被授予世袭谋克，再次知大兴府事，出知太原府。大安三年，蒙古大军进攻金国，执中率军七千人在定安之北迎战蒙古军，却临阵脱逃，致使全军溃败。执中走到蔚州时，擅取官库银五千两及衣服绢帛，夺取官府和百姓的马匹，进入紫荆关后又杖杀了涞水县令。执中来到中都，朝廷却没有治他的罪，反而升他为右副元帅，执中更加肆无忌惮。崇庆元年（1212）正月，执中请求移驻南口或者新庄，他在给尚书省的文书中竟然说："如果蒙古大军来犯，肯定无法抵挡，我一身不足惜，三千士兵的性命是值得担忧的。"执中的言论引起了朝廷不满，卫绍王下令有关部门追究他的责任，下诏历数了他的十五条罪状，将他罢职还乡。执中暗中结交卫绍王的亲信，这些人对他交口称赞，卫绍王最终还是认为执中可用，赐给他金牌，让他代理右副元帅，率武卫军五千人驻扎在中都城北，此时执中已经和他的党羽完

丑奴等人阴谋作乱。眼见蒙古大军就在附近，执中仍然沉迷于跑马打猎，无心军事，卫绍王就派人到军中责备执中。执中正在喂鸽子，听到卫绍王的旨意勃然大怒，将鸽子摔死。随后，执中谎称知大兴府徒单南平谋反，自己奉诏讨伐他们。八月二十五日，执中率兵攻入中都，杀死了徒单南平，然后入宫，自称监国都元帅。第二天，执中逼卫绍王出宫，诱杀了左丞完颜纲。丞相徒单镒劝执中立完颜珣（即宣宗）为帝，执中于是派人迎接完颜珣，并毒杀了卫绍王。当年九月，金宣宗即位，拜执中太师、尚书令、都元帅，封泽王。执中独掌朝政后更加飞扬跋扈，宣宗赐给他座位，他毫不推辞就入座了；宰相们向宣宗报告蒙古骑兵进攻的消息，仅仅因为事先没有通过执中，就被他责难，宰相只有恭顺地向他道歉。当时提点近侍局的官员庆山奴、副使惟弼等人请求宣宗除掉执中，宣宗考虑到执中有拥立之功，而且势大难制，没有同意。

贞祐元年（1213），蒙古军再次南下攻打金国，元帅右监军术虎高琪屡战不利，执中警告他说："再打败仗的话，就要对你军法行事了。"术虎高琪出战又失败，害怕自己被执中所杀，就率领所部攻入中都，围困了执中的府邸。执中想翻墙逃走，结果被士兵所杀。术虎高琪拿着执中的人头向宣宗请罪，宣宗赦免了他，任命他为左副元帅。不久，宣宗又下诏宣布执中过往的罪状，削其官爵。

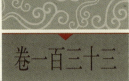

耶律余睹列传

耶律余睹（？～1132）是辽末金初时期辽国宗室，因为遭同僚陷害，他被迫投降了金国，在金国伐宋的过程中也立下了不少功劳。然而耶律余睹心怀故国，暗地里串联部将，意图谋反，最终被人告发，落得了一个身死族灭的下场。

【无奈降金】

耶律余睹，又名余都姑，辽国皇族子弟，他的祖父、父亲都在辽国做过高官，耶律余睹本人慷慨任侠，崇尚义气。金太祖起兵之后，耶律余睹投身军旅，多次与女真交战，因功升至金吾卫大将军、东路都统。天辅元年（1117），耶律余睹和都统耶律马哥率军驻扎于浑河，女真大将银术可、希尹率军相应。耶律余睹知道无法取胜，就在银术可所部刚刚抵达浑河时悄悄撤退，给女真大军留下了一座空营。银术可、希尹因为贻误军机而获罪，金太祖下令责罚他们，将他们缴获的人口、财物、牲畜全部没收入官府，而没像往常那样将缴获的物品赏赐给诸将。金太祖率军攻取临潢府后，下诏书给耶律余睹，劝其投降。可就在金太祖班师返回会宁，大军半渡辽河之时，耶律余睹率大军突袭，幸亏女真大将完颜背答、乌塔等人力战断后，这才击退了余睹所部，缴获了带甲战马五百匹。

就在耶律余睹为辽国四处征战之时，后院起火了。他的妻子是天祚帝宠爱的文妃的妹妹。当时文妃已经为天祚帝生下皇子，受封为晋王，晋王聪慧贤明，深得人望。枢密使萧奉先的妹妹是天祚帝的元妃，也为天祚帝生下了皇子秦王，但远远不如晋王受国人推崇。萧奉先担心秦王不能继承皇位，就非常嫉恨耶律余睹，打算暗地里谋害他。正巧文妃的长姐、大臣耶律挞葛里的妻子在军营里会见了余睹的妻子，萧奉先就指使爪牙诬告余睹勾结驸马萧昱、挞葛里，阴谋立晋王为帝，尊天祚帝为太上皇。事情被揭发后，天祚帝处死了萧昱和挞葛里的妻子，赐死了文妃。耶律余睹听到后方传来的消息，害怕自己被冤杀，就带领着一千余名部下投奔了女真。金国咸州路都统将余睹来降的消息报告了金太祖，太祖下令将余睹送到会宁。不久，耶律余睹送上了辽国给自己的委任令，以及所部的兵器、甲胄和旗帜等物品，和部将萧福奴、阿八、谢老、太师奴、萧庆等人前往投降。为了表示自己的诚意，余睹还给太祖写了一封信，信中说："辽主沉迷于游玩打猎，无心政务，亲奸臣，远贤臣，滥用刑罚，民不聊生。大金的疆域一天天在扩大，我等知道天命所归，所以特来归降。"不久，太祖召见了余睹及其部下，赐给他们与宰相并列的座位，接着又赐下酒宴，让余睹等人尽醉而归。随后，太祖颁布命令，让余睹以原来的官职统御其部下。

【反复被杀】

余睹归降后，太祖为了防患于未然，将其妻子、子女另行看管，余睹多次请求接回侍妾和子女，这引起了太祖的疑心。不久，一个叫耶律麻者的人举报余睹、吴十、铎刺等人谋反。金太祖召见了余睹等人，从容地对他们说："听说你们最近准备谋反，尔等真的准备做这样的事情吗？你们实话实说，不要隐瞒，如果真的要走，你们一定需要战马、武器、甲胄和旗帜，这些我都可以给你们，我决不食言。可如果你们再被我的大军活捉，就不要祈望能够免死了。如果你们还打算侍奉我，那就安心地留下来，我绝不怀疑你们。"余睹等人浑身颤抖，无言以对，最终铎刺被打了七十军棍，其他人并没有被追究。

天会三年（1125），金军大举攻宋，耶律余睹被任命为元帅右都监。宋军四万增援部队被金军团团包围的太原，余睹和屋里海率军在汾河以北地区迎击宋军，俘获宋军将领郝仲连、张关索和统制马忠，杀死宋军一万余人。宗翰率金军大举伐宋后，余睹被留在西京。天会十年（1132），余睹再次谋反，云内节度使耶律奴哥告发了他。余睹率残部逃走，他的党羽燕京统军萧高六被杀，蔚州节度使萧特谋自杀。余睹等人投奔西夏不成，被边地部族所杀，余睹及其诸子的人头被装入匣中进献朝廷。耶律奴哥因为告密有功，被加封太保兼侍中。

❖ 磁州窑张家造白底黑花春水图枕·金

元史

元史

中国社会科学院近代史研究所研究员
韩志远

　　元史为明宋濂等人所撰之纪传体史书，中国历代官修"二十四史"之一，明洪武二年（1369）开始修撰，第二年成书。左丞相李善长为监修官，学士宋濂等人为总裁。《元史》共 210 卷，其中本纪 47 卷，志 58 卷，表 8 卷，列传 97 卷。

　　《元史》体例整齐，文字浅显，叙事通俗易懂，体现了编撰人员"文词勿致于艰深，事迹务令于明白"的基本精神。此外《元史》还有一些独有的特点：一是本纪占全书近四分之一篇幅，这对于了解元朝所发生的重大事件十分重要。二是《元史》的志书对元朝的典章制度作了比较详细的记述，保存了大批珍贵的史料。其中以《天文》《历志》《地理》《河渠》四志的史料最为珍贵。三是《元史》的列传部分增加了记载宗教事务的《释老传》，可见宗教在元朝所占的地位。元史还是历代史书中少有的不作论赞的史书。由于成书时间较短，《元史》也存在着前后重复、列传中一人两传、同一人物译名不一等问题。但就史料价值而言，《元史》仍然极其珍贵，它保存了元代十三朝实录的部分内容，反映了元代社会生活的史实，是其他史料所无法替代的。

世祖本纪

元 世祖（1215～1294），名忽必烈，蒙古孛儿只斤氏，拖雷第四子，蒙哥汗之弟，元朝的创建者。蒙哥汗元年（1251），受命总理漠南汉地军国政事，征讨云南，灭大理国。中统元年（1260），在开平（今内蒙古正蓝旗东）称帝，随后率军征讨在漠北称汗的同父异母弟阿里不哥。至元八年，定国号大元，次年定都大都。至元十一年，命伯颜率大军南征宋朝。至元十六年攻灭南宋，完成统一大业。至元十八年至二十九年，先后出兵征讨日本、安南等国。即位后，采用汉法，奠定了元朝统治制度。

▶【即位之初】

　　元世祖，名忽必烈，元睿宗拖雷第四子，成吉思汗十年（1215）八月出生。他长大后，仁爱英武而远见卓

⊙ 元世祖像

元世祖晚年饱受肥胖和痛风病痛之苦，再加上察必皇后和皇太子真金的先后去世，让他在精神上苦闷不已，常常通过酗酒来弥补精神上的空虚。至元三十一年（1294），病逝于宫中。

识，侍奉太后非常孝顺，而且善于安抚百姓。蒙哥汗元年（1251），蒙哥汗即位，同母兄弟中以忽必烈最为贤明，因此将漠南汉地的军国大事都交给忽必烈处理。第二年，忽必烈驻扎在桓州、抚州之间，蒙哥汗命令断事官牙鲁瓦赤和不只儿总领天下财政，他们任职一天就杀了二十八人，忽必烈责备他们滥施刑罚。

　　蒙哥汗三年（1253）八月，忽必烈率大军征讨大理。当年十月，渡过大渡河。十二月，逼近大理城。当初，大理段氏主弱臣强，国家大事都由高祥、高和兄弟决定。当天晚上，高祥率领众人逃走。忽必烈率领大军进入大理后，发现了自己派出的使者的尸体，埋葬后，命令部下姚枢等人写祭文悼念他们。月底，擒获高祥，将其斩首，留下大将兀良合台镇守大理。第二年六月，任命廉希宪为关西道宣

抚使，姚枢为劝农使。蒙哥汗四年，蒙哥汗命令阿蓝答儿、刘太平核算京兆、河南等地财税，那些贫困无法交纳财税的官员，忽必烈都替他们偿还。

蒙哥汗九年（1259），亲王穆哥从合州钓鱼山派使者向忽必烈报告蒙哥汗去世的消息，并且请忽必烈北归争夺汗位。忽必烈以南征不能无功而返为由，率军继续攻打南宋，围攻鄂州（今湖北武昌）数月未能攻下。当年十一月，大将兀良合台传来消息，蒙哥汗的大臣阿蓝答儿广、浑都海等人准备拥立拖雷第七子、忽必烈同父异母弟阿里不哥称汗王。为了回师争夺汗位，忽必烈派部下赵璧答应了南宋宰相贾似道的求和请求，率大军北返。

中统元年（1260）三月，世祖回到开平，亲王合丹率领西道诸王，塔察儿率领东道诸王前来聚会。众人劝忽必烈即位，忽必烈再三推让，最终即皇帝位，任命赵璧、董文炳等人为燕京路宣慰使。当年四月，设立中书省，任命王文统为平章政事，张文谦为左丞，任命八春、廉希宪、商挺为陕西、四川等路宣抚使。不久，又任命翰林侍读学士郝经为国信使，出使南宋。五月，改年号为中统。九月，诸王合丹、合必赤同汪良臣合力击败支持阿里不哥的阿蓝答儿、浑都海所部，将两人斩杀，安定了整个西部。中统二年七月，设立军储都转运使司和翰林国史院。八月，任命许衡为国子祭酒，姚枢为太子太师，许衡为太子太傅，窦默为太子太保，三人都推

辞不受。十一月，朝廷军队和阿里不哥在昔木土脑儿激战，诸王合丹斩杀阿里不哥所部三千余人，阿里不哥向北逃走。十一月，任命皇子真金为燕王，统领中书省事，当年天下百姓共有一百四十一万八千四百九十九户，被判处死刑的有四十六人。

【统一天下】

中统三年二月，益都世侯李璮叛乱，占据济南。朝廷派出蒙古、汉军讨伐李璮，同时将与李璮同谋的王文统处死。七月，济南城被攻破，李璮被俘获，后被处死。十二月，封皇子真金为燕王，守中书令，建立十路宣慰司，同时命令各路总管万户，只管理百姓事务，不得干预军政。中统四年正月，任命姚枢为中书左丞。七月，诏令各部不得擅自拘捕燕京路州县官吏，禁止进入南、北口放牧，损坏庄稼和桑树。至元元年（1264）五月，派遣郭守敬去视察西夏河渠，命令他们将详细的绘图献上。至元三年二月，任命廉希宪、宋子贞为平章政事，张文谦为中书左丞，史天泽为枢密副使。八月，赐给丞相伯颜宅第一所，派兵部侍郎黑的、礼部侍郎殷弘出使日本。十一月，开始给京、府、州、县、司官俸禄和职田。至元四年正月，下诏修建大都城。至元五年七月，建立御史台，任命右丞相塔察儿为御史大夫。至元七年正月，免去宰相耶律铸、廉希宪职务，设立尚书省，撤销制国用使司，任命平章政事忽都答儿为中书

左丞相，国子祭酒许衡为中书左丞，制国用使阿合马为平章政事。至元八年三月，增设河东山西道按察司。设立国子学，挑选文武百官近侍蒙古、汉人子弟充当学生。六月，宋将范文虎率领十万水军援救襄阳，蒙古将领阿术率部大败宋军，夺取战船一百余艘。十一月，禁止实行金国《泰和律》，建立国号为大元。

至元九年正月，将尚书省并入中书省，以平章尚书事阿合马为中书平章政事。至元十年正月，阿里海牙大举进攻樊城，攻克全城，南宋守将吕文焕献襄阳城投降。三月，册封皇子真金为皇太子。至元十一年九月，元军以伯颜为统帅，南下攻宋。至元十二年十二月，伯颜大军分路陆路东下，成功渡过长江。至元十二年正月，伯颜大军连克黄州、江州、郢州。二月，大军进驻安庆府，南宋殿前都指挥使、知安庆府范文虎献城投降，伯颜按照世祖的命令任命范文虎为两浙大都督。随后，伯颜率军在丁家洲大败宋军，追杀一百五十里，缴获战船两千余艘。七月，元将张弘范在焦山北面与宋军大战，从早晨厮杀到中午，以火攻大败宋军。至元十三年正月，南宋皇帝派遣使者携带传国玉玺及降表到伯颜军中乞降。二月，伯颜率军进入临安，收取军民钱粮的数目，核实库存，收缴符印。世祖下诏命伯颜和南宋君臣一起入朝。六月，因为《大明历》年代久远，命令太子赞善王恂编制新历，诏令许衡到京师协助。

【治理国家】

至元十四年七月，诸王昔里吉劫持北平王，关押了右丞相安童，世祖派遣右丞相伯颜率军前往防御。至元十五年七月，任命李桓为都元帅，指挥蒙古、汉军征讨广州。十一月，世祖派遣蒙古、汉军都元帅张弘范攻打漳州。当天间谍报告说前南宋宰相文天祥在潮阳港，张弘范率军在五岭坡追上文天祥的部队，抓住文天祥并押往大都。至元十六年正月，张弘范追击宋朝二王赶到厓山，宋将张世杰前来迎战，张弘范击败了他，张世杰逃走，广王赵昺和他的官吏们一起投海而死。至元十七年六月，阿合马请求设立大宗正府，世祖召见范文虎商议征讨日本。十一月，世祖下诏颁行《授时历》。至元十八年八月，征讨日本的船队遭遇风浪冲击，损失惨重，剩下的部队撤回高丽境内，幸存的只有十分之一二。至元十九年五月，罢免阿合马同党七百一十四人，追治阿合马的罪行，剖开他的棺木，在通玄门外斩首戮尸。六月，因为占城降而复叛，调发淮、浙、福建、湖广部队五千人、海船一百艘、战船二百五十艘，命令唆都率领前往讨伐。十二月，中山有人叛乱，下旨处死文天祥。至元二十年正月，设立务农司。命令右丞阁里帖木儿和三十五名万户、蒙古军中熟悉水战者两千人、探马赤军一万人、熟悉水战者五百人征讨日本。三月，下诏撤销京兆行省，设立行工部。

至元二十一年正月，世祖来到大明殿，右丞相和礼霍孙率领百官献上玉册玉宝，上尊号为"宪天述道仁文义武大光孝皇帝"。二月，任命福建宣慰使管如德为泉州行省参知政事，征讨缅甸。三月，皇子北平王南木合从北部边疆来到京师，北平王从至元八年起在和林建立将军府，留在当地七年，直到现在才回来，右丞相安童也随后返京。九月，京师发生地震。将市舶司并入监运司，设立福建等处监课市舶都转运司。十一月，命令北京宣慰司整治滦河河道。命令中书省整顿钞法，制定金银价格，禁止私自进行产品交易。至元二十二年正月，中书省大臣卢世荣请求设立规措所，管理钱粮，世祖表示同意。十一月，下旨处死大臣卢世荣。至元二十三年正月，因为皇太子真金去世停止朝贺。世祖认为日本是远方岛国，困乏民力，因此停止征讨日本。二月，诏告天下，凡是汉民持有铁尺以及杖上藏有刀锋的，都要缴纳给官府。太史院奏上《授时历经》《历议》，世祖命令收藏于翰林国史院。六月，搜求各路马匹，色目人有马匹三匹的收取其中两匹，汉人的马匹全部收入官府，藏匿和交易者予以治罪。

至元二十四年三月，改制至元宝钞颁行全国，和中统钞一起发行，以至元宝钞一贯可以折抵中统交钞五贯。至元二十五年二月，改济州漕运司为都漕运司，负责济州南北水路的粮食运输。至元二十六年七月，运河修成，赐名会通河，设立提举司，负责河渠事务。至元二十八年正月，尚书省大臣桑哥等因罪被免职。三月，推倒桑哥辅政碑。至元二十九年正月，任命太史令郭守敬兼管都水监事务。至元三十一年正月，世祖感觉身体不适，免去臣子朝贺。知枢密院事伯颜从军中赶回朝廷。不久，世祖病情加重，在紫檀殿中去世，在位三十五年，享年八十岁。五月，上谥号为"圣德神功文武皇帝"，庙号"世祖"，蒙古语尊称为"薛禅皇帝"。

⏺ 元世祖察必皇后像

察必皇后（1227～1281），蒙古弘吉剌氏人，元世祖忽必烈的皇后，太子真金的生母。根据《元史》记载，察必皇后生性节俭，曾经将宫中废弃的羊皮缝补为地毯，还带领宫人将废弓弦加工织成布匹。

木华黎 孛鲁列传

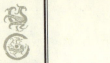

木华黎（1170～1223），蒙古札剌亦儿部人，同博尔术、博尔忽、赤老温并称为"四杰"。木华黎跟随成吉思汗四处征战，屡立战功。成吉思汗十二年（1217）八月，蒙古发动灭金战争后，木华黎受封为太师、国王，全权指挥灭金之战。他改变蒙古军队以前肆意杀掠和夺地不守的惯例，收降大批地方武装首领为其守城夺地，发挥蒙古军善于突袭和野战之长，攻取了中原地区大片土地。成吉思汗十八年（1223），病死于军中。

【四杰之首】

木华黎，蒙古札剌亦儿部人，世代居住在阿难河的东边，累世为蒙古孛儿只斤氏的奴仆。他的父亲孔温窟哇，曾经跟随铁木真（成吉思汗）平定蔑儿乞部的叛乱，征讨乃蛮部，

屡立战功。后来乃蛮部发动叛乱，铁木真带领六名骑兵逃走，中途没有食物，孔温窟哇捉住河边的骆驼，宰杀后烤熟了给铁木真吃。当时敌人的骑兵即将赶到，铁木真的坐骑累死，孔温窟哇把自己的战马让给铁木真，自己回身去阻挡追来的敌骑。铁木真死里逃生，孔温窟哇却战死当场。孔温窟哇有五个儿子，木华黎是他的第三子。木华黎长大后，沉稳坚毅，足智多谋，猿臂善射，能够拉开超过两石的硬弓，他和博尔术、博尔忽、赤老温一起辅佐铁木真，以勇武忠诚而著称，号称"掇里班曲律"，汉语的意思就是"四杰"。当时铁木真和塔塔儿部作战失利，恰逢天降大雪，行军的帐篷

🐎 成吉思汗骑射图

也在战斗中丢失，铁木真等人只能在水草地中休息。木华黎和博尔术撑开皮毯子，彻夜为铁木真遮挡风雪。

当时克烈部王罕与乃蛮部开战，王罕向铁木真求援，铁木真就派遣木华黎和博尔术前去救援，在按台山下大败乃蛮部的军队，缴获了大批的盔甲武器和战马。不久，铁木真和王罕分裂，王罕准备袭击铁木真，他的部下拔台秘密报告了铁木真。铁木真派木华黎挑选精锐骑兵，乘夜突袭王罕大营，王罕大败逃走，后来被乃蛮部人杀死，其他部落的首领纷纷归附铁木真。丙寅年（1206），铁木真建立大蒙古国，称"成吉思汗"，分封了九十五个千户，木华黎和博尔术受封左右万户。成吉思汗对两人说："今日国内统一安定，主要是你们两人的功劳。我能够得到你们，就像马车有了车辕，人有了手臂一样。"

当时从金朝投降过来的人，都向成吉思汗诉说金章宗昏庸无道，滥杀宗亲，成吉思汗认为讨伐金国的时机已经到了。成吉思汗六年（1211），木华黎跟随成吉思汗大举攻金。当年冬天，蒙古军连续攻克了德兴军、恒州（今内蒙古正蓝旗北四连城）、昌州（今内蒙古太仆寺旗西南九连城）、抚州（今河北张北）。金朝招讨使纥石烈执中、监军蒲鲜万奴集中了四十万大军，在野狐岭以北列阵，准备和蒙古军决战。战斗开始前，木华黎对成吉思汗说："敌众我寡，不拼死力战恐怕不能取胜。"说完，木华

黎率领死士，跃马横戈，呐喊着冲入金军大阵。成吉思汗随后挥军猛攻，大败金兵，一直追击到浍河堡，金军伏尸数百里。

【经略中原】

成吉思汗八年，蒙古分兵三路进攻金国，木华黎跟随成吉思汗、拖雷的中路军攻打居庸关，金军据关死守，未能攻克。木华黎派哲别率领精兵突袭紫荆关，金左监军术虎高琪一战即溃，蒙古军连续攻克了涿州（今河北涿州）、霸州（今河北霸州）、棣州（今山东惠民）、滨州（今山东滨州）、益都府（今山东益都）和密州（今山东诸城）等地。进驻霸州时，当地的汉族地主武装史秉直、史天倪、史天泽率部属归降，木华黎奏请成吉思汗任命他们为千户。第二年夏天，木华黎跟随成吉思汗兵围燕京，金宣宗无力退敌，只得向成吉思汗请求议和，蒙古军这才返回北方。成吉思汗命令木华黎率军征伐辽东。木华黎进军来到高州（今辽宁赤峰东北），金将卢琮、金朴率全城投降。随后，木华黎率军攻打金国北京（今辽宁宁城西），金军守将银青率军二十万出战，大败而回。当时城中粮食已尽，士兵们发动兵变杀死银青，推举寅答虎为主帅，举城投降。木华黎本来打算活埋所有降将，部下萧也先劝他说："北京是辽西重镇，应该用怀柔的政策笼络人心，在这里坑杀降将，那今后还会有投降的人吗？"木华黎采纳了萧也先

的建议，让寅答虎留守北京，并以兀叶儿为北京总管都元帅镇守北京。不久，兴中府官吏杀死了守将兀里卜，推举土豪石天应为元帅，向蒙古军投降，木华黎任命石天应为兴中尹，兵马都提控。

当年四月，锦州（今辽宁锦州）人张鲸杀死金朝节度使，自立为临海郡王，向蒙古军投降。成吉思汗诏令木华黎以张鲸总领北京十提控兵马，跟随掇忽阑南征金国。木华黎察觉到张鲸有不轨的企图，就让萧也先做他的监军。张鲸所部到达平州（今河北卢龙）后，张鲸称病不肯前行，暗中策划逃走，萧也先就将张鲸就地处死。张鲸的弟弟张致怀恨在心，占据锦州叛乱，木华黎率领蒙古不花等人讨伐张致。第二年春天，张致攻占兴中府。木华黎派先锋兀叶儿攻打溜石山，叮嘱众将说："如果猛攻溜石山，叛军必然派兵支援，我们只要截断他们的退路，就可以活捉张致了。"木华黎派遣蒙古不花在永德县以东埋伏。张致果然派遣张鲸的儿子张东率领骑兵八千、步兵三万增援溜石山。蒙古不花率军杀出，木华黎所部也在神木县夹击张东所部，大败敌军，斩杀了张东及其部下一万两千八百余人。随后，蒙古军攻克开义县，进逼锦州。张致派遣部将张太平、高益出战，再次被木华黎击败。张致恼怒将士们连战连败，处死了败将二十余人，军心混乱，其部下高益捆绑了张致献城投降。木华黎处死了张致，然后又接连攻占了

苏州（今辽宁金县）、复州（今辽宁盖县南）、海州（今辽宁海城），斩杀金将完颜众家奴，金国咸平宣抚使蒲万家奴率领十多万人逃亡海岛。

【挥师攻金】

成吉思汗十二年（1217），木华黎受封为太师、国王、都行省承制行事，赐给他券书、黄金印，约定"子孙传国，世世不绝"。成吉思汗还下诏说："太行山以北，我自己经营谋划；太行山以南，就交给木华黎经营。"为了确立木华黎在诸将中的威信，成吉思汗赐给他帝王专用的大旗，并告诫诸将说："当木华黎竖起这杆大旗发布命令时，就如同我亲临一般。"随后，木华黎在燕云建立行省，向燕南地区发动猛攻。当年冬天，蒙古军攻克了大名府，向东又平定了益都、淄州、登州、莱州、潍州、密州等地。第二年，木华黎率军从燕京出发，进攻河东地区。蒙古军经太和岭进入河东，连续攻克了太原、代州、泽州、潞州、汾州、霍州和平阳府，金国守军无不望风而逃。木华黎派前锋拓跋按察儿率领蒙古军驻守平阳府，派遣义州监军李廷植的弟弟李守忠代理河东南路元帅府事务。不久，木华黎又派遣萧特末儿率军出云州、朔州，攻打岢岚州；派遣谷里夹打攻克石州（今山西离石）、隰州（今山西隰县）和绛州（今山西绛县），至此木华黎已经占据了河东大部。

成吉思汗十五年，木华黎挥师河

北，他行军来到满城（今河北满城西北）时，金国恒山公武仙投降。木华黎任命史天倪为知河北西路兵马事，武仙为副职。史天倪建议说："现在中原地区刚刚平定，如果您放纵士兵劫掠百姓财物，那就失去了王师吊民伐罪、救万民于水火的本意了。"木华黎采纳了史天倪的意见，下令禁止抢劫财物，所俘获的老人孩子也都放归乡里，军队纪律严整，官吏百姓皆大欢喜。蒙古军到达滏阳（今河北磁县）时，金国邢州节度使武贵投降。木华黎派蒙古不花分兵夺取了河北的卫州、怀州和孟州，于当年秋天进驻济南。金国官员严实登记了他所管辖的彰德、大名、磁州、铭州、恩州、博州、滑州、浚州等地的民众三十余万户归降蒙古军。

当时金军在黄龙岗集中了二十二万大军，以两万步兵进攻济南，被木华黎以五百骑兵击退。随后，木华黎调集大军，进逼黄龙岗。开战前，木华黎命令骑兵下马，以弓箭猛烈射击金军，果然大败金军，大批金军败兵被淹死于黄河之中。随后蒙古军进攻楚丘，严实率所部首先登城，一战而下楚丘。蒙古军进围东平，木华黎任命严实代理山东西路行省，并告诫他说："敌军一旦粮食耗尽，必然弃城逃走，你一定要趁机入城安抚百姓，不要让百姓遭受劫难。"木华黎留下

🔴 成吉思汗陵内供奉的金马鞍

梭鲁忽秃率三千蒙古兵驻守。不久，东平粮食耗尽，金国行省忙谷弃城逃走，被梭鲁忽秃截杀其部众，严实率军进入东平府，建立行省，安抚百姓。当时木华黎的弟弟带孙围攻洺州，久攻不克，木华黎派部将石天应增援，最终攻克了洺州。五月，木华黎率军驻扎野狐岭，宋朝的涟水忠义统辖石珪率部投降，木华黎任命他为济州、兖州、单州总管。不久，京东安抚使张琳前来归降，木华黎让张琳代理山东东路的益都、沧州、景州、滨州、棣州等地都元帅府事务。郑遵也献出枣乡、蓨县投降，木华黎任命郑遵为节度使，代理元帅府事。

当年八月，木华黎跟随成吉思汗驻扎在青冢，随后从东胜州（今内蒙古托克托县）渡过黄河进入西夏。西夏国王以兵五万请求归附。十月，木华黎率军从云中进入葭州（今陕西佳县），以石天应代理行台兵马都元帅。之后，木华黎率军攻下绥德，在距离延安三十里处扎营，金国行省完颜合达率领三万大军出城迎战。蒙古不花侦察了金军的阵形，建议木华黎诱敌

深入，然后用伏兵击败金军。木华黎采纳了他的意见，将蒙古军主力埋伏在延安城东的两个山谷之中。第二天，蒙古不花率军出战，刚一看见金军就扔掉军旗逃跑，金军果然紧紧追赶，蒙古军的伏兵趁机从两翼杀出，万箭齐发，杀死金军七千余人，俘获战马八百匹。完颜合达退保延安，木华黎围攻十日未能攻克，于是南下攻取了洛川（今陕西洛川）、鄜州（今陕西富县）等地。此时，河东传来了金军收复隰州的消息，木华黎从丹州渡过黄河，再次攻克隰州，留下合丑率领蒙古军驻守在石州和隰州之间，任命田雄代理元帅府事务。

▶【百战逞威】

成吉思汗十七年（1222）七月，木华黎派蒙古不花出兵秦陇，一面虚张声势，吸引金军注意；一面暗中观察山川道路的情况。木华黎则亲自率领大军从云中出发，连续攻克了盂州、晋阳、霍邑等地。十月，木华黎经过晋州到达绛州，攻克了荣州（今山西河津西南）等地，金国守军望风而降。占据河中府

后，木华黎任命石天应代理河东南北路陕右关西行台，平阳的李守忠、隰州的田雄都划归石天应节制。接着，木华黎让人在黄河上搭建浮桥，然后全军渡过黄河，连续攻克了同州（今陕西大荔）、蒲城（今陕西蒲城），进逼长安。当时金国京兆行省完颜合达率领二十万大军守卫长安，木华黎久攻不下，就派部下兀胡乃、太不花率六千骑兵监视长安；以按赤率军三千阻截潼关金军，然后率大军向西攻打凤翔。围攻凤翔月余，始终不能破城，木华黎就率军驻扎渭水南岸，派遣蒙古不花向南越过牛岭关，夺取了宋朝的凤州而还。当时中条山的侯七等人聚众十余万人，趁着蒙古军西进之时，攻击河中府。石天应派部将吴权府率领

☯ 元太祖成吉思汗像

《元史·太祖本纪》对成吉思汗的评价是："帝深沉有大略，用兵如神，故能灭国四十，遂平西夏。其奇勋伟绩甚众，惜乎当时史官不备，或多失于记载云。"

元太祖皇帝

即青吉思汗谓特穆津在位二十二年父曰伊苏克伊是为烈祖皇帝起宋宁宗开禧二年丙寅金章宗泰和六年终宋理宗宝庆二年丁亥金哀宗正大四年

五百骑兵埋伏在山谷之中，命令其在侯七等人经过一半时出击，石天应则率部从正面进攻。可吴权府贪杯误事，没能按时出兵，石天应寡不敌众，战死当场。蒙古军先锋按察儿大败侯七所部，收复了河中府，木华黎以石天应的儿子石斡可继承了石天应的职位，统领其军队。

成吉思汗十八年（1223）春天，木华黎率军东返，当时浮桥尚未建成，木华黎对众将说："浮桥还没有完工，我等不可以坐而等待。"于是又攻占了河西的堡垒十余座。三月，木华黎率军渡过黄河来到闻喜县（今山西闻喜），身染重病，召见了他的弟弟带孙。木华黎对带孙说："我为国家成就大业，披甲持刀征战将近四十年，东征西讨，没有什么可以遗憾的了，只恨汴京还没有攻下，你们要好好努力啊！"不久，木华黎病逝于军中，终年五十四岁。此后成吉思汗亲自率军攻打凤翔，他对部将们感叹说："如果木华黎还在世，我就不用亲自到这里来了！"元英宗至治元年（1321），诏令封赏木华黎为体仁开国辅世佐命功臣、太师、开府仪同三司、上柱国、鲁国王，谥号"忠武"。他的儿子孛鲁继承了他的爵位。

【其子孛鲁】

孛鲁，沉着刚毅，勇武过人，待人宽厚，通晓多国文字，善于骑射。二十七岁时，孛鲁率军讨伐西夏，他攻占银州，击败了数万西夏军队，

俘获战马、骆驼、牛羊数十万匹。成吉思汗二十年（1225），同知真定府事武仙叛乱，杀死了都元帅史天倪，逃归金国。当时武仙的弟弟武贵在军中为人质，他带领全家逃走，孛鲁派遣撒寒追赶到紫荆关，斩杀了武贵，孛鲁任命史天泽代理元帅府事。

不久，宋将李全攻陷了益都，抓住了蒙古军元帅张琳押往楚州。当年九月，带孙率领大军将李全围困在益都。十二月，孛鲁带兵加入围城战。第二年三月，李全突围逃走，孛鲁将他们击退，斩杀七千余人。四月，城中粮尽，李全只得出城投降。部将们都认为李全是走投无路才出城投降，并非出于真心，应该将他处死，以绝后患。孛鲁却认为杀掉李全很容易，但丢失人心就太可惜了。于是孛鲁任命李全代理山东、淮南、楚州行省，任命郑衍德、田世荣辅助李全，其他郡县纷纷归附，山东全境就此平定。当时金军死守滕州，久攻不下，将领们都认为天气炎热，希望撤军。孛鲁却以成吉思汗多年征战为例，认为天热就不愿作战，不是忠臣所为。随后蒙古军进军滕州，大败金军，占领了滕州。九月，孛鲁率军返回燕京。他得知成吉思汗病逝，急忙奔赴北方，因为哀痛过度而积劳成疾，不久病逝于军中，终年三十二岁。元英宗至治元年，诏令封他为纯诚开济保德辅运功臣、太师、开府仪同三司、上柱国、鲁国王，谥号"忠定"。

安童列传

安童（1248～1293），蒙古札剌儿部人，木华黎四世孙。安童少年时跟随忽必烈征战四方，忽必烈称帝后，其受封为四怯薛之长，掌管宫廷宿卫。至元二年（1265），安童被任命为中书右丞相。担任丞相期间，安童协助忽必烈推行汉法，最终在权力斗争中击垮了权臣阿合马。至元十二年（1275），跟随北平王那木罕出镇西北。至元二十一年（1284）回归大都。至元三十年（1293），安童因病去世，追赠为东平王。

▶【出仕为官】

安童是蒙古重臣木华黎的四世孙，中统初年（1260），元世祖追忆开国功臣，将安童召入宫中负责宿卫，当时安童年仅十三岁，地位却已经在许多官员之上。安童的母亲弘吉剌氏是世祖昭睿皇后的姐姐，因此经常出入皇宫。一天，世祖向她询问安童的情况，她回答说："安童虽然年幼，却是可以做三公宰辅的人才。"世祖问其缘由，她回答说："每次退朝后，他都要和老成稳重的人讨论国事，从不和同龄的孩子接触，因此知道他将来是国家栋梁。"世祖非常高兴。中统四年（1263），世祖战胜了同父异母弟阿里不哥的反叛，俘获其同党一千余人，准备将其全部处死。世祖询问安童的意见，安童回答说："他们不过是各为其主罢了，陛下您刚刚平息大乱，如果因为个人的怨恨大肆杀戮，那拿什么安抚那些还没有归附

的人呢？"世祖非常惊奇年仅十六岁的安童能说出这样老成谋国的话语，因此更加器重安童。

至元二年（1265），安童出任中书右丞相，食邑四千户。安童认为自己年幼，骤然高位会引起四方对朝廷的轻视之心，因此推辞不受。世祖非常感动，最终还是任命安童出任右丞相之职。当年十月，世祖命令大儒许衡到中书省议事，许衡以身体有恙为理由加以推辞，安童就亲自来到驿馆问候，和许衡交谈了很长时间。至元五年，阿合马等人秘密商议设立尚书省。为了扫除安童这个障碍，他们上奏世祖，请求让安童进位三公，以此来架空安童。世祖命令儒臣们商议此事，大臣商挺说："安童是国家的柱石，现在让他位列三公，就是以虚名来剥夺他的权力，完全不可以。"众人都同意商挺的意见，于是此事作罢。至元七年，尚书省成立，阿合马出任尚

书平章，他倚仗世祖的宠信，大小事务都绕过安童直接禀报世祖。安童将情况上奏给世祖，由此更加得罪了阿合马一党，他们屡次中伤安童，最终导致了安童被贬离中枢。

【归朝为相】

至元十二年，元世祖下诏让安童跟随北平王那木罕到西北边疆镇守，这一去就是整整十年。至元十三年，宗室昔里吉发动叛乱，劫持了那木罕和安童，将安童囚禁于宗室海都处，直到至元二十一年才将其放归。当年冬天，右丞相和礼霍孙被免职，世祖任命安童为中书右丞相，加授金紫光禄大夫。至元二十二年，右丞卢世荣因整顿钞法失败而倒台，世祖让安童和各位儒臣一起，逐步清理卢世荣所任用的官员和所做的决定，全部予以罢免和废除。

至元二十四年，宗王乃颜叛乱，世祖亲自率军平定了叛乱。宗室中有许多受叛逆牵连的贵戚，世祖命令安童审问他们，其中大多数人得到了平反。一次退朝后，安童从左掖门出宫，宗室们争先恐后地致谢，有人甚至抓住马的缰绳要扶他上马，安童依然不理不睬。有人趁机向世祖进谗言说：“各位王爷虽然有罪，但毕竟是陛下您的亲人，丞相虽然位高权重，但毕竟是臣子，怎么能对宗室贵戚表现得如此傲慢呢？”世祖斥责他们说：“你们这些小人，哪里知道安童的良苦用心，他这是有意在羞辱那些心怀叵测的人，好让他们改过自新罢了。”

至元三十年（1294）正月，安童因病在大都乐安里府邸中去世，享年四十九岁。世祖下诏让大臣主持安童的丧事。大德七年（1303），元成宗下旨追赠安童为推忠同德翊运功臣、太师、东平王。安童的儿子兀都带气度恢弘，世祖时负责宫廷宿卫。安童病逝后，他谢绝了朝廷馈赠的丧葬财物，用白马白车将父亲的灵柩送回祖坟安葬。元成宗即位后，兀都带出任大司徒，掌管太常寺事务，经常出入内宫，参与策划国家大事，皇帝和皇后都以自己人的礼节对待他。

🌸 **莲花纹高足金杯·元**

金杯高 14.4 厘米，口径 11.1 厘米，杯腹部刻有莲花，杯足为荷叶纹，为蒙古贵族的用具。

廉希宪列传

元史 ●列传● 列传

廉希宪（1231～1280），字善甫，号野云，畏兀儿人，廉访使布鲁海牙之子，因其父官名而改姓廉。十九岁时进入忽必烈府邸，跟随出征大理，在忽必烈登基称帝的过程中立下了汗马功劳。忽必烈即位后，任命廉希宪为中书平章事。至元十二年（1275），出任荆南行省（今湖北江陵）平章政事，数年间荆南大治，人心安定。至元十四年（1277），廉希宪回京辅佐皇太子真金。至元十七年，病故于大都，追封太师、恒阳王，号文正。

▶【文武全才】

廉希宪，字善甫，是廉访使布鲁海牙的儿子，因此改姓廉。廉希宪小时候身材魁伟，举止不同于同龄的孩子。他九岁时，家中有四个仆人偷了五匹马逃走，按当时的法律应该处死。布鲁海牙非常生气，要把犯人送交官府，廉希宪哭着劝住了父亲，四名仆人这才免于一死。另一次，廉希宪侍奉母亲居住于中山，有两名家奴喝醉后对其恶语相加，廉希宪说："他们这是欺我年幼。"就将二人送交官府，对他们施以杖刑。众人都很惊奇他如此有主见。海迷失后二年（1250），十九岁的廉希宪进入忽必烈府邸担任怯薛（卫士）。忽必烈见他容貌出众，谈吐不凡，对他特别宠信。廉希宪喜欢阅读经史著作，经常卷不离手。一天，他正在阅读《孟子》，听说忽必烈紧急召见他，把书揣在怀里就进府了。正巧忽必烈向他询问孟子的治国

之道，他就用"人性本善，重义轻利，行仁政而不行暴政"的观点来回答，忽必烈非常满意，称他为"廉孟子"，廉希宪从此扬名。另外一次，廉希宪和侍卫们在忽必烈面前比试箭术。有人轻视喜欢读书的廉希宪，想取他的箭矢来射，廉希宪说："你以为我自己不会射箭吗？只是我的这张弓力道太弱罢了。"有人找来一张强弓，廉希宪连射三箭，箭箭命中目标，大家都称赞他是文武全才。

蒙哥汗四年（1254），忽必烈在自己的关中封地设立宣抚司，任命廉希宪为宣抚使。当时关中地区遍布着蒙古贵族的封地，还是羌、戎等少数民族聚居的地方，一向以难以治理出名。廉希宪上任后，调查百姓疾苦，抑制豪强，空闲时就向许衡、姚枢等儒士请教治国之道。当时朝廷有规定，读书人为奴的，由官府出资予以赎身，而关中地区贵戚豪强很多，这

条规定形同虚设。廉希宪到任后，命令将为奴的读书人全部登记，然后由官府出资赎买，放为良民。不久，有人在蒙哥汗面前进谗言说忽必烈权势过大，其手下专权不法，蒙哥汗就命令亲信阿蓝答儿广等人钩考关中地区官员。当时有人劝说廉希宪推出一些属下当替罪羊，廉希宪回答说："宣抚司的事情都由我决断，有罪就应该由我独自承担，和我的下属官员有什么关系呢？"蒙哥汗九年，忽必烈率领蒙古军攻宋，大军渡过长江包围鄂州，廉希宪带领一百多名儒生跪在军营门前，恳求忽必烈说："现在大军渡过长江，凡是军中俘获的读书人，应该由官府赎出遣返回家，以此彰显殿下的恩泽。"世祖采纳了他的建议，先后遣返回家的儒生达到了五百多人。

【拥立之功】

蒙哥汗九年（1259）九月，蒙哥汗于钓鱼城战死的消息传来，忽必烈召集众人商讨对策。廉希宪说道："殿下是太祖嫡孙，先皇的同母兄弟，征伐大理、南宋都立有大功，而且您招贤纳士，顺从民心，天下的百姓都拥护您。现在帝位无主，您应该迅速回京，继承皇位以安定天下。"忽必烈非常高兴，当即决定廉希宪率先起程，探听各处的消息。当时忽必烈的主要对手阿里不哥已经派遣大将刘太平、霍鲁海进驻陕西。廉希宪建议忽必烈派大将赵良弼前去探察动静。廉希宪认为忽必烈要夺取汗位，必须要获得蒙古东道诸王的拥护，于是他向忽必烈请命，前往宗王塔察儿部赐给膳食。期间，廉希宪向塔察儿晓明利害，塔察儿最终决定首先拥戴忽必烈。当年，蒙古诸王在开平集会，共同拥戴忽必烈登基，廉希宪也劝忽必烈早定大计。最终，忽必烈即位称帝，建年号为中统。

【平定川陕】

不久，赵良弼从陕西返回，报告说刘太平、霍鲁海已经在陕西掌控财政大权，为漠北的阿里不哥四处联络，摇旗呐喊，形势十分严峻。中统

中统元宝交钞·元

中统元年（1260）七月，元世祖下诏造中统元宝交钞，简称"中统宝钞"。中统宝钞以丝为本，每五十两银兑换丝钞一千两。南宋灭亡后，忽必烈下令用宝钞兑换宋交子、会子。这样，忽必烈统一了南北钞法，使宝钞成为中国历史上首次通行全国的纸钞。

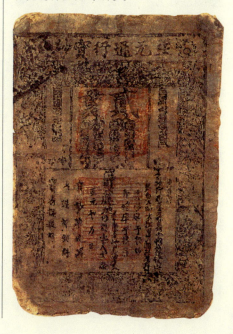

元 列 史 传

🐉 花瓣式鎏金耳杯·元

元年（1260）四月，世祖任命廉希宪、商挺出任陕西、四川正副宣抚使，紧急前往陕西。刘太平、霍鲁海听说此事，急忙乘坐驿车赶回京兆，秘密商议起兵叛乱。三天以后，廉希宪到任，他宣布世祖诏旨，安抚各地守军。不久，有使者急报说驻扎于六盘山的大将浑都海所部已经反叛，不但杀死了廉希宪所派使者，还派人与驻扎成都的将领密里火者、驻扎青居的将领乞台不花联络，并且联系刘太平、霍鲁海等人同时举事。廉希宪接到报告后，当机立断，命令万户刘黑马将刘太平、霍鲁海及其党羽关进监狱。接着又派遣刘黑马率军诛杀密里火者，派将领汪惟正诛杀乞台不花，全都通过驿站报告给朝廷。瓦解了这两处大敌之后，廉希宪命令将领汪良臣率领秦、巩各路兵马进军六盘山。汪良臣以没有得到世祖命令为由推辞，廉希宪就摘下佩虎符和银印交给汪良臣，并对他说："这些都是我秉承陛下密旨的凭证，你只管办好我交给你的事，我已经将这里的情况报告陛下了。"为了鼓舞士气，廉希宪还从府库中拨

出一万五千两白银交给汪良臣，作为军功犒赏之用，汪良臣非常感动，最终决定前往平叛。

此外，廉希宪又从戍卒和壮丁中组织了四千人的军队，任命蒙古将领八春为这支部队的统帅，他还告诉八春说："你所率领的部队没有经过训练，六盘山的叛军精锐善战，你不要和他们正面交锋，只要虚张声势，使他们不敢向东进攻就算大功一件。"这时恰好有世祖的诏书送到，廉希宪命令将刘太平等人绞死在狱中，把尸体摆在道路之上，然后出门迎接诏书，陕西、四川两地的人心终于安定下来。随后，廉希宪派遣使者向世祖弹劾自己擅自杀人、擅自征调各路军马和擅自处置内库等罪过。世祖不但没有责怪廉希宪，反而称赞他说："《易经》中所说的随机应变，就是指你的所作所为吧。"随后，世祖赐给廉希宪金虎符，让他全权调度各路兵马。

当时一支蒙古军队的奥鲁（留后家属营）驻扎在陕西，其中两名军官受到浑都海的贿赂，准备发兵响应六盘山叛军，结果被八春抓获，请求将他们一并处死。廉希宪认为叛军人心不齐，还有投降的可能。如果这时杀掉军中将领，反而会逼反犹豫中的军队，就将两人释放，反而安定了奥鲁营，为自己增加了数千精锐骑兵。浑都海见廉希宪早有准备，就率军渡过黄河，前往甘州，与从和林出发的阿

蓝答儿广会合，同时再次派人联系陕西、四川的将领，形势又变得危急起来。这时，又是廉希宪派人告谕众位将领，向他们晓以利害，最终使局面转危为安。不久，浑都海、阿蓝答儿率军向东挺进，众将初战失利，朝廷也想放弃陕西、四川，退守兴元府。廉希宪一面极力劝阻，一面会同亲王合丹、将领汪良臣、八春等人大败敌军，擒获浑都海、阿蓝答儿等人，彻底解除了陕西、四川两地的危局。捷报传至朝廷，世祖非常高兴，称赞廉希宪是当之无愧的男子汉，提升他为平章政事，当时廉希宪刚满三十岁。

【直言无忌】

中统三年（1262），益都世侯李璮起兵反叛，进占济南，事情牵连到中书平章王文统。另一位平章政事赵璧一向嫉妒廉希宪，就声称王文统是由廉希宪所引荐的，法应连坐；况且关中地理位置优越，廉希宪又深得人心，再有商挺、赵良弼做他的助手，恐怕将来尾大不掉。这时又有蜀人费正寅因为私人恩怨仇恨廉希宪，诬告他趁着李璮反叛，修筑城池，训练军队，有不臣之心。世祖因此心生疑虑，命令中书右丞粘南合代替廉希宪管辖行省，下书诏廉希宪回京。不久，查无实据，世祖任命廉希宪为中书省平章政事。廉希宪在中书省任职期间，考核官员，施行迁转法令，推动罢免世侯，政绩斐然。

至元元年，廉希宪的母亲去世，

他回家为母守丧，连着三天滴水不进，每次恸哭到吐血为止。朝中大臣们想劝他出仕，一同去看望他，听到他号啕痛哭的声音，最后还是不忍心开口。不久，世祖下诏夺情起复，廉希宪不敢违抗圣旨，返回大都为官，但他出门时总是穿着素服，回家则换穿丧服。当时奸臣阿合马主持中书省，独揽财政赋税大权。适逢他的同党之间互相攻击，世祖命令中书省审查此事，众臣畏惧阿合马的权势，没有人敢于过问。廉希宪彻底调查了这件事，将情况报告世祖，世祖下令杖责阿合马，免去他所兼职务。不久，有人状告丞相史天泽培植党羽，权柄日盛，世祖下令罢免了史天泽的职务，让他等待审查结果。廉希宪进言说："史天泽跟随陛下的时间最长，最了解他的人莫过于陛下。从陛下登基之前开始，他就接受陛下的命令，统领军队，管理百官，卓有成效。臣和他同样在朝廷任职，如果陛下疑心如此之重，那臣等该如何自保呢？如果非要罢免史天泽，请将臣也罢免了吧。"世祖最终让史天泽官复原职。廉希宪每次在世祖面前直言敢谏，从不迁就，有一次，世祖就问他说："你原来在王府侍奉我的时候，很多事情都能容忍，现在做了天子的大臣，怎么反而越发倔强呢？"廉希宪正色回答说："王府事情较轻，而国事沉重，如果只顾顺从君主，那天下将遭受祸害，所以臣不敢爱惜自己。"

当时世祖正礼遇国师八思巴，就

想让廉希宪一起受戒，廉希宪回答说："我已经受孔子之戒了。"世祖问他："孔子也有戒吗？"他回答说："做臣子的应当尽忠，做儿子的应当尽孝，孔子的戒条如此而已。"至元七年（1270），西域人匿赞马丁因为被仇家告发，被拘禁在大都的监狱里。正巧世祖下诏释放拘押在大都的囚犯，匿赞马丁也就被释放了。当时廉希宪在家休假，没有参与此事的处理。当年秋天，世祖从上都返回大都，匿赞马丁的仇家就向世祖告发，廉希宪听说此事，就找出当时的判决书，签署上自己的名字，希望以此为属下分担责任。后来世祖果然很生气，认为不该释放匿赞马丁这样的人，就将廉希宪和左丞相耶律铸一起罢免。此后廉希宪居家四年，每日以读书为乐。

【出镇一方】

至元十一年（1274）二月，世祖重新起用廉希宪，任命他为北京行省平章政事，希望廉希宪以自己的威名震慑蒙古东道诸王。当时有一个西域商人自称是王室驸马，他谎称一位商人的祖父曾经向自己借贷，向其索取高额的利息。百姓将此事告到行省，廉希宪下令逮捕西域商人。那人非常嚣张，居然骑马进入行省大堂，坐在几案之上。廉希宪命人将他揪下来跪着，责问他为什么私设牢狱、囚禁百姓，命人给他戴上刑具拘禁起来。不久，鲁国长公主和驸马前往大都朝见世祖，他们沿途纵马射猎，骚扰百姓

无度。廉希宪当面告诫驸马，要入朝向世祖奏报扰民之事。驸马惊愕，进帐告诉公主，公主只得赔礼，表示愿意将勒索来的一万五千贯钱如数偿还百姓，请求廉希宪不要报告世祖。从此之后，蒙古贵族经过廉希宪掌管的地方时，都不敢再肆意放纵。

至元十二年，右丞相阿里海牙视察江陵（今湖北江陵），向世祖请求派遣朝廷重臣开府于此地。世祖急忙召回廉希宪，让他出任荆湖行省平章政事，授予其自行任免三品以下官员的权力。廉希宪冒着酷暑赶奔江陵，到达治所时，阿里海牙已经率领部下在城外相迎，荆南的百姓看到这样的场面都知道来人非同凡响。当天，廉希宪下令禁止抢掠，保证商贸畅通，军民安定。随后，廉希宪让人登记城中原来在南宋为官的人员，然后从中挑选人才为己所用。廉希宪的随从对此表示反对，他解释说："这些人现在都是国家的臣子，有什么可以怀疑的呢？"按照南宋官场惯例，官员到上官府邸拜见时，一定要馈赠珍宝古玩，那些被选中的官员也照此对待廉希宪。廉希宪拒绝礼物，告诉他们说："你们出仕为官，应该感谢陛下的恩德，全力报效朝廷。你们赠送给我的礼物，如果是你们的私人物品，我收取就是不义；如果是公家的物品，我收取就是贪污，这种事情今后不要再做了。"此后，廉希宪下令禁止杀戮俘虏，违者以杀害平民论处。当时，南宋在守卫江陵时曾经引水护城，廉

希宪让人挖开缺口，将洪水泄入江河，得到了被淹没的良田数万亩，全部都分给贫苦百姓耕种。为了赈济饥民，他还下令从官府征调存粮二十万斛，活人无数。接着，廉希宪大兴学校，挑选教官，购买经典书籍，一时间荆南文风大盛。由于廉希宪治理有方，声名远扬，西南地区的少数民族和思州、播州的田、杨家族，南宋重庆制置赵定应都越过边境请求归降。事情上奏到朝廷，世祖感叹说："廉希宪能不使用军队就能让几千里外的人前来献纳土地，可见他治理教化的效果啊！"

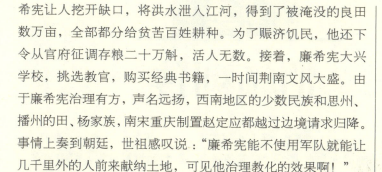

【与世长辞】

至元十四年，世祖因为廉希宪身体多病，荆南地区又潮湿炎热，将其召回京城。江陵的百姓听说廉希宪要走，纷纷流着眼泪挽留他，而廉希宪随身带回京城的行李也只有古琴和书籍罢了。世祖知道他的清贫，特地赏赐他白银五千两，钱钞一万贯。当年五月，廉希宪到达上都。当时朝廷正在议论门下省的人选问题，世祖将廉希宪视为门下省侍中的不二人选，皇太子真金也派人传旨给廉希宪说："您尽管统领门下省，不必害怕周围的小人，我替您清除他们。"然而由于权臣阿合马从中作梗，廉希宪最终还是在家中养病闲居。至元十六年，世祖再次命廉希宪进入中书省，廉希宪以病体沉重婉拒。皇太子真金派人探视，并询问治国之道，廉希宪回答说："君主驾驭天下关键在于用人。任用君子，国家就太平；任用小人，国家就丧乱。臣现在最担心的是奸臣专权，小人阿附，误国害民。殿下应当劝告陛下尽快除掉奸臣，不然一天天下去国事就不可救药了。"至元十七年十一月十日夜里，廉希宪去世，享年五十岁。元成宗大德八年（1304），追赠忠清粹德功臣、太傅、开府仪同三司、魏国公，谥号"文正"。

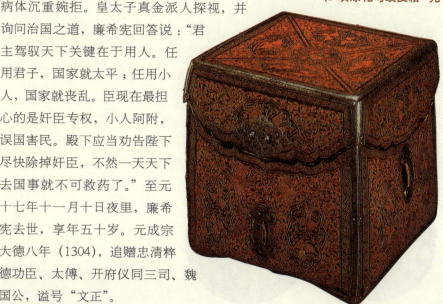

填漆花鸟纹皮箱·元

伯颜列传

伯颜（1236～1295），蒙古八邻部人，他曾跟随宗王旭烈兀西征。元世祖至元元年（1264），入朝奏事，得到元世祖赏识，留朝为官，历任中枢左丞相、同知枢密院事等职务。至元十二年，伯颜率领元军兵分三路进攻南宋临安。至元十三年三月，南宋幼帝出降。南宋灭亡后，伯颜率军北上平叛，连续击败了海都、乃颜等西北叛王。至元三十年（1293）冬，元世祖病死，伯颜拥立皇太孙铁穆耳即位于上都。当年冬天，伯颜病逝，终年五十九岁。

▶【宦海新贵】

伯颜是蒙古八邻部人，他的曾祖父述律哥图曾在成吉思汗帐下效力，担任过八邻部左千户的职务；他的祖父阿刺继承父职，兼任断事官。伯颜的父亲晓古台曾经跟随宗王旭烈兀远征西域，伯颜自幼在西域长大。至元初年（1264），伯颜奉旭烈兀之命入朝奏事，元世祖忽必烈对他的风度才干非常满意，说："你这样的人才不应该是诸侯王的臣子，还是留下来侍奉我吧。"世祖和伯颜商议国家大事，伯颜的建议总是在其他大臣之上，世祖认为他才干出众，将中书右丞相安童的妹妹嫁给他。至元二年七月，任命伯颜为光禄大夫，中书左丞相。当时丞相府的官吏们遇到难以决断的事情，伯颜往往一两句话就决定了，众人都认为他是宰相之才。至元七年，升任同知枢密院事。

至元十一年，元世祖准备发动大规模的伐宋战争，当时伯颜和老臣史天泽一起担任中书左丞相的职务，全权负责宋元交战前线的荆湖行省。史天泽认为自己年老多病，不堪重负，就请求专用伯颜，元世祖任命伯颜兼领河南等路行中书省，统一指挥四川、淮东的元军，全权负责伐宋战事。

五体文夜巡铜牌·元

当年七月，伯颜向元世祖辞行出征之际，世祖勉励伯颜，希望他以当年宋朝名将曹彬为榜样，既能平定江南，又不大肆杀戮，尽量收拢民心。

当年九月，伯颜在襄阳城和阿术、阿里海牙等将领会合，然后兵分三路发动进攻。伯颜和平章阿术一起，率领包括步、骑、水师在内的二十万大军为中路，沿着汉江进攻郢州（今湖北钟祥）。途中遭遇连绵大雨，湖水暴涨，元军没有船只无法渡过。伯颜激励众将说："我军准备飞渡长江，还能被这小小的湖泊挡住吗？"他让勇士探路，指挥全军涉水渡过了湖泊。大军抵达郢州后，伯颜率部在距离郢州二十里的盐山驻扎。郢州城在汉水以北，整座城墙由石头砌成，非常坚固，宋军为了固守，又在汉水之南修筑了新城，互为犄角。此外，宋军还在江中横置铁索，以阻碍元军水师通行，水底也安插了大量的木桩。伯颜审时度势，决定暂不攻打防守严密的郢州，绕道攻宋。当时汉江下游的黄家湾堡有一条名为藤湖的河道，距离汉江只有几里的距离，伯颜派遣总管李庭、刘国杰进攻黄家湾堡，然后全军乘船从藤湖进入汉江。元军将领很不理解伯颜的安排，纷纷请求攻打郢州，伯颜却说："用兵有轻重缓急，一城一地的得失并不重要。"眼见元军即将顺流而下，郢州城内的宋军主将赵文杰、范兴放弃城防，以两千骑兵出城野战，结果被伯颜、阿术击败，宋军伤亡五百余人，两名主将战死。

【阳逻血战】

十月，元军进攻沙洋、新城。沙洋守将王虎臣、王大用杀掉了元军的劝降使者和军中动摇的将士，烧掉元军的檄文，据城死守。恼怒的伯颜在一个大风的夜晚，纵火焚城，攻破了沙洋。新城守将边居谊同样誓死不降，伯颜命令总管李庭采用蚁附的攻城战术攻破新城，城内的三千多名宋军全部战死，边居谊全家自焚。十一月，元军进抵复州，复州知州翟贵献城投降。众将都希望进城驻扎，伯颜却约束将领不许入城，违者以军法论处。当月下旬，元军进驻蔡店，伯颜前往汉口观察宋军的防线。当时宋朝淮西制置使夏贵率领上万艘战舰分别把守要害之地，都统王达镇守江北渡口的阳逻堡，江面上也有宋朝的游击军往来巡逻，元军一时间无法前进。伯颜向部将们征询对策，千户马福建议从沦河口通过沙芜口进入长江，伯颜派人去侦察沙芜口的情况，发现宋军早有精兵驻防。无奈之下，伯颜挥军进攻汉阳，声言要从汉阳渡过长江，夏贵果然中计，以宋军主力支援汉阳。

十二月，伯颜指挥上万艘战舰停泊在沦河口，将几十万元军骑兵安置在长江北岸。当时众将都请求从沙芜口渡过长江，夺取宋军在南岸的战船，伯颜却认为扫除江北宋军的抵抗，再一举渡过长江才是万全之策，于是命令打造攻城器械，全力猛攻宋军在北岸的据点阳逻堡。宋军戮力死战，元军猛攻三天毫无进展。伯颜和副手阿术商议，认为阳逻堡易守难攻，仓促间难以攻克，不如以精锐骑兵避实击虚，直捣宋军防御空虚的上游地区。两人商量完毕后，伯颜派遣右丞相阿里海牙率领张弘范等将领，以步骑猛攻阳逻堡吸引宋军来援，然后以阿术率领万户晏彻儿、忙谷歹等人逆流而上西行四十里，进驻青山矶。当天晚上，天降大雪，阿术率军强渡长江，大败宋军程鹏飞所部，俘获宋军战船一千余艘，终于到达了长江南岸。随后，阿术指挥部队架起浮桥，全军渡过长江。伯颜接到阿术已经渡过长江的消息后大喜过望，命令全军发动总攻。阿里海牙率领元军水师和宋将夏贵所部激战于长江之上，夏贵率先逃走，宋军全线崩溃，江北的阳逻堡也被元军攻陷，守将王达战死，数十万宋军伤亡殆尽，长江天堑从此双方共有。

▶【再战丁家洲】

阳逻之战后，阿术返回元军大营，向伯颜建议先行攻打附近的鄂州、汉州，然后再向长江下游进军。伯颜采纳了阿术的意见，率军进攻鄂州，纵火烧毁了宋军停泊在江中的三千艘战船，火光照耀江面，宋军军心大乱，鄂州知州张晏然、知汉阳军王仪、德安府知府全部献城投降。伯颜安抚降军，派遣万户也的哥入朝向世祖报捷，同时调取寿昌的四十万斛粮食充实军需，以阿里海牙等人率领四万大军镇守鄂州，窥探荆湖地区，伯颜和阿术率领大军水陆并进，向长江下游进发。

面对元军声势浩大的进攻，沿途宋军将领无不望风而降，黄州、涟水、蕲州、江州等城相继投降。

眼见元军势如破竹，偏安的局面已经难以维持，南宋宰相贾似道急忙派使者致书伯颜，请求伯颜归还占领的州县，南宋愿意每年向元朝进贡岁币。伯颜拒绝了贾似道的请求，要求贾似道前来面议。随后，元军从池州出发，进驻丁家洲（今安徽铜陵）。为了挽救覆亡的命运，南宋朝廷只好任命贾似道统领各路兵马十三万人，号称百万，以步兵指挥使孙虎臣为先锋，淮西制置使夏贵率两千五百艘战船横亘江中，准备与元军一战。伯颜命令左右两翼的元军骑兵沿江而下，在两岸架起火炮轰击宋军水师，炮声响彻百里。宋军阵形大乱，夏贵率先逃跑，经过贾似道的船时，夏贵还高声呼喊说："敌众我寡，我军已经无力支撑了。"贾似道听到夏贵的呼喊，惊慌失措，仓皇逃走，宋军全线溃败。伯颜率元军追杀一百五十里，宋军淹死无数，大批的战船、武器、地图、书籍、兵符被元军缴获。贾似道逃往扬州，夏贵逃往庐州，孙虎臣逃往泰州，南宋军力至此损耗殆尽，再无反击之力。

▶【临安城破】

丁家洲之战后，元军趁势攻掠淮西诸郡，连克太平、镇巢、和州、溧阳、镇江、宁国、饶州各郡县，南宋的镇守官员或降或逃，元军顺利攻入长江下游的建康。三月，国信使廉希宪南下传旨，命令所有将领驻守营垒，不得随意骚扰百姓。伯颜受命以行中书省驻守建康，阿塔海、董文炳负责行枢密院镇守镇江，阿术率军攻取扬州。当年江东地区疫病横行，粮食歉收，伯颜下令开仓放粮，治疗疫病，安定了江东地区的人心。当年四月，元世祖下诏，以天气炎热，不利于行军作战，让伯颜等到秋天再发动进攻。伯颜上奏说："南宋一向倚仗长江天险，现在天险已失，如同猛兽被扼住咽喉，稍微一放松战机就失去了。"元世祖认为大军在外，将领有权自行决定方略，就采纳了伯颜的建议。五月，伯颜入朝禀报军情，他经过镇江时召集众将商议事务，让他们各自严守属地。随后，伯颜返回上都晋见元世祖，因功受封为中书右丞相。伯颜又推功于阿术，于是世祖任命阿术为左丞相。当年八月，伯颜受命返回前线，他取道益都，巡行了沂州等地，调遣淮东都元帅孛鲁欢所部沿淮河逆流而进。九月，伯颜指挥元军攻打淮安城，破其南堡。十月，伯颜率军围攻扬州，他召集众将面授作战方略，留下孛鲁欢、阿里伯镇守湾头城堡，亲率大军继续南进。同月，伯颜进驻镇江，撤销了枢密院，任命阿塔海、董文炳共同管理行省事务，为大军南进积极准备。

当年十一月，伯颜兵分三路，约定在临安会师。右路军以参政阿剌罕为统帅，以步骑从建康出发，经过四安赶往独松岭，从西面进击临安；左路军以参政董文炳为统帅，率领水师从江阴沿海路进攻华亭，预防宋室君臣从海路逃走；伯颜和右丞阿塔海率领中军从常州、平江、嘉兴直扑临安。不久，伯颜的中路军进抵常州。在此之前，南宋的常州太守王宗洙已经弃城逃走，通判王良臣准备献城投降，都统制刘师勇等人推举姚訔为太守，顽强抵抗元军数月。伯颜派人招降，表示可以既往不咎，终被城内军民所拒。于是伯颜下令制造火炮，全军攻城。宋浙西制置使文天祥派遣援军增援，被伯颜击败，援军全部战死。失去援救的常州最终失陷，姚訔等人战死，伯颜下令屠城。此后，元军连续攻占了无锡、平江等地。十二月，伯颜率主力进驻无锡，宋朝使者柳岳带着宋朝皇帝、大臣给伯颜的书信前来求见。柳岳以宋度宗刚刚去世，自古以来不能讨伐服丧的国家，乞求元军退兵，表示愿意年年供奉修好。伯颜声称南宋扣押元使郝经十六年，所以元朝才派出大军南征。如果想让元军不再进攻，南宋就应该效法吴越国王钱俶或者南唐后主李煜，举国投降。一心求和的南宋朝廷再次派出尚书夏士林、侍郎吕师孟、宗政少卿陆秀夫为使节，表示只要元朝能退兵北返，宋朝皇帝将尊元帝为伯父，世世代代保持子侄的礼节，每年进贡白银二十五万两、布帛二十五万匹。伯颜再次予以拒绝，将宋使逐回临安，然后以大军连续攻克湖州、嘉兴等地。

至元十三年正月，伯颜率军进驻临安城外的皋亭山，南宋派临安府知府贾馀庆捧着传国玉玺和降表到伯颜军中请降。伯颜接受降表后，派遣使者跟随贾馀庆等人回到临安，传召宋朝宰相出城商议投降事宜。当时宋朝宰相陈宜中、张世杰等人拥立益王赵昰、广王赵昺出海逃亡，只有谢太后和幼主赵㬎还在皇宫之中。伯颜得到消息后，立刻派遣右路军的阿剌罕、左路军的董文炳把守要害，然后亲自带领五千精兵追击南宋二王，最终未能追上。为了维持临安城内的秩序，伯颜禁止士兵入城扰民，派遣南宋降将吕文焕拿着黄榜告谕临安城内的百姓，防止城内的乱兵、地痞趁机作乱。随后，伯颜派遣部下将宋朝的传国玉玺入朝献给元世祖。他设立主将的全部仪仗，率领左右将领巡视临安城，然后派遣将领驻守要害之地，保护宋朝的宫殿、山陵。二月，宋帝率领文武百官向着北方跪拜，递交降表。三月，伯颜派遣官员进入临安城，登记居民赋税账目，核实仓库，收缴南宋文武百官的兵符印信、地图书籍，派遣新归降的官员分别前往湖南、湖北、两广、四川等地晓谕没有攻克的州郡府县，留下董文炳、阿剌罕等人处理行省事务，经营闽粤地区，以忙谷歹镇守浙西，伯颜则亲自押解宋朝君臣北返元都。

【北上平叛】

当年五月，伯颜返回上都，元世祖升伯颜为同知枢密院事。此时，北方诸王不断起兵叛乱，严重威胁到了元朝的国家安全，世祖又将安定北方边防的重任交给了伯颜。至元十四年（1277），诸王昔里吉劫持北平王那木罕和右丞相安童，胁迫诸王反叛，忽必烈命令伯颜率军北征。伯颜大军在斡鲁欢河（今鄂尔浑河）与叛军遭遇，双方隔河布阵，僵持了整整一天。伯颜命令士兵佯装疲惫，诱使叛军懈怠，然后将全军兵分两路，出其不意地迂回包抄，大败叛军，昔里吉从此一蹶不振。至元十八年二月，元世祖派燕王真金巡视北方边疆，命令伯颜随行。世祖对燕王说："伯颜身兼统帅和丞相的才能，忠于职守，不能像对待一般人那样对待他。"燕王每次和伯颜讨论事务，都对他格外尊重。至元二十二年秋天，宗王阿只吉作战失利，世祖命伯颜代管他的军队。当时边境地区的军队缺衣少食，伯颜就命令士兵们收集野草的叶子和根茎，等到冬天下雪的时候就以此来喂养马匹。至元二十四年二月，东道诸王乃颜准备谋反，世祖命令伯颜去探察其动静。伯颜带了很多衣服进入乃颜的辖区，但凡遇到驿站就送给驿站的管理人员。到达目的地后，乃颜假意设宴款待，准备在宴席上发动兵变，绑架伯颜。伯颜及时察觉了他的举动，就和随从分三路快步逃走。驿站里的人员因为得到了伯颜赏赐的衣物，纷纷将最强健的驿马献给伯颜，伯颜这才得以逃脱。当年四月，乃颜发动叛乱，伯颜跟随世祖亲征，最终击溃了叛军，活捉了乃颜。至元二十六年，伯颜升任金紫光禄大夫、知枢密院事，出京镇守和林。

至元二十九年秋天，宗王明里铁木儿发动叛乱，伯颜奉命平叛，在阿撒忽秃岭和叛军遭遇。叛军居高而守，箭如雨下，将士们畏惧不前，伯颜怒斥他们说："你们冷了，君主赐给你们衣服；你们饿了，君主赐给你们食物。此时正是你们报答君主的时候。"说完，伯颜率先冲向敌军，将士们看到伯颜身先士卒，纷纷奋勇作战，大败明里铁木儿。此后，伯颜不杀战俘，以使者向明里铁木儿晓以利害，最终促使其率领部众归降。不久，诸王海都再次进犯，伯颜率军防御，周旋日久未能平定海都，朝中有臣诬陷他与海都暗通款曲，所以消极防御。世祖决定撤换伯颜，以御史大夫玉昔帖木儿代行军权。这时皇太孙铁穆耳正在北方慰劳军队，他向伯颜请教治军之事，伯颜以戒酒色、明纪律、恩威并施等意见相赠。

【拥立新君】

至元三十年（1293）十二月，元世祖重病不起，急召伯颜回京，总领文武百官处理朝政。第二年正月，世祖病逝，伯颜镇定自若，统领百官辅皇孙铁穆耳即位，是为元成宗。当时亲王中有人表示反对，伯颜手持宝剑，声色俱厉地陈述祖宗遗训，宣布世祖遗诏，众亲王只得向铁穆耳叩拜。成宗即位后，任命伯颜为开府仪同三司、太傅、录军国重事。同年伯颜身染重病，当年十二月病故，终年五十九岁。伯颜一生文武双全，治军严谨，赏罚分明；为政深谋远虑，果敢善断。大德八年（1304），成宗追赠他为宣忠佐命开济功臣、太师、开府仪同三司，进封淮安王，谥号"忠武"。

蒙古骑兵押送战俘图

伯颜 脱脱列传

伯颜（？～1340），蒙古蔑儿乞部人。致和元年（1328），泰定帝病死于上都，伯颜和知枢密院事燕铁木儿拥立文宗即位，以功拜中枢左丞相，封浚宁王。元顺帝即位后，晋升右丞相，加太师，封秦王。此后，伯颜独揽大权，跋扈无状，至元六年（1340），被元顺帝与脱脱联手废黜。脱脱（1314～1356），蒙古蔑儿乞部人，自幼养于伯父伯颜家中。元统二年（1334），出任同知宣政院事，迁中政使、同知枢密院事。至正一年（1341），脱脱为相。至正十四年（1354年），脱脱率大军讨伐高邮（今属江苏）张士诚起义军，激战正酣之际，脱脱为朝中弹劾，被革职流放云南。后被中书平章政事哈麻假传元顺帝诏令自尽。

▶【拥立大功】

伯颜，蒙古蔑儿乞部人，其曾祖父探马哈尔曾担任皇宫宿卫；其祖父称海，曾跟随蒙哥汗远征南宋，死于钓鱼城之战；其父谨只儿，曾任隆福太后宿卫。伯颜十五岁时，元成宗让他侍奉皇侄海山，也就是后来的元武宗。大德三年（1299）至大德十一年（1307），伯颜跟随海山讨伐西北叛乱的海都、笃哇，战功赫赫。大德十一年，海山在和林大会蒙古诸王，赐伯颜号拔都儿。海山即位后，是为元武宗，任命伯颜为吏部尚书，此后历任尚服院使、御史中丞、尚书平章政事等职务。延祐三年（1316），元仁宗任命伯颜为周王（武宗子和世㻋）府常侍，历任江南行台御史中丞、御史大夫、江浙行省平章政事、陕西行台御史大夫、江西行省平章政事、河南行省平章政事等职务。

致和元年（1328）七月，元泰定帝去世。八月，丞相燕铁木儿派心腹大臣明里董阿到江陵迎接元武宗次子、怀王图帖睦尔。路过河南时，明里董阿将自己此行的目的告之伯颜。作为武宗旧部的伯颜立刻响应，他统计自己治下的粮食、黄金、布匹等物，不惜向商人借贷或者挪用东南地区路过河南向朝廷缴纳的赋税，征发民间壮丁，修补城墙，疏通护城河，修理攻城和防御所用的器械，挑选了五千勇士跟随怀王北上。参政脱别台对伯颜的所作所为不满，趁夜发动叛乱，结果被伯颜所杀。不久，怀王到达河南，伯颜佩带弓箭，身穿铠甲，和河南百姓一起迎接怀王入城。第二天，伯颜跟随怀王北上大都。当年九月，怀王即位，是为元文宗。为了奖赏伯颜，文宗加封其为银青荣禄大夫，负责宿卫皇宫。不久，又加封他为太尉，赐给黄金二百五十两、白银一千两，进官开府仪同三司、录军国重事、御史大夫、中政院使。天历二年（1329）正月，加封太保，忠翊侍卫亲军都指挥使。天历三年（1330）正月，任命伯颜为知枢密院事。至顺元年（1330），文宗以伯颜劳苦功高，下旨将世祖忽必烈的太子阔阔出的孙女卜颜的斤赐婚给伯颜，还赐给伯颜勇士三百，作为他的宿卫亲军。至顺二年，进封伯颜为浚宁王，追封他的三世先人为王。至顺三年，任命伯颜为太傅，加官为徽政使。当年八月，文宗去世，伯颜奉太皇太后的命令，立明宗次子为帝，是为元宁宗。十一月，宁宗去世，伯颜迎立明宗长子妥欢帖睦尔称帝，是为元顺帝。为了嘉奖伯颜，元顺帝任命他为中书右丞相、上柱国、监修国史。元统二年（1334），伯颜晋封为太师、奎章阁大学士，领太史院，兼管司天监、威武、阿速等皇帝宿卫。十一月，进封秦王。

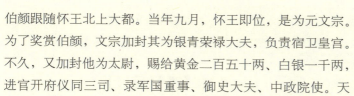

【铲除异己】

伯颜的得势很快引起了昔日盟友的不满，燕铁木儿的儿子、中枢左丞相唐其势就耻居伯颜之下，准备发动政变。至元元年（1335），唐其势阴谋叛乱，伯颜奉诏将其处死，皇后伯牙吾氏是燕铁木儿之女、唐其势之妹，也被伯颜逐出宫中，以药酒毒死。至此，伯颜成为了元廷第一权臣，元顺帝下旨赐予伯颜"答剌罕"的称号，子孙世袭。然而伯颜在处死唐其势之后，独揽朝廷大权，专权放纵，他实行残忍的民族压迫政策，禁止汉人、南人拥有兵器、马匹，甚至还主张杀尽张、王、李、刘、赵五姓汉人。为了监视元顺帝的起居，伯颜让自己的侄子脱脱负责皇帝的宿卫，伯颜自己统率精兵，每次出入府邸前后跟随的仪仗和侍卫人员比皇帝出行还多，一时间百姓只知道有伯颜，而不知道有皇帝。至元三年，伯颜为儿子向郯王之女求婚，遭到拒绝后，伯颜指使党羽诬陷郯王谋反，请求顺帝赐死郯王。元顺帝不同意，伯颜竟然擅自传旨处死了郯王。不久，伯颜又擅自将宣让王帖木儿不花、威顺王宽彻普化贬官，元顺帝对此非常恼怒。

【流放广东】

至元六年（1340）二月，伯颜邀请元顺帝外出打猎，顺帝借口有病推辞不去，伯颜就偕同皇太子燕贴古思前往柳林射猎。早就有心铲除伯颜的脱脱和顺帝的亲信大臣世杰班、阿鲁扣留了京城城门的钥匙，控制了城中的军队。当天晚上，元顺帝来到玉德殿，召见大臣，发布命令。夜半二鼓时分，元顺帝派太子宿卫月可察儿率领三十名骑兵将太子迎接回城。四鼓时分，顺帝又命令中书平章政事只儿瓦歹携带诏书前往柳林，宣布将伯颜调任河南行省左丞相。不久，伯颜派人来城下询问原因，脱脱坐在城门上大声宣布："皇帝有旨意驱逐丞相，各位随从官员无罪，可以各归其职。"于是，伯颜所率领的将士大多散去，伯颜无可奈何，只得南下河南。三月，顺帝下令将伯颜流放到南恩州阳春县

（今广东阳春）安置，伯颜在途中病死于龙兴路（今江西南昌）驿站。

【脱脱反目】

脱脱，字大用，蒙古蔑儿乞部人，其伯父伯颜在元顺帝即位后担任中书右丞相之职，其父马札儿台也官居要职。脱脱自幼养于伯父家中，从小就聪慧过人。等到了上学的年龄，他师从浦江大儒吴直方，曾对老师建议让其每日诵读古人的嘉言善行而受用终生。少年时代的脱脱力大过人，可以拉动一石的强弓。十五岁时，他担任了皇太子下属的怯薛官。天历元年（1328），改任成制提举司达鲁花赤。第二年，他朝见元文宗，皇帝称赞他将来必可大用。不久，脱脱改任内宰司丞。五月，被任命为府正司丞。元宁宗至顺二年（1331），被授予虎符，出任忠翊侍卫亲军都指挥使。元统二年（1334），出任同知宣政院事。五月，改任中政使；六月，改任同知枢密院事。至元元年（1335），前右丞相燕铁木儿的儿子唐其势阴谋造反，失败后被处死，其党羽党塔里、塔剌起兵呼应，结果被脱脱平定，因功升任御史中丞、虎符亲军都指挥使，提调左阿速卫。至元四年，脱脱晋官为御史大夫，他大力整顿法制，朝廷上下为之肃然。

当时，脱脱的伯父伯颜出任中书右丞相，独揽朝政，气焰甚嚣尘上。伯颜原为武宗海山的亲信大臣，元泰定帝病死后，他和大臣燕铁木儿发动

政变，拥立元文宗即位。燕铁木儿去世后，元顺帝即位，燕铁木儿之子唐其势不满伯颜大权独揽，发动政变，却被伯颜所杀。此后，伯颜更加肆无忌惮，擅自授予官职，赦免死罪，将兵权和财权牢牢掌控，逐渐架空了元顺帝。脱脱虽然从小养于伯颜家中，但他目睹伯颜倒行逆施，感觉伯颜的败亡是迟早的事情，因此忧心不已。他曾向父亲马札儿台说道："伯父的骄傲放纵越来越过分了，一旦皇帝震怒，那我们家就要面临族诛的惨剧了，为什么不在他失败之前想想办法呢？"马札儿台虽然认为儿子所说有理，但又害怕触怒伯颜，迟迟未下决心。脱脱就问计于老师吴直方，吴直方回答说：《左传》中有大义灭亲的话，大丈夫只知道忠于朝廷，别的事情没什么可顾虑的。"当时元顺帝周围都是伯颜的党羽，只有世杰班、阿鲁是顺帝的心腹，脱脱就结好于两人，通过他们将自己的心意传递给皇帝。

【铲除伯颜】

至元五年(1339)秋天，元顺帝留在上都，伯颜出行应昌。脱脱和世杰班、阿鲁商议在东门外一举制服伯颜，但害怕无法成功而中途停止。恰逢河南官员史范孟因为不满官位低下，假传圣旨杀死了行省大臣，事情牵连到了廉访使段辅。伯颜异常愤怒，

指使御史台的党羽上奏说汉人不可为廉访使。身为御史大夫的脱脱和吴直方商议，吴直方说："这是祖宗的法度，不可以废止，应该先奏报皇帝。"于是脱脱入宫向元顺帝报告，顺帝就驳回了伯颜党羽的奏章。伯颜知道是脱脱从中作梗，就愤怒地对元顺帝说："脱脱虽然是臣的侄子，但是他专门庇佑汉人，一定要穷治其罪。"元顺帝为脱脱辩护，这才让其逃过一劫。不久，伯颜擅自将宣让王、威顺王贬官，元顺帝勃然大怒，对脱脱哭诉伯颜的强横。脱脱深受感动，回家后与吴直方商量，准备在宫门外埋伏甲士，在伯颜上朝时将其抓获。伯颜察觉到了脱脱增兵宫门的举动，出行时增加

《金史》书影

《金史》是元修三史之一，元顺帝至正三年（1343）开始撰修，第二年十一月正式修成。这部由脱脱等人主持编修的《金史》，是宋、辽、金三史中编撰得最好的一部，全书共一百三十五卷，其中有本纪十九卷，志三十九卷，表四卷，列传七十三卷。

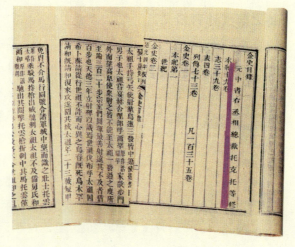

了保卫自己的士兵，伯侄二人从此势
同水火。

至元六年（1340）二月，
伯颜邀请皇太子燕贴古思去
柳林射猎。脱脱和世杰班、
阿鲁暗中商议用自己掌握的
部队以及皇帝的宿卫控制
伯颜。当天夜里，三人扣留
了京城城门的钥匙，派遣亲
信控制城门。然后，脱脱奉迎
元顺帝来到玉德殿，先是召见
了近臣汪家奴、沙剌班以及中书
省、枢密院的大臣，然后安排他们在
五门外听候命令。又命令大臣杨瑀起草诏书，
列举伯颜的罪状。四更天时，诏书起草完毕，
皇帝命令中书平章政事只儿瓦歹携带诏书前往柳林，宣布将
伯颜贬为河南行省左丞相。天亮后，大都城门紧闭，脱脱坐
在城门上等候。不久，伯颜派人来城下询问将其贬职的原因，
脱脱大声喝道："皇帝有旨意驱逐丞相。"于是，伯颜所率领
的将士大多散去，伯颜无可奈何，只得南下，不久病死于路上。

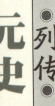

🔴 釉里红莲花式大盘·元

【权柄在握】

除掉伯颜后，元顺帝任命马札儿台为中书右丞相，脱脱
为知枢密院事，佩戴虎符，兼任忠翊卫亲军都指挥使、绍熙
等处军民宣抚都总使，统一指挥武备寺和皇帝亲军阿速卫。
当年十月，马札儿台称病辞去相位。至正元年，元顺帝任命
脱脱为中书右丞相、录军国重事。脱脱上台后，开始全力废
除伯颜的"旧政"，推行一系列的新政，诸如恢复科举取士，
挑选儒臣讲经，恢复太庙四季的祭祀，召还被伯颜贬斥的宣
让王、威顺王，放开马禁，减免产盐定额，免除拖欠的赋税
等等，朝廷内外都称赞脱脱为贤相。

至正三年（1343），元顺帝下诏编写辽、金、宋三朝的史
书，任命脱脱为三史都总裁官。至正四年三月，《辽史》完成；
十一月，《金史》完成。至正五年十月，《宋史》完成。至正四年，

脱脱身患重病，身体消瘦，连上十七道奏章辞职，元顺帝只好准许。至正七年，大臣别儿怯不花被任命为中书右丞相，他因为私怨而弹劾脱脱的父亲马札儿台，元顺帝下令将马札儿台流放甘肃。脱脱极力请求陪同父亲前往，一路照料马札儿台来到甘州（今甘肃张掖）就养。当年十一月，马札儿台病死，元顺帝感念脱脱的功劳，将他召回京城。至正八年，元顺帝任命脱脱为太傅，负责管理东宫事务。第二年，朵儿只、太平等人相继被免除了丞相的职务，元顺帝再次任命脱脱为右丞相，赐给他醇酒、名马、玉带等物。当时元廷因为黄河水患、滥发纸币、官吏贪腐，面临着严重的财政危机，吏部尚书偰哲笃建议更改钞法，发行至正交钞。脱脱召集了枢密院、御史台、翰林院、集贤院的大臣，商讨是否发行新钞。会上众人对发行新钞并无异议，只有国子祭酒吕思诚反对变钞，这让脱脱很不高兴。至正十一年，脱脱最终决定发行新钞，结果物价飞涨，地方上甚至出现了以货易货抵制新钞的事情，变钞最终完全失败。

就在脱脱主持变钞之前，黄河洪水泛滥，决堤于白茅堤，紧接着又冲垮了金堤，方圆千里变成了一片泽国。此后的五年中，黄河时有决口，百姓深受水患之害。脱脱二次出仕后，采纳了大臣贾鲁的意见，准备亲自负责治理黄河的事务。脱脱任命贾鲁为工部尚书，总负责修治黄河堤防，先后

征发了黄河南北军民十七万人服役。整个工程用时八个月，成功地让黄河恢复了原来的河道。

【镇压起义】

就在贾鲁治河的同时，韩山童、刘福通等人以白莲教起事于颍州（今属安徽），元末农民战争爆发。起义军以红巾为号，一时间襄阳、樊城、唐州、邓州都起兵响应。焦头烂额的脱脱采取了血腥的镇压手段，他上奏任命他的弟弟也先帖木儿为知枢密院事，率领大军十余万人进攻河南。结果在驻军沙河时，大军于深夜发生营啸，十余万大军不战自溃，也先帖木儿率残部退守朱仙镇。当时陕西行台监察御史弹劾也先帖木儿丧师辱国，脱脱大怒，将陕西行台御史大夫调任湖广行省，其他御史贬为各州府判官，从此没有人敢议论朝廷大事。至正十二年八月，脱脱亲率大军出征徐州的红巾军芝麻李所部。当年九月，脱脱所部攻克徐州外城。第二天，大军四面攻城，攻破了徐州内城，芝麻李逃走，脱脱下令在城中进行了惨无人道的大屠杀。元顺帝收到"捷报"后，派中书平章政事普化等人传旨，任命脱脱为太师，兼任右丞相。此后，元军在各地地主武装的配合下，大肆镇压各地的红巾军，农民起义转入了低潮之中。

【含冤而死】

至正十三年三月，脱脱采纳了左

丞乌古孙良桢、右丞兀良哈台的建议，在京师附近进行屯田，并以此二人为大司农卿，脱脱自任大司农。在西至西山，东至迁民镇，南至保定、河间，北至檀州、顺州的广大范围内，兴修水利，依法租种，获得了大丰收。就在脱脱以为自己已经挽救了元朝于灭顶之灾的时候，噩耗再次降临。至正十四年，泰州白驹场（今江苏东台）盐贩张士诚占据高邮，自称诚王，国号大周。当年九月，元顺帝命令脱脱出征，以脱脱统帅诸王各行省、西域各属国的兵马，甚至连枢密院、御史台、六部的官员任免权都交给了脱脱。出征之日，锦旗排列千里，鼓声震天。十一月，元军抵达高邮，张士诚连战连败，退入城中坚守，脱脱分兵占领了六合、盐城、兴化等地。就在脱脱准备一举消灭义军之时，一场针对他的阴谋却在悄悄地计划之中。

当初，大臣别儿怯不花和脱脱的父亲马札儿台素有仇怨，曾经弹劾马札儿台，迫使其远徙甘州，脱脱几乎死于随父迁徙的路上。大臣哈麻多次向元顺帝进言，顺帝这才将脱脱召回京城，脱脱因此非常感激哈麻，将其提升为中书右丞。但脱脱对左司郎中汝中柏信任有加，经常让其参加中书省议事，平章以下的官员没有敢反对汝中柏的，这就引起了哈麻的不满。不久，汝中柏在脱脱面前说哈麻的坏话，脱脱改任哈麻为宣政院使，且位居部门第三，因此哈麻开始对脱脱怀恨在心。为了讨好皇子，哈麻曾经和脱脱商议举行皇太子册封大典的事情，脱脱却以"皇后日后有子将如何安置"？予以推脱。脱脱出兵前，任命汝中柏为治书侍御史，让他在朝中辅佐脱脱之弟也先帖木儿。汝中柏担心哈麻日后为患，就打算除掉他，而也先帖木儿认为哈麻曾经帮助过自己的兄弟，不同意对哈麻下手。哈麻获悉后，就向皇太子和皇后奇氏报告了脱脱拖延太子册封典礼之事，企图陷害脱脱。恰好也先帖木儿称病在家中休养，哈麻就指使监察御史袁赛因不花弹劾脱脱劳师无功。元顺帝听信谗言，担心脱脱成为第二个伯颜，就罢免了脱脱的官职，下令将其安置在淮安。

十二月，皇帝的诏书到达军中，参议龚伯遂对脱脱说道："大将外出领兵，君主的命令有时可以不服从。丞相出兵时曾经接受陛下的密令，现在按照密令一心作战就可以了，先不要接受诏书，否则大势去矣。"脱脱说道："皇帝下诏书而我却不服从，这是对抗皇帝，那么君臣大义何在？"脱脱最终没有采纳龚伯遂的意见，接受了顺帝的诏书，将兵权交出，并命令部下服从副帅月阔察儿、雪雪等人的调度。客省副使哈剌答说道："丞相一走，我们必然死于他人之手，今天宁可死在丞相的面前。"说完，拔刀自刎而死。脱脱被解除兵权后，高邮城下的百万元军四散崩溃，一部分甚至投降了红巾军，这也成为了元末农民战争的转折点。

脱脱被解除兵权后，先是被安置在淮安路，不久又被迁移到亦集乃路（治今内蒙古额济纳旗东南）。至正十五年三月，御史台大臣认为对脱脱处罚太轻，就列举脱脱兄弟的罪行上奏，于是元顺帝下诏将脱脱流放到云南大理宣慰司镇西路（治今云南腾冲西），将也先帖木儿流放到四川碉门。脱脱的长子哈剌章被安置到肃州，次子三宝奴被安置到兰州，家产全部没收入官。脱脱一行刚刚走到大理腾冲时，知府高惠想将女儿嫁给他，并准备在沿途修建房屋以供脱脱居住，脱脱却以罪责在身，婉言谢绝。当年九月，元顺帝派人将脱脱转移安置到阿轻乞之地。高惠因为脱脱不肯娶他的女儿而怀恨在心，派兵包围了脱脱的驻地。当年十二月，哈麻假传圣旨用毒酒害死了脱脱，时年四十二岁。

至正二十二年，监察御史张冲等人上书为脱脱洗雪冤情，于是元顺帝下诏恢复了脱脱的官职，并且归还了他的家产，召还了他的儿子哈剌章和三宝奴。当时脱脱之弟也先帖木儿已经病死，于是任命哈剌章为中书平章政事，封为申国公，分管视察大同；任命三宝奴为知枢密院事。至正二十六年，监察御史圣奴、也先、撒都失里等人上书说：“奸臣构陷大臣，以至于临敌换将，国家军事从此衰落，钱粮的亏损从此开始，盗贼的横行从此开始，百姓的困苦从此开始。如果

脱脱不死，全国怎么会有今天的混乱呢？”请求封脱脱为一字王，确定谥号并且加封功臣之号。朝廷采纳了他们的意见，然而没等开始施行，元朝就灭亡了。

秋江待渡图·盛懋

盛懋，字子昭，元代画家，嘉兴（今属浙江）人，师从赵孟頫，山水、人物、花鸟画俱佳，此幅《秋江待渡图》是他的传世作品，现藏于北京故宫博物院。

察罕帖木儿列传

察罕帖木儿（？～1362），畏兀儿人，字廷瑞，汉姓李，又名李察罕，元末将领。至正十二年（1352），察罕帖木儿开始组织地主武装，多次与红巾军作战，因为镇压起义有功，受封汝宁府（治今河南汝南）达鲁花赤。此后，察罕帖木儿率军在河南、陕西剿杀起义军，受封河南行省平章，兼知行枢密院事。至正二十二年，察罕帖木儿在山东被红巾军降将田丰、王士诚刺死，元廷追封其为颍川王，谥号忠襄。在金庸先生的武侠小说《倚天屠龙记》中，察罕帖木儿被塑造成了女主角赵敏的父亲。

【沈丘起兵】

察罕帖木儿，字廷瑞，祖籍北庭（今新疆吉木萨尔北）。他的曾祖父阔阔台，在元朝初年曾经跟随大军进攻河南，他的祖父乃蛮台、父亲阿鲁温都居住在河南颍州沈丘（今安徽临泉西北）。察罕帖木儿从小好学，曾经考中进士，闻名乡里。元顺帝至正十一年（1351），北方发生了红巾军大起义，起义军相继占领了汝州（今属河南）、颍州（今安徽阜阳）、亳州（今属安徽）等地。此后数月，整个江淮地区都被红巾军占领，元廷多次派军镇压，都被红巾军击败。至正十二年，察罕帖木儿在家乡组织地主武装，纠集沈丘子弟数百人，与信阳罗山人李思齐的地主武装合兵一处，用计谋攻破了罗山的红巾军。消息传到元廷后，喜出望外的朝廷大员们授予察罕帖木儿中顺大夫、汝宁府达鲁花赤的职务，

李思齐也被任命为汝宁府知府。消息传开后，当地的地主武装纷纷投靠察罕帖木儿，很快就汇集了一万人马，独自组成一支军队，驻扎在沈丘。此后，察罕帖木儿和红巾军刘福通部作战，多次获得胜利，迫使红巾军起义陷入了低潮之中。

至正十五年（1355）二月，红巾军刘福通部从汴梁南攻，义军建都亳州，立韩林儿为小明王，汴梁以南的邓州、许州、嵩州、洛阳相继被红巾军占领。元廷的军队屡战屡败，只能依靠察罕帖木儿这样的地主武装，察罕帖木儿率军进驻虎牢关，以抵挡红巾军的进攻。十一月，红巾军避开虎牢关，改从孟津北渡黄河，攻占了怀庆（今河南沁阳），一时间黄河以北人心震动。察罕帖木儿率军出击，大败红巾军，黄河以北的局面才让元廷安心。元廷认为察罕帖木儿屡立奇功，

就任命他为中书刑部侍郎，官阶升为中议大夫。当时驻守河南荥阳的苗军反叛元廷，察罕帖木儿率军趁夜奇袭，全部俘获了苗军，于是在中牟安营驻扎。不久，淮西地区的三十万红巾军进攻中牟，察罕帖木儿一面布阵以待，一面以生死利害激励他部下的士兵。战斗开始后，察罕帖木儿所部拼死抵抗，恰逢大风天气，风沙遮日，察罕帖木儿亲自率领精兵击鼓喧哗，猛攻红巾军的中路，红巾军抵挡不住，大败而走，察罕帖木儿追杀十多里，屠杀了无数的红巾军将士，他的部队在元末的地主武装中更加出名。

【四处救火】

至正十六年，察罕帖木儿升任中书兵部尚书，官阶为嘉议大夫。当年九月，红巾军向西攻陷了陕州（今河南三门峡市西），阻断了崤山和函谷关，有向陕西、山西进攻的态势。元朝河南行省平章政事答失八都鲁命令察罕帖木儿和李思齐率领所部西攻红巾军。察罕帖木儿率军西行，趁夜攻取了崤陵（今河南渑池西）。随后，察罕帖木儿率军围攻陕州。陕州城池坚固，依山傍水，易守难攻，察罕帖木儿知道短时间内无法攻克，就在营中焚烧马粪，做出大军正在引火做饭的假象，然后率领大军突袭灵宝城（今属河南）。红巾军发现灵宝失陷后，以全军渡过黄河，攻陷平陆、安邑等地，占据了整个山西南部。察罕帖木儿闻讯后，率军追击，红巾军被迫回

守阳津，与察罕帖木儿相持数月，最终全军溃散。察罕帖木儿因功升任中奉大夫、佥河北行枢密院事。

至正十七年，红巾军离开襄樊地区，占领了商州（今陕西商洛），攻打武关，元军连战连败，红巾军趁机直扑长安，到达灞上，分兵攻掠同州（今陕西大荔）、华州（今陕西华县），元廷陕西行省连连告急。顺帝急忙命令察罕帖木儿率领大军进入潼关，与红巾军作战。察罕帖木儿再次击败红巾军，红巾军余部溃散，逃往南山，占据兴元（今陕西汉中）。元廷认为察罕帖木儿"光复"陕西，功劳卓著，授他为资善大夫、陕西行省左丞。九月，红巾军主力从四川北上，连续攻克了秦州（今甘肃天水）、陇州（今陕西陇县），占据了巩昌（今甘肃陇西），窥视凤翔（今属陕西）。察罕帖木儿先分兵守卫凤翔，然后派间谍引诱红巾军围攻凤翔坚城。红巾军果然中计，以全军围攻凤翔，包围圈多达数十层，察罕帖木儿趁机率领铁骑日夜奔袭两百里突袭凤翔。在距离凤翔还有一里地的时候，元军铁骑分成左右两翼包抄红巾军，城中的元军也打开城门里应外合，红巾军大败，先后被元军屠杀者达到数万人，尸横百里，关中地区的起义基本被镇压下去。

【攻克汴梁】

至正十八年，山东红巾军毛贵所部挥师北伐，进逼大都。元廷急忙征调各地的军队保卫大都，元顺帝特意

下令察罕帖木儿率军驻扎涿州。察罕帖木儿留下部队驻防清秋（今属陕西）、义谷（今陕西蓝田西南）、潼关、南山山口等地，防止红巾军再次进攻陕西，他自己亲率精锐大军前往大都。当时中路红巾军已经翻越太行山，攻破上党，攻掠晋宁（今山西临汾）、冀宁（今山西太原）等地，相继占领了云中（今山西大同）、雁门（今属山西）、代郡（今山西代县）等地，并分兵向南进攻大都。察罕帖木儿派兵在太行山南山关隘设伏，他亲自率重兵驻扎在闻喜、绛阳。红巾军果然南下经过南山，遭到察罕帖木儿伏兵的重创，伤亡惨重。随后，察罕帖木儿分兵驻扎泽州（今山西晋城），封锁碗子城；驻军上党，封锁吾儿谷；驻军并州，封锁井陉口，以堵塞红巾军南下太行的所有通道。久攻不克后，红巾军被迫离开山西，转战河北，大都的危机暂时得以解除，元廷为察罕帖木儿加官为陕西行省右丞兼陕西行台侍御史、同知河南行枢密院事。此后，元顺帝对察罕帖木儿非常倚重，让其守卫关陕、晋冀地区，安抚镇守汉沔、荆襄地区，赋予其便宜行事的权力。

当年五月，红巾军刘福通部攻克汴梁，开始营造宫殿，修建国都，改立年号。一时间，巴蜀、荆楚、江淮、齐鲁、辽海，西至甘肃，到处都可以见到红巾军起义的浪潮，元末农民战争达到了一个高潮。察罕帖木儿只得收缩兵力，在北面守住太行山，南面守住巩、洛，察罕帖木儿率领中军驻守渑池。恰逢红巾军大将周全率军攻打洛阳，察罕帖木儿下令死守洛阳，他亲率精锐骑兵从宜阳出发，增援洛阳。周全见久攻不下，担心察罕帖木儿重施奇袭陕州的故伎，只好率军撤退。洛阳之围解除后，元廷再次犒赏察罕帖木儿，拜其为陕西行省平章政事，兼任同知行枢密院事。至正十九年，察罕帖木儿趁红巾军四面出击，兵力分散之机，准备进攻汴梁。当年五月，察罕帖木儿率军进驻虎牢，派出骑兵，兵分两路，一路攻掠汴梁

◎ 大食商人陶俑·元

以南地区，先后占领了归州、亳州、陈州、蔡州；一路攻掠汴梁以东地区，以战船纵横黄河之上，水陆并进，占领曹州（今山东菏泽）以南，占据黄陵渡。随后，察罕帖木儿调集驻扎在陕西的军队，出函谷关，过虎牢关；又以山西部队出太行山，渡过黄河，在汴梁城下会师，先行攻克了汴梁的外城。察罕帖木儿率领大军驻扎在杏花营（今河南开封城西），指挥各路大军围绕汴梁修筑堡垒，企图困死城内的红巾军。红巾军屡次出城作战，屡次失败，只得死守内城。当年八月，城中粮尽，察罕帖木儿和部将阎思孝、李克彝、虎林赤等人商议，决定分路攻城。当天夜里，元军登城而入，刘福通率领数百名骑兵护卫韩林儿从东门逃走，元军俘获义军家属数万人，官员五千人。汴梁城破后，红巾军起义转入低潮，黄河以南地区相继被元军攻占。"捷报"传到元廷后，朝廷以功拜察罕帖木儿为河南行省平章政事，兼知河南行枢密院事、陕西行台御史中丞。

【攻掠山东】

平定河南地区后，察罕帖木儿分兵镇守关陕、荆襄、河洛和江淮地区，他将重兵驻扎在太行山上，营垒旌旗相望达数千里。此后，察罕帖木儿修整车船，修缮兵器铠甲，屯田务农，聚集粮食，训练士兵，准备大举收复还控制在红巾军手中的山东地区。当时元廷依靠的另外一支武装力量是河南行省左丞相答失八都鲁的部队，此人战绩平平，官位却远在察罕帖木儿之上，这引起了后者的不满。至正十七年，答失八都鲁病死，其子孛罗帖木儿继承父职，总领蒙古、汉军事务，成了察罕帖木儿名义上的上司。征战多年的察罕帖木儿自然看不上这样一个"黄口孺子"，他和孛罗帖木儿为了争夺山西、河北地区的控制权，多次爆发战争，元顺帝多次下旨要他们和解，最终还是无能为力，两人结下了很深的仇恨。

就在元军内部矛盾不断的同时，山东的红巾军同样上演着内斗的惨剧。红巾军首领毛贵为部下赵君用所杀，失去了领导者的红巾军陷入了群龙无首的状态，彼此征伐不休。至正二十一年，察罕帖木儿得知山东红巾军内乱愈演愈烈，决定大举进攻山东。当年六月，察罕帖木儿抱病乘车从关陕抵达洛阳，召集各军将领，确定出兵山东的兵力部署：以并州军从井陉出发，辽州、沁州军从邯郸出发，泽州、潞州军从磁州出发，怀州、卫州军从白马出发，与汴梁、洛阳的元军主力水陆并进，分路进攻山东。察罕帖木儿亲率铁骑，树立主帅的旌旗和战鼓，从孟津渡过黄河，经过怀庆，向东攻克了冠州（今山东冠县）、东昌（今山东聊城）等地。当年八月，察罕帖木儿率军到达盐河，他派遣义子扩廓帖木儿及部将率领五万精兵进攻东平。元军主力和红巾军遭遇，两战两胜，顺利抵达东平城下。察罕帖木儿考虑到红巾军首领田丰占据山东很长时间，深得军民信服，就派人送书劝降田丰。田丰和另一位红巾军首领王士诚都选择了投降，元军顺利地占领了东平、济宁。

【死于军中】

在山东初战告捷后，察罕帖木儿率军东进，红巾军主力聚集济南，以一部在齐河、禹城抵挡元军。察罕帖木儿派出部队出其不意地猛攻红巾军侧后，大败红巾军。随后，元军兵分三路：南路攻占了泰安，逼近益都；中路沿着海边推进；北路攻克了济阳、章丘。察罕帖木儿亲率大军渡过黄河，在分齐大败红巾军，进逼济南城，齐河、禹城的红巾军纷纷投降。接着，察罕帖木儿在好石桥再次击败益都的红巾军，沿海郡县纷纷向元军投降，

元军趁机围攻济南，经过三个月的血战攻克济南。元顺帝下诏任命察罕帖木儿为中书平章政事、知河南山东行枢密院事，兼任陕西行台中丞。

攻陷济南后，红巾军在山东只剩下了孤城益都，红巾军残部拥立毛贵之子为平章，继续抗元大业。察罕帖木儿率军包围益都，在城外列下几十座营寨，大规模地打造攻城器械，多路围攻。益都守军拼死抵抗，挖掘双重沟堑，修筑围墙，防止元军以南洋河水淹城。至正二十二年，山东全境已被元军占领，只有孤城益都还在拼死抵抗。当时红巾军降将田丰、王士诚等人参加了对益都的围攻，驻扎于益都的南门之外，因为久攻不克，两人又和城内的红巾军有了联系，准备刺杀察罕帖木儿，然后全军投奔红巾军。自从田丰等人投降后，察罕帖木

儿一方面推诚以待，一方面自恃己方势大，从不担心田丰等人反叛，多次单独进出田丰的军营，这也为田丰等人的行动提供了方便。六月十四日，田丰邀请察罕帖木儿巡视其部下的营垒。临行前，诸将都认为不可前往，察罕帖木儿却说："我推心置腹地对待田丰，怎么还需要对他严加防备呢？"众将又请求派遣勇士跟随察罕帖木儿前往，他也没有允许，只是率领了十一名轻骑兵跟随巡营。察罕帖木儿先是来到了红巾军将领王信的营帐，然后又前往田丰的营帐。察罕帖木儿刚一进入田丰营中，田丰立刻向王士诚等人示意，将察罕帖木儿刺杀。随后，田丰等人以击鼓为号，退入益都城中。

察罕帖木儿的死讯传回大都后，朝野为之大惊。据传，在其遇刺之前，曾经有一道状如绳索的白气横贯长空，元顺帝认为这是山东要损失一员大将的征兆，就派人飞马给察罕帖木儿传讯，让他不要轻举妄动，注意自身安全。结果使者还未到达山东，察罕帖木儿已经遇刺身亡。元顺帝下诏追封他为推诚定远宣忠亮节功臣、开府仪同三司、上柱国、河南行省左丞相，追封为忠襄王，谥号为"献武"。等到下葬的时候，元顺帝又改赠为宣忠兴运弘仁效节功臣，追封为颍川王，改谥"忠襄"，将沈丘作为其封地，为其建立祠堂，以其子扩廓帖木儿总领其旧部。

◑ 二马图·元·任仁发

全卷纵 28.8 厘米，横 142.7 厘米。任仁发（1255～1327），松江府青龙镇（今属上海市）人，善于画马，人物和花鸟画也有很高成就。

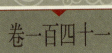

卷一百四十一

扩廓帖木儿列传

扩廓帖木儿（？～1375），汉名王保保，颍州沈丘人，元末将领察罕帖木儿的外甥，因察罕无子，后收其为义子。至正二十二年（1362），察罕帖木儿在围攻益都红巾军时被降将田丰刺杀，王保保接管了其养父的部队，攻破益都城，杀死田丰、王士诚，随后又和元朝另外一系军阀孛罗帖木儿争夺山西和河北。后因护卫太子有功，王保保被封为太傅、左丞相，元惠宗赐蒙古名为扩廓帖木儿。明朝建立后，扩廓帖木儿成了北元政府的支柱大将，明太祖朱元璋称其为"当世奇男子"。洪武八年（1375）八月，扩廓帖木儿病死于漠北。

▶【领兵征战】

扩廓帖木儿，汉名王保保，颍州沈丘人，元末将领察罕帖木儿的外甥，因察罕无子，后收其为义子。至正十二年（1352），察罕帖木儿开始组织地主武装镇压农民起义，扩廓帖木儿跟随其义父四处征战，屡立战功。至正二十二年（1362），察罕帖木儿在围攻益都红巾军时被降将田丰刺杀，元顺帝起用扩廓统领兵马，拜他为银青荣禄大夫、右尉、中书平章政事，准许其便宜行事，统领其父所部兵马。扩廓执掌兵权之后，为报杀父之仇，率领元军猛攻益都，但益都城内的红巾军也拼死抵抗，最终靠着挖掘地道才得以攻入城内。十一月，元军攻占益都，城中红巾军首领两百余人全部被俘获，田丰、王士诚两人更是被扩廓剜心剖腹，城中的红巾军战

士也被屠杀一空。攻陷益都后，扩廓派部将关保率军占领莒州（今山东莒县），整个山东全部平定。当时，东到临淄，西到关陕，已经没有大规模的起义军活动，扩廓率军驻守在汴梁、洛阳，朝廷将其作为安全的保障。

元末农民起义暂时被元廷镇压下去后，元朝地方军阀之间的矛盾开始激化，其中最显著的代表就是扩廓帖木儿和孛罗帖木儿之间的斗争。至正十七年（1357）十二月，孛罗帖木儿的父亲，和察罕帖木儿同为元末大将的答失八都鲁病死，孛罗帖木儿继承了其父的军队和职务。此后，孛罗帖木儿和察罕帖木儿为了争夺山西、河北等地，多次爆发冲突，后经元廷调解，这才罢兵休战。察罕帖木儿遇刺身亡后，孛罗帖木儿率军争夺河北、山西地盘，双方再次爆发大规模的冲

突，其间元顺帝多次下诏劝解，但双方的矛盾却越来越深。

就在地方军阀之间争斗不断的同时，元廷中枢也爆发了权力斗争。元顺帝的舅舅、御史大夫老的沙和知枢密院事秃坚帖木儿得罪了皇太子，皇太子想要处死两人，两人就逃奔到大同，为孛罗帖木儿所收留。丞相搠思监、宦官朴不花等人依附太子，依靠扩廓为外援，多次向孛罗帖木儿索要老的沙，双方闹得不可开交。至正二十四年（1337），搠思监、朴不花诬陷孛罗帖木儿、老的沙图谋造反，元顺帝下诏撤销了孛罗帖木儿的兵权和职务。孛罗帖木儿拒不从命，反而率军进逼京师，发誓要得到陷害他的搠思监、朴不花才肯罢休。元顺帝没有办法，只得将二人交给孛罗帖木儿处死。七月，孛罗帖木儿协同老的沙、秃坚帖木儿率军攻入京师。当时扩廓派部下白锁住率领一万骑兵守卫京师，与孛罗帖木儿大军交战不利，只好侍奉皇太子逃奔太原。八月，元顺帝封孛罗帖木儿为中书右丞相，授权他节制天下兵马。至正二十五年（1365），扩廓率军攻克了孛罗帖木儿在山西的重要基地大同，皇太子趁机催促扩廓讨伐孛罗帖木儿。不久，

孛罗帖木儿在大都被元顺帝招募的杀手刺死，顺帝下诏命令皇太子回京，扩廓护卫皇太子入朝。入京后，元顺帝任命老臣伯撒里为右丞相，扩廓为左丞相。在京城居住了两个月后，扩廓就请求返回南边视察部队。

【连年混战】

此时，中原地区虽然已经没有大规模的战事，但江淮地区、川蜀地区都掌握在起义军的手中。特别是至正二十四年，朱元璋所部义军已经占据了整个江淮地区，自称吴王。闰十月，元顺帝下诏封扩廓为河南王，让他统领全国兵马，代替皇太子出行，但凡一切军政要务、赋税钱粮可以便宜行事，扩廓设置官员，自立门户，其气

🔴 **蒙古人狩猎图**
蒙古人狩猎的主要目的就是以狩猎所得来代替家畜的消耗。此外，狩猎还有军事上的附属功能，蒙古人不从事战争之时，就行围猎，使其军队训练无间断。其目的不仅在于围猎本身，还在于训练战士熟于射术，能耐艰苦。

势和元廷中枢不相上下。当时关中地区掌握在以李思齐为首的军阀手中，此人曾和察罕帖木儿同时组织地主武装，年龄和资历也都大致相同。现在扩廓总领全军，李思齐位居其下，这让后者心中不服，其他元军将领如张良弼、孔兴也抗拒扩廓的命令，他们请求组成单独的军队，不肯接受扩廓的统领。眼看矛盾已经公开化，扩廓决定诉诸武力，他派遣大将关保、虎林赤率领大军攻打驻扎于麓台的张良弼，李思齐率军增援，双方征战一年有余，胜负不分。

【众叛亲离】

原本扩廓受命南征，进攻占据江淮的朱元璋所部义军。但因为一心对陕西用兵，并未加兵于江淮，元廷因此怀疑他有异志。当初，皇太子从大都逃往太原时，想效仿唐肃宗在灵武称帝的故事逼顺帝下台，自立为帝，扩廓并未予以支持。等到孛罗帖木儿被杀后，皇后奇氏传令扩廓率大军拥戴皇太子入城，以胁迫顺帝退位，这次扩廓再次表示反对，他率军到达京师三十里外后就停止前进，皇太子从此对他怀恨在心。现在，扩廓无力扫平各地军阀，又对江淮义军态度暧昧，皇太子趁机发难，屡次催促扩廓出兵江淮。无奈之下，扩廓只得派自己的弟弟脱因帖木儿和部将完哲、貊高率军前往山东，防备江淮义军北上。至正二十七年，扩廓和李思齐等人在关中连番大战，顺帝下诏让他们和解，使者却被扩廓所杀。当年八月，顺帝任命皇太子指挥天下兵马，命令扩廓率军从潼关出发，平定江淮一带；命令李思齐率领所部从凤翔出发，向西攻取川蜀；命令少保秃鲁率军和张良弼、孔兴、脱列伯等人攻取襄樊；命令王信率军固守山东。

❀ 青花蒙恬将军玉壶春瓶·元

"蒙恬将军"玉壶春瓶出土于湖南常德市，现藏于湖南省博物馆。画面中蒙恬顶盔贯甲，面相威严，端坐在椅上。整个画面绘蒙恬将军审讯战俘的场景。蒙恬满面钢髯，端然稳坐的姿态，以及背后高高树起的大旗，展示了巍然肃杀之气。

这道诏令虽然下达了，但各路军阀基本无人理睬，皇太子也只得按兵不动。然而扩廓专权跋扈、威福自用的做法引起了部下的不满，他的部将关保曾跟随察罕帖木儿起兵，在其部众中作战最为勇猛，战功最为显赫；部将貂高也是军事人才，他们都先后脱离扩廓，并且上表朝廷，列举了扩廓的罪状。皇太子正在寻找机会，削除扩廓的兵权，现在后者众叛亲离，皇太子立刻采纳了大臣沙蓝答儿、帖林沙等人的意见，设立抚军院，总管全国军马，专门防备扩廓。

【流亡漠北】

当年十月，元顺帝下诏免除了扩廓太傅、中枢左丞相的职务，仅让其以河南王的身份食邑汝州（今河南汝南），命令所有配属扩廓的属官返回朝廷。扩廓所率领的军队，在其中军大帐的由白锁住、虎林赤统领，在河南的由李克彝统领，在山东的由也速统领，在陕西的由沙蓝答儿统领，在河北的由貂高统领。扩廓接受诏书后，率军退守泽州（今山西晋城）。至正二十八年（1368），朱元璋正式称帝，派出大军北伐大都，而元朝各路军阀仍然进行着无休止的争斗。当年正月，朝廷命令左丞孙景益分管太原，以扩廓旧部关保率兵守城。心有不忿的扩廓派兵占领太原，杀光了朝廷所设置的官员。二月，皇太子派魏赛因不花、关保、李思齐、张良弼等人率军夹攻泽州，顺帝也下诏剥夺了扩廓的爵位

和封地，命令各军合力消灭他。扩廓力不能敌，退守平阳（今山西临汾），关保率军占领了泽州、潞州，与貂高会合。当时北伐的明军已经攻至河南，李思齐、张良弼等人不愿继续与扩廓作战，派使者与其媾和，然后率军西归。七月，貂高、关保率军攻打平阳。一天夜里，扩廓得知貂高派遣部队劫掠祁县，就在夜里率军偷袭，大败貂高的军队，将貂高和关保擒获。消息传到元廷后，元顺帝立刻变脸，下诏称关保、貂高构陷大臣，罪当军法处置。在扩廓处死两人后，顺帝立刻撤销抚军院，将建议削除扩廓兵权的大臣贬斥，希望以此来换取扩廓与朝廷"破镜重圆"。当时明军已经攻取了山东等地，元顺帝为了保住帝位，下诏恢复扩廓河南王的爵位，并且重新任命他为太傅、中书左丞相，命其率军从河北南征；以中书右丞相也速率军赶赴山东；以陕西行省左丞秃鲁率军出潼关，以李思齐率军出七盘、金州、商州，以求击败明军，收复河洛地区。此时的元廷大势已去，也速的军队不战自溃，秃鲁、李思齐按兵不动，扩廓率军从平阳退守太原，元朝灭亡已经无法挽回了。八月二日，明军进入大都，元顺帝逃往漠北，元朝灭亡。不久，明军攻至太原，扩廓弃城而逃，率领残部逃往甘肃。此后数年中，扩廓不断率军南下骚扰，与明军连番苦战，明太祖朱元璋多次招降都被其拒绝。洪武八年（1375）八月，扩廓病死于漠北。

耶律楚材列传

耶律楚材（1190～1244），字晋卿，辽太祖耶律阿保机九世孙，金朝尚书左丞耶律履之子。他自幼博览群书，天文、地理、历法、术数无所不通，在金朝历任开州同知、中都行省左右司员外郎。成吉思汗十三年（1218），应召前往漠北，次年跟随成吉思汗西征。窝阔台汗即位后，耶律楚材帮助其确定君臣礼仪，建立赋税制度。窝阔台汗三年（1231），出任中书令。此后他积极推行"以儒治国"的策略，使蒙古贵族逐渐放弃了落后的游牧生活，为后来忽必烈建立元朝奠定了基础。

▶【出仕蒙古】

　　耶律楚材，字晋卿，是辽太祖耶律阿保机九世孙。他的父亲耶律履是金朝著名学者，以学问品行闻名当世，在金世宗时备受信任，一度官至尚书右丞。耶律楚材三岁时，父亲因病去世，他在母亲杨氏的悉心教导下长大

成人。成年后，耶律楚材博览群书，通晓天文、地理、音乐、历法、术数以及佛道、医学、占卜等学问，下笔即可成文，文思如泉涌。按照金朝的制度，宰相之子可以经过例行考试担任中书省的一般职务。耶律楚材不想走此捷径，想要参加统一的进士考试，但在金章宗的属意下，还是参加了针对官员子弟的考试。考官向他们询问了几件疑难的讼案，当时一同参加考试的有十七人，耶律楚材的答案最为出色，于是被任命为中书省掾，后改任同知开州（今河南濮阳）事。

　　贞祐二年（1214），金宣宗迁都汴京，丞相完颜承晖授命代行行省尚

☀元太宗窝阔台像

窝阔台统治期间，蒙古政权进行了一系列的改革，设立课税所和中书省，任命耶律楚材为中书令，这也标志着蒙古政权一系列封建化改革的开始。

书事，留守燕京，耶律楚材也被任命为左右司员外郎。成吉思汗平定燕京后，听说了耶律楚材的声名，就在漠北召见了耶律楚材。当时的耶律楚材正当壮年，身材魁梧，身高八尺，美髯垂胸，嗓音洪亮，成吉思汗认为他的相貌就不同凡响，当即问道："辽和金是世代的仇敌，我现在为你报仇雪恨。"耶律楚材却回答说："我的祖父、父亲曾经出仕金朝，那就是金朝的臣子，怎么敢怨恨金朝的君主呢？"成吉思汗非常赏识楚材的见识，就让楚材跟随在自己的身边，以便随时咨询。此后，成吉思汗甚至不称呼楚材的名字，而是用蒙古语叫他"吾图撒合里"，意为胡子很长的人。

【确立礼仪】

成吉思汗十三年（1218），楚材跟随成吉思汗西征。楚材利用自己的天文、占卜知识，准确预测了月食的到来和金宣宗的去世，因此成吉思汗每次出征都要楚材先行占卜。成吉思汗还指着楚材对儿子窝阔台说："这个人是上天赐给咱们家的，今后军国政事你应该交给他办理。"成吉思汗二十一年（1226），蒙古大军攻下灵武，将领们都争先恐后地抢夺女子财货，只有耶律楚材全力收集散乱的书籍和药材。自从成吉思汗率军西征以来，国家没有订立制度，俘获的州郡官吏往往肆意杀戮，甚至连百姓的妻女都随意掠为奴仆，抢夺财物、兼并土地更是常事。燕蓟留守石抹咸得卜贪婪

残暴，当街杀人，楚材听说后痛哭失声，立即入朝上奏，请求下达禁令，没有大汗的命令，不得向百姓擅自征发财物，判处死刑必须得到朝廷的批复才能生效。当时燕地大盗横行，他们赶着牛车直奔富户家中，夺取财物，遇到阻拦就逞凶杀人。当时拖雷以皇子的身份监国，就派遣中使和楚材一同前往查办，楚材发现这些所谓的盗贼大多是前线将领留在后方的家人亲属和官宦子弟，楚材将他们全部逮捕下狱。这些人的家属贿赂中使，眼见就要被从轻发落，又是楚材向中使说明了利害关系，中使非常害怕，接受了楚材的建议，在街市上将十六名犯人全部处斩，燕地的百姓这才过上了安定的生活。

成吉思汗去世后，蒙古宗王和大臣们举行大会，讨论窝阔台继承汗位的问题。大会进行了四十多天，还没有一个确切的结果。楚材对王子拖雷说："这是国家大事，应该早日确定。"这才确定了汗位归属。当时国家礼仪制度尚未确定，楚材就对亲王察合台说："你虽然是大汗的兄长，但您也是臣子，按照礼仪应当行跪拜大礼。只要您肯行礼，众人就不敢不跟随。"察合台采纳了楚材的建议，等到窝阔台汗即位时，察合台率领宗王和群臣行跪拜大礼。仪式结束后，察合台拉着楚材的手说："您真是关系国家安危的重臣啊！"蒙古国向汗王行跪拜礼就是从此开始的。

元史 列传

【护佑百姓】

当时中原刚刚平定，百姓常常误犯禁令，楚材请求赦免这些百姓，大臣们都认为他迂腐，楚材依旧独自一人从容上奏，窝阔台汗最终下令不予追究。在成吉思汗时期，蒙古每年都要征伐西域，对中原地区缺乏治理和掌控，官吏们大多搜刮民脂民膏，中饱私囊，他们个人财产难以计算，而官府却没有任何的财政储备。窝阔台汗的宠臣别迭等人说："汉人对国家没有帮助，不如将他们全部赶走，将他们的土地变成牧场。"楚材表示反对说："陛下想要南征，就需要有人供给军需，如果能合理制定中原地区的土地税、商业税、盐税、酒税，那每年可以得到白银五十万两、帛八万匹、粮食四十多万石，怎么能说汉人没有用呢？"窝阔台汗采纳了楚材的建议，批准他在燕京等十路设置征收课税使，以儒士担任正副使，掌握税收大权。第二年秋天，窝阔台汗来到云中（今山西大同），十路都呈送上仓库账簿和金银布帛，窝阔台汗非常高兴，就笑着对楚材说："有你在我身边，国家仓库丰盈，南宋的大臣们能有你这么能干吗？"楚材回答说："南方的大臣大多比我能干，臣没有什么本事，所以留在燕地。"窝阔台汗为楚材的谦虚所感动，任命他为中书令，朝廷事务无论大小都要先请示楚材。

窝阔台汗五年（1233），窝阔台汗率军南征，汴梁城即将被破，大将速不台主张按照蒙古惯例，对这座抵

抗过蒙古军的金国都城实行屠城，又是楚材进谏说："将士们征战几十年，想得到的就是土地和百姓，如果把百姓杀光，只剩下土地又有什么用呢？"窝阔台汗犹豫不决，楚材又说："能工巧匠、富豪之家，都集中在汴梁，把他们都杀光了那这次南征就将一无所获。"窝阔台汗这才下令只对完颜氏一族治罪，其他人不予追究，汴梁城中的一百四十七万百姓因此逃过一场劫难。当时河南刚刚平定，很多俘虏都逃回故乡，窝阔台汗下旨，谁敢向逃跑的俘虏提供食宿的，就处死其全家。于是，逃亡的人不敢寻求帮助，大多饿死在路上。楚材劝窝阔台汗说："河南已经是您的土地，那里的百姓就是您的百姓，怎么能因为一些俘虏就株连杀死上百人呢？"窝阔台汗这才下令撤销株连的法令。

窝阔台汗八年（1236），蒙古诸王大聚会，窝阔台汗亲自拿着酒杯赐酒给楚材说："我今天能高枕无忧，都是你的功劳啊！"当年七月，窝阔台汗想将一些州县赐给亲王和功臣，楚材反复陈述裂土分封的弊端，最终说服窝阔台汗规定赋税，以此限制诸王的权力。当时，州郡的长官大多向西域商人借贷，这种高利贷的利息累积起来甚至超过了本金好几倍，被称为"羊羔利"。不少人将妻子儿女卖为奴隶，仍然无法偿还。楚材就奏请利息达到本金一倍时不再生息，百姓们欠下的债务由官府代为偿还。楚材的做法引起了西域商人的不满，以刘

忽笃马等人为首的商人以扑买来破坏楚材的赋税制度，准备以一百四十万两白银买下全国的赋税，楚材反复进谏，最终还是没能阻止此类事情的发生，于是叹息说："老百姓的穷困，就要从此开始了。"

【与世长辞】

当时窝阔台汗嗜酒如命，每天都和大臣们痛饮，楚材多次进谏，都不被采纳。于是楚材拿着酒杯对窝阔台汗说："酒连铁器都能腐蚀，何况五脏六腑呢？"窝阔台汗这才醒悟过来，对近臣们说："你们这些人的忠君爱国之心怎么比得上吾图撒合里啊！"从此，窝阔台汗每天只喝三杯酒。一次，楚材参加蒙古诸王的宴会，喝醉后就躺在车中睡觉。窝阔台汗看到了，就登上车子用手摇醒他。楚材睁眼发现是主君，急忙谢罪，窝阔台汗笑着说："有酒自己喝，却不和我一起欢乐吗？"说完，窝阔台汗回到宫中，楚材飞马赶到行宫，和窝阔台汗痛饮一番才罢休。楚材长期主持国政，得到的俸禄全部分给自己的亲族，却从

不肯授予他们官职。有同僚劝他不必如此，楚材义正词严地回答说："和睦亲族最好的方法就是资助他们钱财，如果让他们从政，一旦违法我就不能徇私纵容了。"

窝阔台汗十三年（1241），窝阔台汗去世，皇后脱列哥那（乃马真后）摄政。脱列哥那是蒙古"国俗派"的支持者，她的一系列主张都和楚材坚持的治国之道发生了冲突。当年五月，脱列哥那准备将朝廷西迁，楚材认为朝廷是国家的根本，随便迁移会国家大乱；脱列哥那又将加盖玉玺的空白纸张交给宠臣奥都剌合蛮，让其自行填写使用，楚材又以国家制度劝止。乃马真后三年（1244），耶律楚材去世于任上，享年五十五岁。当时有人诬陷楚材，说他担任宰相期间贪污了全国一半的赋税，脱列哥那派人去楚材家查看，发现他家中只有十余张琴和生前所做的文章数千卷。至顺元年（1333），朝廷追赠耶律楚材为经国议制寅亮佐运功臣、太师、上柱国，追封为广宁王，谥号"文正"。

送刘满诗卷·元·耶律楚材

张柔列传

张柔（1190～1268），字德刚，金末元初易州定兴（今属河北）人。少年时以豪侠著称乡里，聚集宗族结社自保，官至金朝中都留守，兼大兴府尹。金宣宗兴定二年（1218），张柔战败归降蒙古，受封为河北东西路都元帅，成为蒙古三大汉族武装势力之一，为蒙古灭金、灭宋立下了战功。元世祖至元四年（1267），受封蔡国公，次年病逝。

▶【投降蒙古】

张柔，字德刚，易州定兴（今属河北）人，世代务农为生。张柔少年时性格豪放，崇尚气节，善于骑射，以豪侠著称于乡里。金宣宗贞祐年间，河北地区盗贼蜂起，张柔聚集族人数千，驻扎于西山东流寨，挑选壮士自保，成为了一股不可忽视的地方势力。当时金朝为了抵御蒙古大军，大肆笼络河北地方武装，金朝中都经略使苗道润任命张柔为定兴令，不久又升其为清州防御使。不久，苗道润向朝廷表奏张柔才能出众，金宣宗下诏任命张柔为昭毅大将军，遥领永定军节度使、雄州管内观察使、代理元帅左都监，行元帅府事。不久，苗道润被副将贾瑀杀死，贾瑀派使者讨好张柔。张柔怒斥其使者，然后向苗道润部下发出檄文，命令各部在易州军市川集合。随后，张柔当众宣誓为苗道润报仇，众人为其诚意所感动，纷纷表示拥戴张柔。金廷得到这个消息后，加

封张柔为骠骑大将军、中都留守，兼任大兴府尹、本路经略使，行元帅事。成吉思汗十三年（1218）六月，蒙古大军攻入紫荆关，张柔率军在狼牙岭迎战，因为坐骑失蹄摔倒而被俘获，于是率众投降蒙古，成吉思汗以他在金国原来的官职相委任。此后，张柔率领他的部众连续攻克了雄州（今河北雄县）、易州（今河北易县）、安州（今河北安新南）、保州（今河北保定）。在孔山一战中，张柔大败老仇人贾瑀，将其剖腹挖心以祭奠苗道润。

▶【威震河朔】

当年冬天，张柔率军移驻满城。金朝真定元帅武仙率数万大军来攻，张柔以数百士兵出击，大败武仙所部，并乘胜攻克完州（今河北顺平）。第二年春天，武仙再次率部来犯，张柔不但将其击败，还趁势攻克了郎山、祁阳、曲阳等地。张柔和武仙部将葛铁枪激战于新乐（今河北新乐东北），

张柔下巴中箭，两颗牙齿脱落，他拔掉箭矢继续战斗，最终大败葛铁枪，斩首数千级，攻克中山。不久，武仙又进攻满城，张柔登城指挥作战，被流矢射中，仍然带伤击退了敌军。此后，张柔连续收复了鼓城、深泽、宁晋、安平、平棘、无极等三十余座城池，一月之间连败武仙十七次。张柔准备到成吉思汗的驻地报捷，刚刚行至宣德，易州守军发动叛乱，将太守卢应的妻子儿女赶走，占据了西山马头寨。张柔听说后，出其不意地攻破了叛军营寨，杀死了叛军首领，朝廷加封他为荣禄大夫、河北东西等路都元帅，号拔都鲁（勇士）。当时蒙古在燕地设置的元帅屠赤台屡次欺辱张柔，张柔毫不相让，屠赤台就向中都行台诬告张柔势大难制，跋扈无礼。中都行台就将张柔召入中都，囚禁在土牢之中，准备第二天将他处死。然而没等行刑，屠赤台就突然暴死，张柔这才得以幸免。

【治民立功】

成吉思汗二十年（1225），驻扎于真定的降将武仙杀死河北西路兵马都元帅史天倪，史天倪的弟弟史天泽向张柔求援，张柔派部下勇将乔惟忠率领千余骑兵增援史天泽，最终将叛军击败。此后，张柔又分派乔惟忠、宋演、聂福坚等将领攻取了彰德、青州、魏县等地。为了奖励他的战功，成吉思汗任命张柔为行军千户、保州等处都元帅。次年，张柔跟随国王孛

鲁攻打占据益都的李全所部，李全兵败投降。成吉思汗二十二年，张柔率军镇守保州。保州在战乱之中荒废了十五年，盗贼横行，百业凋零。张柔进驻后，规划街道，划定民居，设立官署，将泉水引入城中，疏通沟渠，奖励贸易，很快就使保州富裕起来。为了昌明文化，张柔还将孔庙迁至城东南角，扩大了原有的规模，保州逐渐成为河北重镇，张柔也成为河北地区的汉人三大世侯之一。

【南征灭金】

窝阔台汗四年（1232），张柔跟随成吉思汗第四子拖雷讨伐金朝。大军出征前，张柔对部下说："我多年征战杀人无数，这里面肯定有无辜被杀的人。今后作战，除非是和敌人阵前厮杀，决不再滥杀无辜。"不久，蒙古大军包围了汴京，张柔率部驻扎于城西北，金军屡次出城作战，张柔单骑冲阵，金军抵挡不住。不久，金哀宗完颜守绪从黄陵冈渡过黄河，驻扎在沤麻冈，准备进攻卫州，张柔率军进击，迫使金哀宗逃往睢阳。次年，金哀宗逃往归德（今河南商丘），大臣崔立献汴京投降，张柔入城后对金帛财物无一所取，只是前往史馆将《金实录》和秘府图书取走，并且分别拜访了德高望重的世家大族十多户，将他们送归北方。随后，张柔率军和宋将孟珙合攻汝南，城中金军出南门死战，张柔率二十名步兵冲入敌阵，大败金军，最终占领了汝南。由于伤亡

白话精编二十四史 第九卷

惨重，张柔下令屠城，结果发现俘虏中一人相貌特殊，张柔亲自询问他，才知道他是金朝状元王鹗。张柔亲自为王鹗松绑，以上宾之礼相待，此后王鹗成了他府中的幕僚。蒙古灭金后，为了奖励张柔的战功，窝阔台汗将他召入朝中，赐给他金虎符，升任军民万户。

【相随伐宋】

窝阔台汗七年（1235）春天，蒙古大军兵分三路大举伐宋，张柔跟随窝阔台汗第三子阔出攻克枣阳。接着，他又跟随大帅太赤攻打徐州、邳县。窝阔台汗九年，张柔奉命进逼曹武（今

🐾 狩猎出行图·元

在元代，狩猎有两种方式：一是大规模的围猎，二是个人或少数人的行猎。前者是由君主或部族长们领导执行的，后者是个人的行动。狩猎还可以分为虎猎、狐狸猎、黄羊猎、兔猎、野猪猎、狼猎等。

湖北京山东），路过九里关时，部下说关隘险要，宋军恐怕会设下埋伏，建议全军持重缓行。张柔不听，亲自率领二十名骑兵抢占关口。他刚和部下脱下盔甲吃饭，宋军就赶到了九里关，将张柔和他的部下团团包围。张柔单枪匹马冲出重围，这时其所部大军赶到，击退宋军，顺利攻占曹武。随后，张柔连克洪山寨、光州（今河南潢川）、黄州（今湖北黄冈）等地。随后，张柔率领两百名骑兵跟随大帅察罕攻打滁州（今属安徽）。当时宋军在滁州附近的庐州、盱眙、泗州、安丰之间驻扎有大批军队，察罕因为久攻不下，担心宋朝援军攻其侧后，想要撤围而去。张柔坚决请战，这才让察罕改变了主意。此后张柔诱使宋军出城野战，混战中张柔的鼻子被飞石击中，他包扎好伤口后继续战斗。当天夜里，张柔率领精锐战士五十七

人抢先登上滁州城头，蒙古军这才得以攻克滁州。窝阔台汗十一年，张柔受命以本职节制河南诸翼兵马征行事，河南地区的三十余座城市都划归他管辖。此后的数十年中，张柔为蒙古镇守河南南部，多次出兵袭扰南宋。

【全身而退】

窝阔台汗十二年（1240），张柔受命率八万户征伐南宋，并赐给张柔御衣名马。张柔率军从五河口渡过淮河，攻取了南宋的和州（今安徽和县）而还。部队返回后，张柔派遣部下一千余人在襄城屯田。当时黄河在汴梁决口，分为了三条支流，宋军倚仗水师的便利，多次向驻扎在杞县（今河南杞县）的张柔所部发动反攻。张柔就在河水上架起浮桥，修筑彼此相连的堡垒，防御宋军的进攻。当时宋军收复了寿州（今安徽凤台），不久又被察罕和张柔率军夺回，张柔想留下军队驻守寿州，察罕没有采纳他的意见。随后，张柔在泗州（今江苏盱眙）击败宋军，返回杞县。当时张柔手下的官吏夹谷显祖犯罪逃走，向朝廷诬告张柔谋反，朝廷派人将张柔押回北方。许多大臣以身家性命为张柔作保，张柔这才逃过一劫，夹谷显祖以诬告罪反被处死。蒙哥汗元年（1251），拖雷幼子蒙哥即汗位，授予张柔金虎符，让他继续担任军民万户的职务。蒙哥汗四年（1254），张柔奉命移师镇守亳州（今属安徽）。亳县四面环水，没有船只无法交通，张柔就用砖石砌成桥梁，方便了百姓往来交通；他重修孔庙，设置官学，招纳学生。蒙哥汗听说张柔政绩显著，就赐给他御衣一套、一副翎羽铠甲、九副金符、十九副银符，让张柔颁发给有功将士。

蒙哥汗九年（1259），蒙古大举伐宋，张柔部将分别跟随蒙哥汗、宗王塔察儿进攻蜀地和荆山，张柔则跟随忽必烈的中路军出征。大军行至沙窝时，张柔的儿子张弘彦击败了宋军，忽必烈率军渡过长江，围攻鄂州一百余天。张柔派部将制造鹅车，挖洞打穿城墙，眼看就要破城时传来了蒙哥汗在蜀地去世的消息。忽必烈急于返回北方争夺汗位，就命令张柔总领蒙古、汉军，屯驻在白鹿矶等待命令。中统元年（1260），忽必烈即汗位，下诏命令张柔撤军。不久，忽必烈异母弟阿里不哥反叛，忽必烈率军北征，命令张柔入卫京城。张柔到达庐朐河时，忽必烈又命令他停止前进，分出他的部队三千五百人入京，以张柔的儿子张弘庆为人质。第二年，张柔将《金实录》献给朝廷，并请求致仕，忽必烈封他为安肃公，以其第八子张弘略继承他的职位。至元三年（1266），张柔被加封为荣禄大夫，判行工部事，负责修建元大都。第二年，他被晋封为蔡国公。至元五年六月，张柔去世，享年七十九岁。元世祖赐号推忠宣力翊运功臣、太师、开府仪同三司、上柱国，谥号"武康"。张柔有子十一人，其中张弘略、张弘范地位最为显赫。

汪世显 汪德臣列传

世显（1195～1243），字仲明，汪古部人，世居巩昌盐川（今甘肃陇西）。金宣宗贞祐二年（1214），汪世显因军功升任金国巩昌节度使。金哀宗天兴三年（1234），金亡，汪世显投降蒙古，依旧担任巩昌节度使。窝阔台汗十一年（1240），汪世显跟随蒙古大军攻破成都，受封巩昌便宜都元帅，统领秦州、巩州等二十余州事务，成为蒙古政权下实力最为显赫的地方势力。汪世显因病去世后，其子汪德臣出仕蒙古，跟随蒙古大军四处征战，官居要职。

【归附蒙古】

汪世显，字仲明，巩昌盐川（今甘肃陇西）人，出自汪古部，为金国下属部族。金哀宗正大二年（1225），元帅田端造反，金陕西行省出兵讨伐，作为巩州守将的汪世显打开城门，放平叛大军入城。田端被杀后，汪世显因功升至镇远军节度使，巩昌便宜总帅。天兴三年（1234），金朝灭亡后，各郡县纷纷投降蒙古大军，只有汪世显仍然坚守城池，直到皇子阔端率领大军驻扎于巩州城下，他才率领所部投降。阔端询问说："我奉命征战四方，所到之处无不望风而降，只有你坚守城池，你是怎么考虑的呢？"汪世显从容地回答说："我实在不想背叛我的君王，丧失臣子的节操。"阔端又问道："金朝已经灭亡一年多了，你却还不投降，这是为谁守节呢？"汪世显回答说："各路兵马轮番前来，我实在不知道归顺谁。听说殿下您仁爱勇武，从不滥杀无辜，所以决定投降您。"阔端非常高兴，按照窝阔台汗的旨意，赐给汪世显官服，让他仍旧担任原来的官职。

⚙ 襄阳炮（模型）

这是蒙古大军从阿拉伯地区引进的新式抛石车，俗称"回回炮"。这种抛石车在杠杆后端挂有一块巨大的铁块或石块，平时用铁钩钩住杠杆，放时只要把铁钩扯开，就能抛出"铁弹"或"石弹"。在窝阔台之后，忽必烈曾于至元十年（1273）靠回回炮攻下了数年不克的襄阳城，此后"回回炮"又称"襄阳炮"。

【出征南宋】

汪世显投降蒙古后，跟随皇子阔端出征南宋，围攻南宋大安军（今陕西宁强西北），被宋军所败，退回巩州。窝阔台汗八年（1236），汪世显又跟随阔端攻打四川，率军阻断嘉陵江，再次进攻大安军。南宋从思州、播州（今贵州遵义）调来的田氏、杨氏苗军结阵迎战，汪世显派轻骑骚扰宋军；宋朝将军曹友闻偷偷派兵增援，与田氏、杨氏互为犄角之势，汪世显单骑冲入宋军大阵，杀死了宋军数十人。黎明时分，蒙古大军四面合围，杀死了宋军主将曹友闻，攻入武信，趁势进逼资、普二州。次年，蒙古大军驻扎在葭萌关，南宋将领依山修筑营寨，汪世显率领精锐骑兵攻入宋军大寨，乘胜平定了资州（今四川资中），劫掠了嘉定、峨眉等地回军。窝阔台汗十一年（1239），汪世显跟随蒙古将领塔海再次进攻四川，很快就攻破开州。当时宋军屯兵长江南岸，汪世显就在北岸造船以迷惑宋军，趁夜从上游使用皮革制作的船渡过长江，然后突袭宋军，大获全胜。汪世显率军追至夔峡（今重庆奉节），过巫山时，与南宋京湖制置使孟珙率领的援军遭遇，激战后被迫返回。第二年，蒙古大军进攻重庆，因为天气正酷热，只得撤兵返回。当年秋天，汪世显赶赴和林觐见窝阔台汗，窝阔台汗赐给他金符，把他的名字改为中山，又历数他的功劳。汪世显拜谢说："这都是皇上的圣明福德所致，我有什么功劳可言呢！"

窝阔台汗十二年（1240），南宋蜀地统帅陈隆之下战书挑战，声称有百万大军。皇子召集诸将商议，众人都说可以生擒陈隆之，只有汪世显谨慎地表态说："还要看临敌时的情况，现在不是说大话的时候。"当年十月，蒙古军队逼近成都，陈隆之屡次出战都被击败，只好坚守城池不出。当时城内的宋将田显与汪世显约定夜间开城投降，结果被陈隆之察觉，汪世显对部下说："现在事情紧急了！"他急忙命令士兵用云梯登城去增援田显，救出了田显及其随从七十多人，俘获了陈隆之，将其斩首。随后，汪世显又派出精兵五百人直捣汉州（今四川广汉），汉州守军三千人出城迎战，最终全部战死。三天后，蒙古大军逼近汉州城，又过了三天，攻克了汉州。

窝阔台汗十三年（1241），皇子阔端奉命评定诸将功劳，按照窝阔台汗的命令任命汪世显为便宜总帅，秦、巩等二十多州的军务政务都交给汪世显处置，还赐予其虎符、锦衣和玉带。在此之前汪世显已经身患重病，这时病情加重，阔端不断派医生前去治疗，终因医治无效死亡，享年四十九岁。元世祖中统三年（1262），汪世显被追封为陇西公，谥号"义武"。元仁宗延祐七年（1320），加封陇右王。汪世显有七个儿子：长子汪忠臣，任巩昌便宜副总帅；次子汪德臣；三子汪直臣，任巩昌中路都总领，死于国事；四子汪良臣；五子汪翰臣，任奥鲁兵马都元帅；汪佐臣，任巩昌左翼都总领；汪清臣，任四川行枢密院副使。

【子承父业】

汪德臣，字舜辅，汪世显次子，窝阔台汗赐名田哥。十四岁时，入宫为太子阔端侍从，行猎时箭无虚发，深得阔端赏识。汪世显死后，阔端任命汪德臣承袭其父的职位，出任巩昌等二十四路便宜都总帅。乃马真后四年（1245），汪德臣随从蒙古大军出征四川，率前锋前军攻掠了忠州、涪州（今重庆涪陵），所到之处都取得了胜利。次年，蒙古大军兵分四路进攻四川。在攻打蓬州运山城（今四川蓬安东南）时，汪德臣身先士卒，他的坐骑被宋军的飞石击毙，他的弟弟汪直臣也当场战死，汪德臣只得率军撤退。蒙哥汗元年（1251），宋将余玠进攻汉中，汪德臣调集所部兵马昼夜兼程前往增援，余玠见蒙古援军赶到，就撤围南返。

蒙哥汗即位后，汪德臣来到和林朝见。蒙哥汗早就听过他的名声，对他所奏请的事情全部赞许采纳，还赐给汪德臣印符，命他驻守沔州。沔州是嘉陵江的战略要地，汪德臣在那里修建房舍，任命官员，数日之内就掌控全城。当年冬天，汪德臣跟随都元帅太答儿进攻四川，攻至嘉定（今四川乐山）时，宋军在夜间突袭蒙古

军营，汪德臣率军迎战，最终不得不率军北返。回军经过左绵、云顶、隆庆、剑门时，宋军不断在夜间袭扰蒙古军，汪德臣经过拼死力战，终于返回出发地。蒙哥汗三年（1253），蒙哥汗命令汪德臣驻守益昌（今四川益昌），还将整个四川北路蒙古军的指挥权交给了汪德臣。当时忽必烈率军出征大理，特意召见汪德臣，询问攻取四川的计划。汪德臣请求免征益昌的赋税及徭役，并实行屯田以为长久之计，忽必烈全部采纳了他的建议。汪德臣随即在巩昌设置户部，在沔州设立漕司，通过商贸往来以供给大军。此外，汪德臣还奏请忽必烈允许他的哥哥汪忠臣代理元帅府事，以便他能专心治理益昌。益昌是四川的咽喉要地，宋军听闻汪德臣在此筑城非常惊惧，不断派出部队骚扰蒙古军。第二年春天，四川大旱，嘉陵江运送军粮的船只全部搁浅，有人建议汪德臣弃城离去，汪德臣却说："国家把四川的事全部托付给我，我只有拼死尽力，怎么能弃城离去呢？"汪德臣下令将战马全部杀掉，给士兵们充当军粮。随后，汪德臣派出军队到邻近的南宋嘉川（今四川旺苍）等地抢粮，前后获得了数千石粮食。这时，后方鱼关、金牛等地的粮食终于运到，屯田的粮食也开始收获，军心终于安定下来。

【死于阵前】

当年夏天，汪德臣活捉了南宋提辖崔忠、郑再立，将他们放回苦竹

隘山城（今四川剑阁北），南宋守将南清献城投降，附近山寨也纷纷归附汪德臣。不久，南宋四川制置使余晦派遣部将甘闰率领数万士兵驻守紫金山，汪德臣选取精兵，趁夜偷袭，大破宋军。当年冬天，宋军两万人再次进攻，又被汪德臣打败，俘获粮船百余艘。此后数年中，汪德臣苦心经营，在鱼关到沔州之间修建桥梁百余座，大大方便了蒙古军的粮草运输。蒙哥汗八年（1258），蒙哥汗亲自率领大军进攻四川，驻扎于汉中，汪德臣前往朝见。不久，蒙哥汗巡视益都，对汪德臣的经营非常满意，对他说："来见我的人都说你在利州立功，没想到你身材矮小，胆子却如此之大！"蒙哥汗赐给其金腰带，并下令立石碑以记载其功劳。

由于南征的蒙古大军人数众多，又必须渡过嘉陵江和白水交汇处，而江水湍急，以船只渡河需要花费大量的时间。汪德臣建议将船只连接起来作为桥梁，果然在一夜之间就搭起了浮桥，蒙哥汗下令赐给其白银三十斤。当时苦竹隘山城回归南宋，汪德臣跟随蒙哥汗攻城，他身先士卒，率领将士鱼贯登城，蒙哥汗也被他的勇武所感动。当时汪德臣身染小病，蒙哥汗慰劳他说："你的病是为我家而得的。"不但赐给汪德臣葡萄酒，还将自己的玉带赐给汪德臣，说道："喝我的酒，佩戴我的玉带，病很快就会好的。"汪德臣流泪称谢。

十一月，汪德臣作为大军先锋，进至大获山城（今四川苍溪东南），夺取了水门。宋将杨大渊派儿子请降，希望能够保全城中数万军民的性命，汪德臣将其引到蒙哥汗面前为其说情。第二天，杨大渊率部投降，随后青居（今四川南充南）、大梁（今四川广安东北）等城相继投降。第二年，蒙哥汗率大军围攻钓鱼山城（今四川合川东北），宋将王坚凭借天险死守，蒙古军围攻五个月都没能打下来。六月，汪德臣独自一人来到城下，高声劝降王坚，险些被飞石击中，随即染上疾病，不久病死。元世祖中统三年（1262），追封其为陇西公，谥号"忠烈"。

🔴 蒙古军射猎图

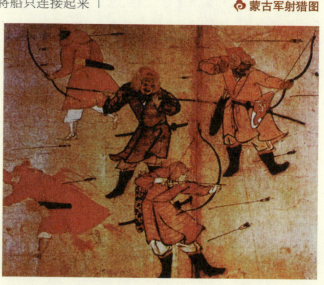

史天泽列传

元史 列传

史 天泽（1202～1275），字润甫，燕京永清（今属河北）人，元初名将。成吉思汗八年（1213），史天泽跟随其父史秉直投降蒙古。其兄长史天倪被金国降将武仙杀死后，史天泽袭职为都元帅，成为河北地区的军事长官。元太宗即位后，受封为真定等五路万户，多次参加灭金、伐宋战争。中统二年（1261），出任中书右丞相，成为元朝较早的汉人丞相。此后跟随元世祖忽必烈参加了征讨阿里不哥、李璮等人的战斗。至元十一年（1274），奉诏与伯颜共同伐宋，次年病死。

【父兄降蒙】

史天泽（1202～1275），字润甫，燕京永清（今属河北）人。他的曾祖史伦，因为盖房挖土得到黄金而发家。金朝末年，中原地区困苦不堪，史伦以家财建立家塾，招揽学者，接纳豪强，他所隐藏和救援的豪杰、文士不计其数，其侠义的名声著称于河朔地区。每逢灾年，史伦就将家中所藏的粮食拿出来赈济灾民，因此地方百姓纷纷归附于他。史天泽的祖父史成珪、父亲史秉直喜读书而尚气节，继承豪迈的家风，每逢战乱，必然散尽家财，只留下仓中的粮食。成吉思汗八年（1213），太师、国王木华黎率军进攻河北、山东，史秉直聚集族人商议，最终率领族中老幼数千人到涿州归附木华黎。木华黎想任用史秉直为官，史秉直推辞官位，转而推荐自己的长子史天倪，木华黎于是任命史天倪为万户，跟随自己伐金。

成吉思汗九年（1214），史天倪在燕地受到了成吉思汗的接见，他所献的计策深得成吉思汗的赞许，被任命为马步军都统，先后跟随木华黎攻打高州、北京。成吉思汗十五年（1220），史天倪出任右副都元帅，率军经略河北等地，作为其幼弟的史天泽也跟随驻扎于河北。不久，金朝恒山公武仙率军投降。木华黎任命史天倪为金紫光禄大夫、河北西路兵马都元帅，以武仙为副职。此后数年间，史天倪相继在河北、山西、山东等地征战，先后攻取了怀州、潞州、泽州等地。成吉思汗二十年（1225），史天倪听闻武仙的党羽占据了西山腰水、铁壁二寨作乱，就率军讨伐二寨，斩杀了所有叛军。武仙得讯后，勃然大怒，以饮宴赔罪为名诱使史天倪前往真定，然后在宴席上将其斩杀。

【袭职领军】

史天倪被杀之时，史天泽正护送其母北返燕京，史家家臣王缙、王守道在燕地追上了史天泽，向他汇报了真定事变。史天泽认为杀兄之仇必报，就变卖家财，购置武器，掉头南下。他到达满城时，已经有很多人马前来投奔。太师、国王孛鲁得知事变的消息后，命令史天泽继承他哥哥的职位为都元帅，并派遣笑乃觯率领三千蒙古军援助史天泽。史天泽与笑乃觯合兵进攻卢奴，武仙部下的勇将葛铁枪率军前来迎战，史天泽身先士卒，大败葛铁枪所部，然后乘胜追击，活捉葛铁枪本人。此后，史天泽连续攻克中山（今河北定县）、无极（今河北无极）、赵州（治所在今河北赵县），和他的二哥史天安合力击败武仙，收复真定。不久，南宋大名总管彭义斌和武仙联合进攻真定。史天泽和笑乃觯据险死守，击退了武仙的进攻，活捉并杀死了彭义斌。数月后，武仙派遣内应混入真定城中，趁着夜色斩关夺城。史天泽率领数十名步兵向东逃往薹城，从城主董俊处得到了数百名勇士，连夜赶回真定，这时笑乃觯率领的大军也赶到，二人合力收复真定。笑乃觯对城中百姓归附武仙非常生气，准备将城中过万百姓全部杀掉，史天泽据理力争说：

"这些都是我们的百姓，只不过被敌人所胁迫，实在没有必杀之罪。"这些百姓最终得以幸免。接着，史天泽率军攻克武仙老巢抱犊寨，武仙只身逃走，史天泽连续攻克了相州（治所在今河南安阳）、卫州（治所在今河南涉县）等地。

【南征北战】

成吉思汗第三子窝阔台即大汗位后，设立了左、中、右三个万户分别统领汉族军队，任命史天泽为真定、河间、大名、东平、济南五路万户。第二年冬天，金将武仙在卫州集结军队，史天泽率领所部人马将其团团包围，金将完颜合达率领十万大军救援武仙。当时蒙古军初战不利，史天泽率领千余勇士从金军背后出击，大败金军，武仙再次逃走，卫州得以收复。

🌐 **蒙金战争图**

🔴 **察合台汗国银币**

成吉思汗西征回归后，将其辖地分给四个儿子，其次子察合台分得西辽全境，并逐渐形成了汗国，称察合台汗国。图为该汗国银币。银币用打印法制成，币上正面压印有库法文和阿拉伯文，反面平滑无字。

窝阔台汗四年（1232）春天，窝阔台汗从白坡渡过黄河，命令史天泽率军从孟津渡过黄河，与窝阔台率领的主力在河南会合。史天泽率军到达河南时，拖雷已经在三峰山大败金军。窝阔台命令史天泽经略汴京以东地区，连续招降了太康、柘县、瓦岗、睢州等地。第二年，金哀宗完颜守绪从汴京出逃，命令完颜白撒袭击新乡、卫州等地，史天泽率军救援，将完颜白撒所部的八万大军或俘或杀。此时金哀宗已经乘船东奔归德（今河南商丘），不久又逃入蔡州（今河南汝南）。当时各路蒙古大军合围蔡州，史天泽所部在北面攻城，以木筏偷渡汝水，血战经日。不久，蔡州城破，金哀宗上吊自杀，史天泽率部回到真定驻防。当时河北地区赋税繁重，百姓只得向西域商人借贷纳税，利息一再翻番，被称为"羊羔利"，百姓根本无力偿还。不久，恰逢灾荒，百姓借债总额高达

一万三千锭白银，史天泽散尽家财，帮助百姓还债，他的部下官吏也纷纷效仿。史天泽又奏请以中户为军户，上下户为民户，按照财产的多少缴纳赋税，境内百姓这才过上了安定的生活。

灭金之后，蒙古大军又开始攻伐南宋。窝阔台汗七年（1235），史天泽跟随皇子曲出攻打枣阳（今湖北枣阳），史天泽率先登城，攻克枣阳。随后，蒙古军进攻襄阳，南宋军队用数千条战船在峭石滩后列阵，史天泽率领勇士乘坐两条小船，猛攻宋军，获得了胜利。窝阔台汗九年（1237），史天泽跟随宗王口温不花攻打光州（今河南潢川），先后攻破其外城、内城。接着，蒙古军攻打复州（今湖北天门），宋军以三千条船只横贯江中，将水面封锁。史天泽督率四十名勇士猛攻宋军，最终迫降了复州守军。进攻寿春（今安徽寿县）时，史天泽独当一面，将趁夜袭营的宋军击败，连续攻克了滁州（今属安徽）等地。

【入朝为官】

蒙哥汗二年（1252），史天泽入朝觐见，蒙哥汗赐给他卫州五城作为封地。当时忽必烈主持汉地的军国事务，他任命史天泽为河南经略使。史天泽到任后处死了贪腐暴虐的官吏，选拔人才，地方逐渐得以治理。蒙哥汗八年（1258），史天泽跟随蒙哥汗

进攻南宋，从蜀地攻入宋境。第二年夏天，蒙古军进攻合州的钓鱼城，久攻不下，军中瘟疫流行。正在蒙古君臣商议班师之时，宋将吕文德率领千艘战船，沿嘉陵江而上，蒙古军在三槽山迎战不利，史天泽奉命出击。他将军队分成两部，在嘉陵江两岸以弓箭射杀，然后以水军顺流出击，三战三胜，夺取宋军战船百余艘，一直追击到重庆才撤回。七月，蒙哥汗在钓鱼城下受伤去世，史天泽和群臣奉灵柩北返。

中统元年（1260），元世祖忽必烈即位，首先召见了史天泽，向他询问治国安民之道。史天泽写下了奏疏对答，主要内容包括：设立中书省以正纲纪，设置监察机构监督各地，罢黜贪婪残暴的官吏，确定俸禄的等级以培养廉洁的官僚体系等等。忽必烈很赞同他的意见，让他到长江中游撤回军队，接着又任命他为河南等路宣抚使，不久又兼任江淮诸翼军马经略使。中统二年五月，史天泽被任命为中书右丞相，开始推行他之前向忽必烈建议的各项政策。此外，他还为中书省制定了十条规章制度，使处理国家事务有章可循。

中统三年春天，山东李璮发动叛乱，占据益都、济南等地，元世祖派哈必赤亲王率领大军讨伐。四月，增派史天泽前往，史天泽听说李璮已经进驻济南，而没有主动进攻，就笑着说："李璮就像小猪受惊后跑回猪栏一样，不会有什么作为了。"史天泽到达济南后，对哈必赤建议说："李璮诡计多端，麾下又有精兵，不应该和他进行决战，而要用时间拖垮他。"于是，蒙古军以深沟高垒断绝了李璮的退路，将其困死在济南城中。四个月后，济南城中粮尽，李璮军士们出城投降，李璮被活捉后处死。李璮叛乱被平定后，有人议论是汉人世侯在地方上权力过大，史天泽上奏称："兵权和政权不可由一家人掌握，要改变这种状况请从我家开始。"随后，史家子侄十七人自行解除了兵权。至元三年（1266），史天泽出任辅国上将军，枢密副使。至元十年春天，史天泽与平章阿术等人领兵攻克了南宋襄阳，襄阳守军投降。至元十一年，元世祖命令史天泽和丞相伯颜率领大军南下伐宋。大军行至郢州（今湖北钟祥）时，史天泽身患重病，不得不回到襄阳休养，不久又北返真定。元世祖派遣其子史杠与太医探视，史天泽临死前上奏说："我终归一死，没有什么可惜的，但愿大军渡过长江后，不要杀戮抢掠。"不久，史天泽病逝，享年七十四岁。元世祖得知这一消息后，悲痛万分，派近臣送去两千五百两白银作为丧葬费用，并追赠史天泽为太尉，谥号"忠武"。

史天泽从不炫耀地位权势，四十岁后折节读书，酷嗜《资治通鉴》。他乐善好施，厚待名士文人，知人善用，担任将相之职五十年，皇帝不疑，同僚不怨，时人将其比作唐代的郭子仪和北宋的曹彬。

张弘范列传

张弘范（1238 ～ 1280），字仲畴，易州定兴（今属河北）人，元初将领，张柔第九子。中统三年（1262），出任行军总管，参加了平定李璮叛乱的战役，后来出任益都、淄莱等路行军万户，多次跟随伐宋，以军功赐名拔都。至元十五年（1278），受封蒙古汉军都元帅，率军讨伐南宋义军，次年于厓山（今广东新会南）击败南宋张世杰部，南宋彻底灭亡。至元十七年（1280）正月十日病卒，终年四十三岁。

▶【率军平叛】

张弘范，字仲畴，是张柔的第九个儿子，他精通谋略，熟读经史，善于骑马舞槊，诗歌也很出众。中统二年（1261），其父张柔致仕，元世祖授予其兄长张弘略金虎符，官顺天路总管、行军万户，统领驻扎在亳州的各路军队。张弘略到寿阳行都汇报户

口钱粮事务，留下张弘范代为处理府内事务。张弘范处事果断干练，对入境肆虐的蒙古兵也不姑息，施以杖刑后遣返，从此他管辖地区内的蒙古军士无人敢胡作非为。中统三年，改任行军总管，跟随蒙古亲王合必赤到济南讨伐叛贼李璮。临行前，他的父亲张柔告诫他说："围城时不要躲避险要之地，只要你没有懈怠之心，士兵们就会拼死作战。一旦敌人进攻你的部队，主帅考虑到地势险要，必然发兵增援你，这时就是立功的机会。"抵达战场后，张弘范按照父亲的叮嘱，在济南城西扎营，当时李璮发兵袭击各路元军的营地，唯独没有进攻张弘范的营垒。张弘范认为李璮在玩弄"示敌以弱"的把戏，早

⊙蒙古灭南宋图

晚要以奇兵偷袭，就在营寨外筑起长长的沟垒，埋伏下精锐士兵，静待李璮的攻击。第二天，李璮的军队果然前来进攻，结果大多掉入沟中，侥幸爬过沟垒的也被伏兵杀死。张柔得知此战经过后，慨叹儿子果然没有愧对自己的传授。李璮兵败被杀后，元廷开始削夺汉人世侯的兵权和民权，罢免世侯子弟的官职，张弘范也按例被罢官。

【攻破襄阳】

至元元年（1264），张弘略进宫担任宿卫，深得元世祖的赏识。爱屋及乌之下，张弘范以济南平乱之功受封顺天路官民总管，后改任大名官民总管。第二年，大名发生了大水灾，百姓的房屋都被冲毁，张弘范下令免除租税。朝中大臣责怪张弘范未经批准就擅自做主，张弘范入朝觐见元世祖，辩称："今年水灾歉收，如果一定让百姓缴纳租税，官府的粮仓虽然满了，但百姓都饿死了，那明年的租税从哪里来呢？不如让百姓们活下来，这样每年都有固定的收入，这才是陛下的大粮仓啊！"元世祖认为张弘范目光深远，不再追究他的责任。

至元六年（1269），元廷调集大军围攻南宋的襄阳，张弘范被任命为益都、淄莱等路行军万户，重掌兵权。当时益都的士兵大多是李璮旧部，桀骜不驯，所以才交给张弘范率领。他率军驻扎在鹿门堡，负责切断宋军的粮道，并且阻击来自郢州的援军。到达前线后，张弘范向上级提出两点建议：其一是对襄阳围而不攻，减少不必要的伤亡；其二是在万山筑城，在灌子滩修建水寨，以切断宋军从东西两路对襄阳的补给。张弘范的建议得到了元帅府的采纳，从张弘范的部队中抽调一千人驻守万山。万山城修建完毕后，张弘范和部下来到东门外比试箭术，与宋军大队遭遇。他手下的将领都认为兵力相差悬殊，应该入城防守，张弘范却下令敢言后退者处死，然后率军与宋军野战，终将宋军击溃。至元八年，张弘范督军建造一字城进逼襄阳，攻克了樊城的外城。第二年，在进攻樊城的内城时，流矢射中了张弘范的手臂。他包扎好伤口后，向主帅建议说："襄阳和樊城唇齿相依，互为犄角，所以难以攻破。如果切断长江水道，阻绝宋军援兵，然后水陆夹击樊城，必然可下。樊城一旦城破，襄阳城破也就指日可待了。"主帅采纳了他的意见。第二天，张弘范率精锐部队猛攻樊城，最终攻克。襄樊之战后，张弘范协同南宋降将吕文焕人京觐见元世祖，被赐以锦衣、白银和宝鞍，他的部下也获得了不等的赏赐。

【全军伐宋】

至元十一年，丞相伯颜率大军南下伐宋，张弘范统帅左路大军沿着汉江前进，向东攻占了郢西，向南占据了武矶堡。蒙古军渡过长江后，张弘范作为先锋，在丁家洲一战中转战前进。宋军溃败后，他率军长驱直入，抵达建康城外。至元十二年五月，元世祖派人告谕丞相伯颜，让他不要轻敌冒进，原地休整待命。张弘范认为将在外君命有所不受，就向伯颜进言说："陛下对待士兵仁爱，但军中之事不是远方的朝廷可以揣测的。现在宋军已经士气全无，正应该以破竹之势进攻，怎能给敌人喘息的机会呢？"张弘范的想法和伯颜不谋而合，伯颜亲自骑乘快马赶往京城，当面向元世祖说明情况，在取得批准后继续进军。

至元十二年，张弘范率军驻守瓜州，指挥士兵设立营寨，占据险要之地。南宋扬州都统姜才率军两万进攻瓜州，张弘范跟随都元帅阿术出征，与宋军隔河对峙。张弘范率领十三名骑兵渡河进攻，宋军溃败，伤亡万余人。宋将张世杰、孙虎臣率领水军赶到镇江焦山，张弘范率领一支偏师从侧翼猛攻宋军，导致了宋军大败，俘获战舰八十艘。阿术将他的战功上报元世祖，世祖任命张弘范为亳州万户，赐名拔都。当年十月，元军向临安发动进攻，张弘范跟随中书左丞董文炳，经海路与丞相伯颜会合，进驻临安近郊。南宋朝廷进献降书，乞求元军退兵，约为伯侄之国，双方来往争执，多日未决。张弘范受命进入临安，以武力威逼宋朝君臣，最终迫使宋室递交了降表。至元十三年，浙东台州地区的百姓发动抗元起义，张弘范率军镇压，他以恩威并施的手段，诛杀为

首之人而宽大胁从，最终镇压了起义。至元十四年，张弘范率军返回，被任命为镇国上将军、江东道宣慰使。

【厓山之役】

至元十五年，南宋大将张世杰拥立宗室益王赵昰、广王赵昺兄弟，在东南沿海一带起兵反元，福建、广东等沿海省份纷纷响应。元廷任命张弘范为蒙古、汉军都元帅，命令他迅速扑灭东南沿海的反元斗争。张弘范在出征前面见元世祖，以"未有汉人统帅蒙古军的先例"为名，请求世祖派遣一位蒙古大臣为主帅。这既是张弘范的韬光养晦、避嫌远疑的自保策略，也是他担心蒙古军队难以指挥的缘故。元世祖考虑到安丰之战中蒙汉将领不能合作，张弘范的父亲张柔也曾和蒙古主将察罕发生矛盾的先例，还是将统帅之权交给张弘范。为了表示绝对的信任，元世祖还从武器库中找出尚方宝剑赐给张弘范，赋予他惩处部下的权力。张弘范这才接受了任命，并且推荐了同为汉将的李恒为副手，忽必烈也接受了他的推荐。

张弘范抵达扬州后，挑选水陆大军两万人，分路南下广东，以他的弟弟张弘正为先锋。临行前，张弘范叮嘱其弟说："我选你为先锋是因为你勇武敢战，并不是因为你是我的弟弟。军法无情，我不会以私情妨碍国法，你自己要谨慎小心了。"进军途中，元军连战连胜，在进攻三江寨时，义军占据险要地形，元军难以接近。张

弘范就命令士兵们下马吃早饭，做出一副打持久战的样子。等义军放松了警惕后，张弘范却指挥元军连克几处营寨，出其不意地攻下了三江寨。元军到达漳州后，在东、南、西三门外虚张声势，做出三面围攻的假象，然后以精锐部队突袭北门，一举攻克了漳州。接着，张弘范又攻克了鲍浦寨等地，沿海各郡县纷纷投降。在五坡岭一战中，张弘范俘获了南宋丞相文天祥，他让文天祥跪拜，文天祥誓死不屈，张弘范慑于文天祥的正气，只得以宾客之礼相待，将其送往大都。

至元十六年正月，张弘范率军从广东潮阳乘船入海。到达甲子门后，俘获了南宋将领刘青、顾凯，得知了南宋君臣藏身于厓山（今广东新会县南），宋军的一千多艘战船也停泊在海上，于是率元军水师前往进攻。厓山是一座东西对峙的小岛，北面水浅，战船容易搁浅，只有涨潮的时候才能出入。张弘范得知这一情况后，就率领水军从厓山的东面转入大洋，然后从南面逼近宋军的船队。为了切断宋军的补给，张弘范以奇兵切断了宋军从大陆获取粮食和淡水的通道，纵火焚烧了宋军在岛上的宫殿，大挫宋军士气。当年二月，张弘范下令总攻，他将军队分为四路，东、南、北三面

🔶 **蒙古人生活图**

对元代的蒙古贵族来说，乳类和肉类是饮食的基础。其中肉类包括野兽肉类和家畜肉类，乳品则包括牛、马、羊、骆驼等家畜的乳类加工而成的饮食。此外，烈酒也是贵族生活中不可缺少的物品。

布置军队，他亲自领大军在距离战场一里多远的地方待命。张弘范命令北面的军队趁着潮水发动进攻，稍一接触后就退回出发地。接着他命令各船以音乐声为号令，乐起就发动总攻。音乐声响起后，宋军将领以为张弘范正在饮宴，就放松了警惕，结果被元军水师打了个措手不及。张弘范事先在战船的船尾修建战楼，外面用布遮挡，内中暗藏甲士。两军战船刚一接触，元军撤去布幕，以弓箭、弩箭、火炮巨石猛攻宋军，顷刻间就击沉了宋军七艘战船，宋军大败。南宋丞相陆秀夫背负幼主赵昺投海自尽，张世杰也在逃亡途中病死，南宋最终灭亡，张弘范在厓山南面刻石记功而还。

当年十月，张弘范入朝，元世祖在内殿为他设宴庆功。不久，张弘范身染瘴疠之毒，病发身死，时年四十三岁。

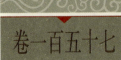

刘秉忠列传

刘秉忠（1216～1274），原名刘侃，字忠晦，邢州（今河北邢台）人。窝阔台汗五年（1235），出任节度使府令史，后出家为僧。乃马真后元年（1242），在高僧海云禅师的推荐下进入忽必烈潜邸，因博学多能，计谋出众而深受信任。至元元年（1264），受命还俗，出任太保，领中书省事，元初的国家制度多由其制定。至元十一年（1274），病逝于上都。

▶【君臣相得】

刘秉忠，字忠晦，原名刘侃，后因信奉佛教，改名为子聪，出仕后才改名为秉忠。他的曾祖父曾经出仕金朝，担任过邢州（今河北邢台）节度副使，因此将全家迁移到邢州，从此刘家世代居住在邢州。成吉思汗十五年（1220），木华黎攻克邢州，设立都元帅府，刘秉忠的父亲刘润被任命为副都统。邢州战事平息后，改任为州录事。

刘秉忠天生风骨奇特，他八岁进入官学，每天能默记数百字。十七岁时，出任邢台节度使府令史。久而久之，性情疏懒的刘秉忠忍受不了小官吏生活的困顿，一天，他放下手中的笔感叹地说："大丈夫生不逢时，不如隐居山中以全气节。"于是他挂冠而去，隐居在武安山中。不久，他又投入天宁寺中为僧。

乃马真后元年（1242），禅宗高僧海云禅师奉忽必烈之诏前往和林漠北。经过云中时，听说刘秉忠博学多才，就邀请他一同前往。刘秉忠和忽必烈会面后，讲述佛法大意让忽必烈非常满意。此外，刘秉忠博览群书，对于《周易》和邵雍的《经世书》都很有研究，至于天文、地理、历法、阴阳卜卦之类的学问更是无不精通，对于天下大势的把握如同熟悉自己的手掌一般。忽必烈非常赏识刘秉忠，把他视为自己的心腹谋士。后来，海云禅师返回南方，刘秉忠就留在了忽必烈的府邸之中。贵由汗元年（1249），刘秉忠的父亲病死，他返回邢州奔丧，忽必烈赐给他一百两黄金作为丧葬费用，并派人将他送到了邢州。服丧期满后，秉忠又回到了和林。海迷失后二年（1250），刘秉忠根据自己对天下大势的了解向忽必烈上万言书，向其阐明了"以马上取天下，不可以马上治天下"的主张，然后就户口逃亡、官员课税、刑法教令等问题充分阐述了自己的治国主张，为日后忽必烈施行汉法打下了基础。

【辅弼之功】

蒙哥汗二年（1252），忽必烈奉命征伐大理，刘秉忠作为忽必烈的谋士跟随出征。刘秉忠时常劝解忽必烈爱惜百姓，大大减少了对云南的破坏。蒙哥汗九年（1259），刘秉忠跟随忽必烈出征南宋，他又以在云南所说的话劝告忽必烈，使得无数人的性命得以保全。

中统元年（1260），忽必烈即皇帝位，是为元世祖。世祖即位后，在设立中书省和宣抚司、选用官员等等举措中，刘秉忠都起到了重要的作用，国家的礼乐典章制度也焕然一新。刘秉忠虽然在世祖身边二十多年，宠信非同寻常，但他仍然是一身僧人装束，时人称他为"聪书记"。至元元年（1264），翰林学士承旨王鹗上奏，以刘秉忠忠诚勤恳、屡立功劳为名，请求改换其装束，授予其显赫的官职。世祖欣然采纳，当天就任命刘秉忠为光禄大夫，进位太保，全权主持中书省的事务。刘秉忠接受任命后，以天下为己任，政事无论大小，只要关系到国家安危，他就知无不言，他所建议的事情没有不被世祖采纳的。

起初，世祖让刘秉忠在桓州和滦水以北考察地形，在龙冈修建了一座新城，定名为开平，不久升为上都，以燕京为中都。至元四年，世祖命令刘秉忠负责修建中都城。至元八年，刘秉忠奏请建国号为大元，将中都改名为大都，他还建议给官员们配置有等级标志的礼服，发给俸禄，制定职官制度，这些都成为元代定制。至元十一年，刘秉忠跟随世祖来到上都，当地有一座南屏山，他在那里隐居清修。当年八月，刘秉忠病逝，享年五十九岁。世祖听到这个消息后悲痛万分，对大臣们说："秉忠侍奉我三十多年，谨小慎微，不惧艰险，直言无忌，他的功劳只有我知道，别人并不晓得啊！"于是世祖下令由内库出钱为刘秉忠料理丧事。至元十二年，追赠刘秉忠为太傅，封赵国公，谥号"文贞"。

溪山高逸图·元·王蒙

张文谦列传

元史·列传

张文谦（1217～1283），字仲谦，邢州沙河（今属河北）人。他自幼聪敏，曾与刘秉忠、张易、王恂、郭守敬等人一起在邢州城西紫金山共同研习天文、历法、算学等，称为"邢州五杰"。贵由汗二年（1247），经刘秉忠推荐进入忽必烈府邸担任掌书记之职。此后跟随忽必烈南征大理、南宋。忽必烈即位称帝后，张文谦出任中书左丞，历任大司农卿、御史中丞、昭文馆大学士领太史院事、枢密副使等职。

▶【出仕为官】

张文谦，字仲谦，邢州沙河（今属河北）人。他从小聪明机智，记忆力出众，和刘秉忠是同窗好友。当时忽必烈受封邢州，已经是忽必烈重要谋士的刘秉忠推荐张文谦。贵由汗二年（1247），忽必烈召见了张文谦，忽必烈提出的问题他对答如流，忽必烈就让他担任掌书记，对他非常信任。当时邢州地处要冲，管理民政的官员大多是功臣子弟，这些人不但不安抚百姓，反而肆意勒索，弄得民不聊生。有人将邢州的情况汇报到忽必烈的王府，张文谦和刘秉忠就一起对忽必烈说："现在百姓生活困苦，尤以邢州最为严重，应该选派官员前去治理，做出成绩后再推广全国，那样全天下的百姓都能感受到您的恩惠了。"于是忽必烈就派出侍从脱兀脱、尚书刘肃、侍郎李简前往。他们三人到达邢州后，同心同德，

罢免那些贪婪残暴的官吏，革除弊政，流亡各地的百姓纷纷回到邢州，不到一年时间人口增加了十倍。此后，忽必烈更加尊重汉族士人，将国家政事交给他们处理，这就是从张文谦开始的。

蒙哥汗九年（1259），忽必烈率大军出征大理，大理国王高祥拒不投降，杀死忽必烈的信使后逃走。忽必烈非常愤怒，就打算屠城泄愤。张文谦和刘秉忠等人劝谏说："杀害使者、拒不投降的不过是高祥一人而已，并不是老百姓的过错，请您宽恕他们吧！"忽必烈采纳了他们的意见，大理全城的百姓因此得以活命。当年九月，忽必烈率军攻打南宋，又是张文谦和刘秉忠劝告说："仁君的军队不战而屈人之兵，对征服之地的百姓也能一视同仁，不会滥杀无辜。"因此，忽必烈叮嘱部下将领不要滥杀，不要焚烧百姓的房屋。

【卒于任上】

中统元年（1260），忽必烈即位称帝，是为元世祖，随即设立中书省，以王文统为平章政事，张文谦为左丞，负责制定各种典章制度。王文统嫉贤妒能，每次讨论问题时总是针对张文谦，以致许多政务耽搁，张文谦只得请求到地方为官，世祖让他以左丞的身份到大名等路安抚百姓。临行前，世祖谈起百姓困苦的问题。王文统认为国家刚刚建立，经费全部依靠赋税，因此不能因为天灾而减赋；张文谦却认为百姓富足了，君主自然会富足，因此暂时减赋只会对国家有利。最终，忽必烈采纳了张文谦的建议，将普通赋税减免十分之四，商税和酒税减免十分之二。

中统二年春天，张文谦回京朝见，世祖让他留在中书省。中统三年，世祖命阿合马总管全国财务，阿合马提出遇事直接上奏世祖，不必经过中书省。张文谦认为专人分管财务自古有之，但不报告中书省是没有先例的，不应该采取这样的程序。世祖肯定了他的意见。至元元年（1264），世祖命令张文谦以中书左丞行省于西夏中兴（今宁夏银川）等路。当地民风剽悍，治理起来没有头绪，张文谦就从当地部族中挑选了

被俘为奴的四川儒士数人，让当地人和他们学习政务，仅仅一个月就改变了当地风俗。接着，张文谦又让副河渠使郭守敬疏通了唐来、汉延两条水渠，灌溉良田十多万亩，使当地的农业生产得到了巨大发展。

至元七年（1270），朝廷设立司农司，专门负责劝课农桑，任命张文谦为大司农卿。张文谦建议在各地设立劝农司，巡行全国劝课农桑，以农事作为地方长官优劣的衡量标准。同时，他还请求设立国子学，以大儒许衡为祭酒，选取蒙古贵族、大臣子弟入学。当时阿合马建议收缴天下铁器，由官府铸造农具，再高价分配给农民。张文谦在世祖面前痛陈利害，最终没有实行。至元十三年，张文谦出任御史中丞，阿合马担心御史台揭发他的罪行，就奏请取消各地的按察司以削弱张文谦的权力。张文谦和御史大夫玉昔帖木儿竭力反对，最终世祖还是恢复了原有的机构。张文谦知道自己留在御史台必遭权臣忌恨，因此极力请求辞职。至元十四年，出任昭文馆大学士，领太史院事，主持新历法的制定工作。至元十九元，出任枢密副使，一年后因病逝世于任上，终年六十八岁。

🔴 蓝釉白龙纹瓷盘·元

郝经列传

经（1223～1275），字伯常，泽州陵川（今属山西）人。金亡后，举家迁往河北，先后在汉族世侯贾辅、张柔家中授课。蒙哥汗五年（1255），郝经进入忽必烈府中，成为后者的重要谋士之一。中统元年（1260），郝经以翰林侍读学士的身份出使南宋，被扣留在真州（今江苏仪征）十五年。至元十一年（1274），元世祖以南宋扣留郝经为理由，发兵灭宋。次年，南宋权相贾似道派人将郝经礼送北方，不久病逝，终年五十三岁。

▶【才具出众】

郝经，字伯常，祖籍潞州，后迁居泽州陵川（今属山西），世代以儒学教书为业。他的祖父郝天挺为金末大儒，文学家元好问曾随其读书。金朝末年，中原战乱不休，郝经的父亲郝思温为了躲避战乱，举家迁往河南鲁山。很快，战火燃烧到河南地区，百姓们藏身于地窖之中避难。乱兵用烟火熏烤地窖，郝经的母亲许氏昏死过去，幸亏郝经用蜂蜜和菜汤将其救醒，当时郝经年仅九岁，他舍身救母的行为让众人赞叹不已。金朝灭亡后，郝经一家来到顺天居住。由于家境贫寒，郝经白天背柴挑米，晚上则发奋读书，这样的生活持续了整整五年。

郝经成年后，声名日盛，奉天左副元帅贾辅和顺天军民万户张柔先后邀请他到家中教授子弟。贾、张二人都是重视文化教育的汉族世侯，家中都藏有上万卷的珍贵图书，郝经利用

这个机会广泛阅读，进一步提高了自己的才学眼界。与此同时，郝经还北上燕赵一带，寻访古迹，与中原名士交流看法，元好问就曾勉励他说："你的容貌酷似祖父，才能和度量也不同寻常，好好努力吧。"

蒙哥汗二年（1252），忽必烈受命统领汉地，在府中谋士的推荐下，他召见了郝经，向他询问治理国家的办法，郝经呈上了囊括数十件事的条陈，忽必烈非常高兴，将郝经留在了自己府中。蒙哥汗八年，蒙古大军伐宋，蒙哥汗亲率大军进攻四川，命令忽必烈率领东路蒙古军进攻江汉地区，郝经也跟随出征。不久，郝经听说蒙哥汗在四川师老无功，进退两难，就写下了名为《东师议》的谏书，主张暂时停止战争，让百姓休养生息，蓄养国力，等待内部稳固后再南下攻宋。然而他的意见最终没有被采纳。当年九月，忽必烈率军渡江包围了鄂

州，攻城百日而没能破城。这时蒙哥汗战死钓鱼城的消息传至军中，忽必烈召集部下商议对策，郝经指出国内已经危机四伏，阿里不哥已经开始窥视皇权，如果不能及时罢兵北返，安定局面，那么海陵王和金世宗的历史很可能重演。最终，忽必烈采纳了郝经的建议，和南宋宰相贾似道达成和议，率军返回北方。

▶【出使被囚】

中统元年（1260），忽必烈在开平登基，是为元世祖。不久，任命郝经为翰林侍读学士，佩戴金虎符。为了稳住南宋，全力与阿里不哥作战，忽必烈派郝经为国信使出使南宋。平章政事王文统嫉妒郝经的才华，就指使割据山东的军阀李璮出兵骚扰南宋，想假手于宋人害死郝经。当初，南宋宰相贾似道私下向蒙古乞和，换取了忽必烈退兵，却对宋理宗谎称自己在鄂州取得大捷，他害怕郝经到南宋后会揭穿他的阴谋，就命人将郝经

一行囚禁在真州的驿馆中。郝经连连致书南宋皇帝及宰相，向他们陈述战和的利害关系，请求入朝面见或者返回北国，但都没有得到回音。就这样，郝经被囚禁在真州整整七年，为了排解寂寞，他在囚禁生活中笔耕不辍，先后撰写了《续后汉书》《易春秋外传》《太极演》等著作数百卷。

至元十一年（1274）六月，世祖以南宋扣押郝经为理由，下诏伐宋。南宋朝廷恐惧，派总管段佑护送郝经返回北方，至此郝经已经被扣留整整十五年。北返途中，郝经不幸染病。第二年夏天，郝经到达大都，世祖在皇宫内赐宴招待他，向他询问国家大事。当年七月，郝经去世，终年五十三岁，谥号"文忠"。

🔴 山居图·元·钱选

《山居图》以"三远法"相结合构图，画山树环抱，柴门竹院，门外野水平坡，土桥断岸，远天寥廓，二人乘舟荡游湖中。画面景致幽静开阔，宛若蓬莱仙境。本幅自题诗，诗书画内容相得益彰，是画家寄情世外，隐居别尘的自我写照。

姚枢 许衡列传

姚枢（1201～1278），字公茂，洛阳（今属河南）人，元代政治家、理学家。窝阔台汗七年（1235），受命随军出征，访求儒、道、释、医等各类人才，后进入忽必烈府邸，陈述帝王之道，深受器重。忽必烈即位称帝后，历任大司农、中书左丞等职务。至元十五年（1278）病死。许衡（1209～1281），字仲平，号鲁斋，怀州河内（今河南焦作）人，元代理学家。蒙哥汗四年（1254），出任京兆教授，声名远扬。中统二年（1261），出任太子太保，是世祖时期"汉法派"的代表人物。

【声名远扬】

姚枢，字公茂，柳城（今辽宁朝阳）人，后迁居洛阳。姚枢自幼刻苦读书，才华出众，当时闲居在许州的翰林学士宋九嘉非常看重他，认为姚枢有"王佐之才"。窝阔台汗四年（1232），蒙古军攻破许州，姚枢只身前往燕京投靠大臣杨惟中，后者将他引荐给窝阔台。窝阔台汗七年（1235），蒙古军南下攻宋，窝阔台命姚枢跟随杨惟中寻访儒、道、释、医等各方面的人才。不久，蒙古军攻克枣阳（今湖北枣阳），蒙古军统帅打算将全城百姓活埋，姚枢极力反对，在他的保护下，部分百姓得以逃入竹林之中，免于浩劫。蒙古军攻克德安（今湖北安陆）后，姚枢从俘虏中寻访到了大儒赵复，得到了程颐、朱熹留下的著作。

窝阔台汗十三年（1241），窝阔台任命姚枢为燕京行台郎中，赐给他金符。当时花剌子模商人牙鲁瓦赤担任行台长官，他大肆贪污受贿，因为姚枢是幕府的首领，因此也从贿赂中分出一部分给姚枢。姚枢无法拒绝，又不想自损名节，只能弃官而去，带着家眷来到辉州（今河南辉县北）定居。在辉州，他修建了房舍供奉孔子和宋代大儒周敦颐等人的画像，刊印儒家经典以方便学子，每天读书弹琴，仿佛要终老于此。当时大儒许衡居住在魏州，经常前往姚枢的住处抄录程颐和朱熹注释的经书，回去后对自己的学生感叹地说："我以前传授你们的学问都不对，今天才算知道学有所成的方法。"随后，许衡举家搬迁到辉州，和姚枢做起了邻居。

【屡献奇策】

随着姚枢声名鹊起，逐渐引起了忽必烈的注意。海迷失后二年（1250），忽必烈将姚枢征召至王府，向他询问治国之道。姚枢写下了数千字的建议呈上，将治理国家、平定天下的原则归结为"修身、力学、尊贤、亲亲、畏天、爱民、好善、远佞"八条。此外，针对当时的时政，他又提出了三十条改革意见，包括成立中书省和六部、征召人才、淘汰劣员、发放俸禄等等。忽必烈为他的才能所折服，遇事常常要询问他的意见，还让他以儒家经典教授世子。

蒙哥汗即位之后，将漠南汉地军国事务全部委托给忽必烈掌管。忽必烈为此大宴宾客，以示庆祝。就在众人都忘乎所以的时候，姚枢却沉默无言，表情肃然。宴会结束后，忽必烈询问姚枢，姚枢回答说："现在国家疆域之大、人口之多、财赋之广没有超过汉地的，如果您独揽军政大权，那把大汗置于何地呢？以后如果有大臣进言离间，大汗就会剥夺您的权力。不如只掌握兵权，将军需交给相关官员负责，这样才最安全。"忽必烈这才恍然大悟，将汉地的部分权力交还蒙哥汗。不久，姚枢又建议在汴京设立屯田经略司，为南下攻宋做好准备；同时在卫州设立都运司，利用黄河来转运粮食。当时蒙哥汗分封诸王，让忽必烈在汴京和关中选择一处作为封地，姚枢认为汴京一带土地贫瘠，黄河又时常泛滥，远

不如关中土地肥沃，于是忽必烈最终选择了关中作为封地。

蒙哥汗二年（1252），姚枢跟随忽必烈出征大理，大军行至曲先脑儿时，忽必烈设宴款待众人。姚枢趁机以宋太祖派曹彬攻取南唐时没有枉杀一人为例，希望忽必烈也能爱惜百姓。第二天，忽必烈靠着马鞍对姚枢呼喊道："你昨晚所说的曹彬不杀人的事情，我也能做到。"姚枢当即在马上恭贺说："您能如此仁爱待人，实在是百姓的福气。"第二年，蒙古军队抵达大理城，忽必烈让姚枢将布帛做成旗帜，在上面书写禁止屠杀的命令，城中许多百姓的性命因此得以保全。

蒙哥汗四年（1254），有蒙古贵族在蒙哥汗面前进谗言，说忽必烈深得中原地区的民心，蒙哥汗就派亲信阿蓝答儿前往调查，在关中设立钩考

铜鎏金独占鳌头笔架·元

加封孔子碑·元

元朝建立后，元世祖对儒学大师们尊礼有加。至元四年（1267）四月，在上都重建孔子庙。同年十月，又命许衡为国子祭酒，以蒙古诸王勋贵和七品以上朝官的子孙充任国子生，三品以上朝官又可推举"民之俊秀者"为陪堂生。

局，考察忽必烈部下的大小官员。阿蓝答儿气焰十分嚣张，声称除了史天泽、刘黑马这样的元老功臣外，对其他的汉地世侯都掌握着生杀大权。忽必烈听说后非常不满，又是姚枢向忽必烈进言说："大汗是君主、兄长，您是弟弟、臣下，与其厉声辩驳，不如将您的妃子和儿女全部送回和林，这样大汗的疑虑自然也就消除了。"当年十一月，忽必烈返回和林，与蒙哥汗相拥而泣，后者最终下令撤销了钩考局。

【仕途风云】

中统元年，忽必烈在开平即位称帝，是为元世祖。随后，设置了十道宣抚使，任命姚枢为东平道宣抚使。中统二年，任命姚枢为太子太师，姚枢以太子尚未确定而辞受，后改任为大司农。中统三年，益都世侯李璮发动兵变，世祖请姚枢预判李璮的动向。姚枢认为李璮有上、中、下三策可以选择：从海路进攻大都，占领居庸关为上策；与南宋联手，占据险要地形抵抗是中策；据守济南，等待山东世侯响应为下策。忽必烈追问李璮会采取哪种策略，姚枢认为李璮只会选取其中的下策。后来事态的发展验证了姚枢的判断，李璮果然出兵济南，然后死守待援，最终兵败身死。

中统四年，姚枢出任中书左丞，他建议罢除各地世侯，将权力收归中枢。当时有人攻击中书省办事不力，忽必烈勃然大怒，整个朝廷人心惶惶。又是姚枢上劝言书，建议忽必烈"上谢苍天，下结民心"，"和睦亲族，以固根本"，最终消除了忽必烈的愤怒。至元十年（1273），姚枢被任命为昭文馆大学士，主持制定礼仪。当年，蒙古军攻克襄阳，计划攻取南宋，姚枢上奏说如果选择主将，非右丞相安童和知枢密院事伯颜莫属。至元十二年，姚枢再次上奏，希望世祖在南征时能够不杀无辜，施行仁义。至元十七年，姚枢逝世，享年七十八岁，谥号"文献"。

【出身贫寒】

许衡，字仲平，怀州河内（今河南沁阳）人，他家中世代务农。父亲许通因为躲避战乱而迁居河南，金泰和九年九月在新郑生下许衡。许衡从小就与众不同，他七岁上学时，老师教他辨析章节，他问老师说："读书有什么用呢？"老师回答说："读书是为了科举考试，金榜题名。"许衡又问道："就只是为了这些吗？"老师大为惊奇，对许衡的父母说："你们的儿子聪明不凡，以后一定能超越常人，我没有能力做他的老师了。"随后告辞而去。就这样，许衡连续换了三次老师。许衡稍微长大一些后，热爱学习，对知识的需求如饥似渴，但因为生逢乱世，家境又非常贫困，一直缺乏书籍。一次，他在一位算命先生的家中见到了一部关于《尚书》的疏义，如获至宝，借宿于其家抄录而还。后来，许衡逃难来到徂徕山（今山东泰安东南），偶然得到了魏晋时期玄学家王弼所著的《周易注》，他白天背诵，晚上思考，学问大有长进。一次，他在酷暑时节经过河阳，口渴难耐，路旁有梨树，众人纷纷摘梨止渴，只有许衡一人端坐在梨树下。有人问他为什么不摘梨吃，他回答说："不是自己的东西是不能擅自取用的。"劝他的人说："现在世道混乱，这梨树应该没有主人。"许衡反问说："树没有主人，我们心中也没有礼义廉耻吗？"

不久，许衡举家迁移到山东，当地人见他品德高尚，就让子弟跟随他研究学问。三年后，许衡又回到了怀州。当时大儒姚枢弃官隐居于辉州，许衡听说姚枢从南宋大儒赵复处得到了程颐和朱熹的著作，就前往抄录，日夜研读。此后，他就在辉州苏门定居下来，和姚枢等人研究学问，但凡经史、礼乐、名物、星象、历算、兵刑、食货、水利，没有他不关注的领域。由于家中贫寒，许衡只能亲自耕种，粮食丰收时吃粮食，青黄不接时只能吃糠咽菜，他却能泰然处之。每当家中有了多余的钱粮，就分给同族或者贫困的学生。别人送给他的东西，如果不符合礼仪他就坚决不接受。姚枢应召北上时，将自己的宅院让给许衡居住，许衡坚辞不受。当时姚枢家中的果树成熟，果实掉落在地上，许衡的孩子从旁边经过时看也不看一眼，他的家教严格到了如此的地步。

【教书育人】

蒙哥汗四年（1254），忽必烈受封关中，任命姚枢为劝农使，教导百姓植树种田。为了教化关中百姓，忽必烈就征召许衡出任京兆提学。关中的百姓听说许衡要来，都高高兴兴地让子弟前往就学，一时间关中各郡都建立了学校。次年，忽必烈南下征宋，许衡辞官返回怀州，跟随他学习的弟子挽留不住，就一路把他送到临潼才返回。中统元年（1260），忽必烈即位称帝，是为元世祖，将许衡征召到燕京。当时王文统刚刚升任平章政事，他担心许衡、姚枢等人以忠义劝诫世祖，威胁到自己的权力地位，就奏请将姚枢封为太子太师，许衡封为太子太保。这两个职位虽然清贵，表面上是重用姚、许二人，实际上是用虚职将他们架空，减少他们和世祖接触的机会。许衡认为当时还没有确立太子，仓促任命太师和太保于理不合，就和姚枢一起站在皇宫的台阶下面，连续五次请求免除这项任命。不久，世祖改任姚枢为大司农，许衡为国子祭酒。不久，许衡称病回乡。

至元二年（1265），世祖任命安童为右丞相，想让许衡辅助安童，就将许衡召到大都。许衡便上奏《时务五事》，针砭时弊，建议世祖推行汉法。因为许衡多病，所以世祖特意允许他每五天去一次中书省。至元四年，许衡辞官返乡；第二年，世祖又将他召回大都。当时阿合马出任中书平章政事，兼管尚书省及六部事务，大权独揽，许多官员都阿谀奉承他，只有许衡每次和他议事都义正词严，毫不让步。不久，阿合马想任命自己的儿子出任枢密院佥院，许衡认为父子同朝为官，不宜一起掌握军队、民政和财政三项大权。阿合马怀恨在心，就推荐许衡到中书省工作，准备寻找借口陷害他。许衡察觉到了阿合马的阴谋，不但坚辞中书左丞的职务，还以身体患病请求辞职。当时世祖正想设立太学，就在至元八年任命许衡为集贤大学士，兼任国子祭酒，并亲自选择蒙古贵族的子弟让许衡教导。能够重回

教育岗位让许衡非常高兴，他请求征召他的弟子王梓等人为伴读。这些入学的贵族子弟大多年幼，许衡把他们当做成年人对待，像爱护儿子那样爱护他们，作息时间安排得张弛有度，学生们都大有收获，很多人后来成为国家宰辅大臣。至元十年（1273），当权大臣多次攻击汉法，甚至连供应太学学生的粮食也时常中断，许衡在心力俱疲之下请求返回怀州。世祖让众臣商议许衡的去留，翰林学士王磐认为许衡教育得当，而国学事关大局，不应该让许衡离去；而姚枢等人认为不应该勉强许衡。最终，世祖批准许衡返回怀州。

【一代宗师】

元朝自从占领中原之后，采用的是金朝的《大明历》，这部历法从金朝大定年间重新修订后已经六七十年了，有关气节、闰月的推算逐渐出现了误差。至元十三年，元灭南宋，南北统一，世祖认为国家需要一部更准确的历法，就下令让大臣王恂制定新的历法。王恂认为历法专家只知道推算，而不懂得理论，应该让许衡这样的大儒来主持历法制定工作。于是，世祖就让许衡以集贤殿大学士兼任国子祭酒，主持太史院的工作。许衡、王恂和郭守敬等官员一起重新制造观测天象的仪器，然后分派官员赶赴各地观测。至元十七年，新历法修成，进献给世祖，世祖赐名为《授时历》，向全国颁布。

当年六月，许衡因病请求辞职回到怀州。皇太子真金为他向世祖请求，让许衡的儿子许师可担任怀孟路总管以就近照顾许衡。此外，真金还让东宫的属官告诉许衡说："您不要因为自己的主张没有被施行而忧虑，只要您身体健康，就会有施行你主张的时候，请您善加调养，爱护自己的身体。"至元十八年，许衡病危，他的家里人正在举行春祭，害怕影响到他休息，就没有告诉他。许衡知道后，对家人说："我只要还没有死，就应该侍奉祖宗。"说完，他扶病而起，按照礼仪主持祭奠。祭奠完毕之后，许衡就猝然离世，享年七十三岁。当天，怀州雷电大作，狂风吹起了树木，怀州人不论长幼贵贱，都来到许衡家门前哭泣。各地的读书人听说他去世的消息，都聚集在一起痛哭，还有不少人从千里之外赶奔怀州，在他的墓前祭奠痛哭。

许衡善于教学，说话温和，和孩童说话也彬彬有礼，因此他所到之处，无论老幼贵贱都愿意和他学习，无论智力高下都能从他那里得到收获，成为对社会有用的人才。每当他要离开时，学生们都痛哭流涕，把他的教导当做金科玉律一样对待，终生不敢忘却。不少人甚至没有亲身接受许衡的教诲，却间接地了解到许衡的学说，

⊙ 九歌图·元·张渥

《九歌图》卷共十一段，每段一图，画屈原像及《楚辞·九歌》中的《东皇太一》《云中君》《湘君》《湘夫人》《大司命》《少司命》《东君》《河伯》《山鬼》《国殇》十章内容。此卷笔法流畅工整，秀劲宛转，线条纤细飞扬，体现了元代的白描风格，形象稍有差别。

就此改变人生的志向，最终成为一代大儒。那些听到过许衡教导的人，无论是武夫还是其他学派的人，没有不受到教育的。丞相安童一见到许衡，就对自己的同僚说："你们经常说自己如何如何，但和许衡比起来，就是十百和千万的差距了。"翰林承旨王磐傲视当世，很少有被他看得起的人，唯独对许衡推崇备至。元成宗大德元年（1295），追赠许衡为荣禄大夫、司徒，谥号"文正"。元武宗至大二年（1309），加赠许衡为正学垂宪佐运功臣、太傅、开府仪同三司，封魏国公。元仁宗皇庆二年（1313），让许衡配享文庙，并赐给一定的土地以供祭祀之用，定名为鲁齐学院。

郭守敬列传

郭守敬（1231～1316），字若思，顺德邢台（今属河北）人，元代天文学家、水利学家和数学家。中统三年（1262），出任提举诸路河渠，开始涉足水利建设。此后历任太史令、都水监等职务，负责整治元大都至通州的运河，主持修订《授时历》，创制了多种天文仪器，大大提高了天文观测水平。

【兴修水利】

郭守敬，字若思，顺德邢台（今属河北）人，生于窝阔台汗三年（1231）。他的祖父郭荣通晓五经，精通数学、水利，对郭守敬悉心教导，为其后来的成就打下了基础。当时，忽必烈的重要谋士刘秉忠、张文谦等人在邢台境内的紫金山上结庐读书。郭荣和刘秉忠是至交好友，听到这个消息，就让郭守敬跟随刘秉忠学习。中统三年（1262），张文谦向朝廷推荐郭守敬。元世祖在开平府召见了郭守敬，后者向世祖当面陈述了将中都的漕运河疏通至通州等六项水利建议。因为郭守敬言辞恳切，有理有据，所以世祖对他大加赞赏，甚至感叹说如果管理事务的人都像郭守敬一样，就不会有尸位素餐的事情了。当即任命郭守敬为提举诸路河渠，负责全国各地河渠的休整和管理工作。次年，又赐给他银符，升任副河渠使。

至元元年（1264），忽必烈派遣张文谦前往西夏设立行中书省，郭守敬也随从前往巡视水利。当时西夏境内有两条古代河渠：一条名为唐来，一条名为汉延，它们可以灌溉九万顷的土地。由于战乱不断，这些河渠要么荒废，要么淤积严重，郭守敬主持修复了这些河渠，使它们恢复了本来的面貌。至元二年，朝廷任命郭守敬为都水少监。至元八年（1271），升任都水监。至元十三年，都水监成为工部下属，郭守敬又出任工部郎中。

【修成历法】

在此之前，刘秉忠曾经提出《大明历》从辽、金以来沿用了两百余年，逐渐与天时不符，想改革历法，但还没有着手工作就因病去世了。至元十三年，江南平定后，元世祖考虑实施这一想法，于是让郭守敬和王恂负责此事。其中王恂负责历法的推算，郭守敬负责仪器的制作和观测，以大臣张文谦和枢密使张易主持整体工作。至元十六年（1279），朝廷改太史局为太史院，任命王恂为太史令，郭守敬为同知太史院事。为了更准确地观测，郭守敬奏请世祖，分别派出官员前往二十七处观测站，东边到了高丽，西边到了滇池，南边到了海南，北边到达铁勒，获取了大量一手资料。

至元十七年，新历法初步编制出来，并确定其名为《授时历》。至元十九年，王恂因病去世。新历法虽然已经颁行，但历法的推演方法和观测到的天文数据都还没有定稿。郭守敬花费了数年的时间，最终使得《授时历》流传天下。至元二十三年（1286），郭守敬被任命为太史令。至元二十八年（1291），郭守敬向世祖提出了十一件关于水利的计划。其中最重要的就是从大都到通州疏通一条运河，以解决向大都运送粮食的问题。世祖非常重视郭守敬的意见，决定重新设立都水监，让郭守敬主持工作。最初，从通州到大都，每年通过陆路运送的粮食达到了数千万石，每当秋雨连绵之时，累死的驮马不计其数。自从水路畅通之后，陆路运输基本就不再使用了。

至元三十年，世祖从上都返回大都，路经积水潭，看到水面上船只往来不断的情景，非常高兴，特意将这段运河命名为通惠河。至元三十一年，郭守敬升任昭文馆大学士、知太史院事。元成宗大德二年（1298），有人提议在上都西北的铁幡竿岭下开辟一条泄洪的渠道，向南通往滦河，

成宗将郭守敬召到上都商议此事。郭守敬通过研究历年的资料，提出泄洪渠道至少要宽达五十至七十步，否则不能发挥效力。经办此事的官员心疼费用，私自将泄洪渠的宽度缩小了三分之一。第二年，天降大雨，山洪暴发，泄洪渠因为渠道太窄，最终导致洪水泛滥，许多人畜被洪水冲走。成宗对宰相们感叹说："郭太史真是神人啊，可惜没有听从他的话。"大德七年（1303），成宗下令官员年满七十岁的可以退休，只有郭守敬的退休请求未被批准，因为许多水利事务还要靠他决策。延祐三年（1316），郭守敬因病去世，享年八十六岁。

🔴 通惠河漕运图卷·元

通惠河是元代由郭守敬挖建的漕运河道。通惠河开挖后，行船漕运可以到达积水潭，因此积水潭包括现今的什刹海、后海一带，成为大运河的终点，商船百船聚泊，热闹繁华。在元朝中后期，每年最高有二三百万石粮食从南方经通惠河运到大都。这条河道在明朝和清朝一直得到维护，一直沿用到 20 世纪初叶。

白话精编二十四史

◉ 第九卷 ◉

刘因 吴澄列传

因（1249～1283），字梦吉，号静修，保定容城（今属河北）人，元代理学家。至元十九年（1282），应诏为承德郎、右赞善大夫。至元二十八年，征为嘉议大夫、集贤学士，坚辞不受，后病逝于家中。著有《四书精要》《静修集》《小学四书语录》《樵庵词》等。吴澄（1249～1333），字幼清，抚州崇仁（今属江西）人，元代理学家。至元二十三年（1286），被举荐出仕，后辞官不做。元成宗时，应诏为国子监丞，历任翰林学士等职务，后成为元代大儒。

▶【少年成名】

刘因，字梦吉，保定容城（今属河北）人，家中世代是儒学之家。他的五世祖刘琮生下敦武校尉、临洮府录事判官刘昉，刘昉生下奉议大夫、

⚫ 闲居赋 · 元 · 赵孟頫

这幅行书作品纵 38 厘米，横 248.3 厘米，为赵孟頫手书西晋著名文学家潘岳《闲居赋》一首，共 56 行，627 字。整幅作品笔意安闲，气韵清新，通篇行楷结合，方圆兼备，体态优雅，现藏于北京故宫博物院。

中山府录事刘俣，刘俣生下刘炳善，金宣宗贞祐年间（1213～1217）迁居南方。刘炳善生下刘因的父亲刘述。刘述成年后回到北方，一心求学，精通理学，喜欢高声吟咏。元世祖中统元年（1260），左三部尚书刘肃出任真定宣抚，征召刘述为武邑县令，后因病辞官返家。刘述四十岁时还没有子嗣，就叹息说："上天真不让我有子嗣也就算了，如果我有了儿子一定让他好好读书。"不久，刘述的夫人生下了刘因。因为刘因出生时，刘述梦见神人骑马将婴儿送到自己的家中，就给儿子起名为刘因，字梦骥，后来才改为梦吉。

刘因天资聪颖过人，三岁时就能读书认字，每天可以记下千百个字，看一遍就能背下来；六岁时可以作诗，七岁时可以作文，下笔惊人。年满二十岁后，刘因的才能更加出众，每

天阅读写作，希望遇到像古人一样的君子来做朋友，因此写下了名篇《希圣解》。国子司业砚弥坚出任真定教授，刘因向他求学，很快就在同学中脱颖而出。此后，刘因苦心研究经学，研究训诂注释的学问，自己叹息说："圣人的精妙理论，远不止这些啊！"等到他看到周敦颐、程颐、程颢、邵雍、朱熹、吕祖谦的著作，一眼就能看出其中的精要。他自己评论说："邵雍的学问最大，周敦颐的学问最精深，程颐、程颢的学问最中正，朱子的学问最广博精深。"刘因的才华可见一斑。

【治学有术】

刘因幼年丧父，所以他对母亲非常孝顺，因为家中贫困，他父亲、祖父的灵柩迟迟没有下葬。刘因写信给父亲的朋友、翰林待制杨恕，杨恕出于同情资助了刘因，这才完成了葬礼。刘因生性不喜欢附和别人，也不轻易交朋友，他家中虽然穷困，但不符合道义的财富他从不滥取。刘因在家乡以教书为生，他师道尊严，对待前来求学的子弟因材施教，因此他的学生大多学有所成。当时，不少王公官员路过保定，听说刘因的名声，常常来拜访他，刘因大多避而不见。一些不了解刘因品行的人，认为他傲慢无礼，刘因也不以为然。他非常喜欢诸葛亮"静以修身"的名言，给自己的住处命名为"静修"。

至元十九年（1282），奸臣阿合马被杀，元廷内部的官僚斗争加剧，

汉族士人在元廷的地位有所改善。就在这一年，大臣不忽木将刘因的学问品行举荐给太子真金，真金以太子的身份下诏，任命刘因为承德郎、右赞善大夫。在此之前，真金在皇宫中设立学校，命令赞善大夫王恂教授贴身侍卫的子弟。王恂去世后，就命令刘因接替王恂。不久，刘因的母亲身感风寒，刘因辞官回家，照顾老母。第二年，刘因的母亲病逝，他丁忧在家，为母亲服丧。此后十余年间，刘因眼见元世祖忽必烈与太子真金政见不合，真金推行的亲儒家的朝政改革夭折，深受刺激，没有再出仕为官。至元二十八年（1291），元世祖处死权相桑哥，元廷开始了新一轮的朝政革新，再一次下诏以集贤学士、嘉议大夫的职位征召刘因为官，刘因以身体多病坚决推辞，并且上书给宰相，表明了自己不愿出仕的态度。书信交上来后，元廷也不再勉强征召刘因。元世祖听说了这件事，感叹说："听说古代有不应召的臣子，刘因也是这一类的人吧。"至元三十年（1283）夏天四月十六日，刘因去世，终年四十五岁。刘因没有子嗣，听到他去世了，人们都在哀叹悼念他。元仁宗延祐年间（1314～1321），追赠他翰林学士、资善大夫、上护军的职务，追封容城郡公，谥号"文靖"。刘因一生所著的文章包括《四书精要》三十卷、诗集《丁亥集》五卷。此外，还有文卷十多卷以及《小学四书语录》，这是他学生朋友记录他的言行的作品。

【名满天下】

吴澄，字幼清，抚州崇仁（今属江西）人。吴澄出生于普通家庭，他三岁时就聪慧过人，祖父吴铎教他古诗，他随口就能背诵。五岁时，每天能学会一千多个字，夜间读书到天亮。母亲担心他的身体，就控制灯油，好让他按时休息，吴澄就等母亲入睡后，再点灯学习。九岁时，吴澄在乡学中考试，常常名列前茅。长大后，吴澄通晓经传，用心学习圣贤的学说，十六岁时还曾跟随祖父赶赴抚州参加乡试，但未能考中。

至元十三年（1276），二十七岁的吴澄已经写下了著作《孝经章句》，开始校勘《易经》《四书》《诗经》《春秋》以及《大戴礼记》《小戴礼记》。不久，侍御史程钜夫奉命到江南寻找人才，征召吴澄到京城为官，不久，吴澄因为母亲年迈而告辞返家。程钜夫让吴澄将他所著的书放在国子监中，给后来的学子们学习。元成宗元贞元年（1295），吴澄来到龙兴（今江西南昌）游学，按察司经历郝文将他迎接到郡学，每天请他讲谈，记录他的答话，前后总计数千字。当时的行省掾元明善自负文采出众，因此曾就《易经》《诗经》《春秋》《四书》问难于吴澄，结果深受震动，他曾慨叹说："我和先生交谈，如同探测深渊大海一般。"于是元明善从此都以学生对待老师的礼节侍奉吴澄。左丞董士选也曾邀请吴澄到家中做客，他亲自为吴澄端上礼品食物，说道："吴先生，是天下名士。"后来，董士选入朝推荐吴澄做官，任命他为应奉翰林文字。有关部门敦促吴澄赶快到任，可吴澄很久都没前往，只好让其他人接替了吴澄的职务。不久，又任命吴澄为江西儒学副提举，他在任三个月，后因病离任。

【术业有成】

元武宗至大元年（1308），元廷以国子监丞的职务征召吴澄入朝为官。在这之前，是大儒许衡担任祭酒，已经开始用《朱子小学》等书教授学生。吴澄到任后，天亮时在课堂上点起蜡烛，学生们按次序听讲。夕阳西下后，学生回到起居室，可以互相提问。吴澄根据学生的资质，反复引导他们，常常讲课到半夜，即使严冬酷暑也不间断。元仁宗皇庆元年（1312），吴澄升任国子司业，用程纯公的《学校奏疏》、胡文定公的《六学教法》、朱文公的《学校贡举私议》，简化成四条教学方法：一是经学，二是行实，三是文艺，四是治事。不久，吴澄辞官离去，学生中不少人跟随他前去南方。不久，朝廷又任命吴澄为集贤直学士、奉议大夫，让他乘坐驿车前往京城，结果因为吴澄半路染病而没有成行。

元英宗即位后，越级提拔吴澄为翰林学士，晋升为太中大夫。在此之前，英宗曾经下旨召集善于书法的人，用金粉书写《藏经》，命令吴澄作序。

吴澄认为此举蛊惑世人，因此拒绝从命。不久，英宗在南坡遇刺，吴澄为佛经写序的事情也就不了了之。泰定元年（1324），元廷开设御前讲席，泰定帝首先命令吴澄和平章政事张珪、国子祭酒郑文原担任讲官。当时吴澄已经年过七旬，有心辞官返家，恰逢编撰《英宗实录》。泰定帝命令吴澄主持这件事情。几个月后，《实录》编成，还没有交给朝廷，吴澄就称病不出。中书左丞许师敬奉命在国史院赐宴，并且向吴澄转达了朝廷想挽留他的意思。宴会结束后，吴澄立刻出城上船离去。中书省听说后，急忙派出官员骑着驿马前去追赶，最终没能追上，只好回来对泰定帝说："吴澄是国家有名的大儒，朝廷有德望的老臣，他现在告老还乡，实在不忍心再让他为国家劳碌，应该对他有所嘉奖。"泰定帝下令任命吴澄为资善大夫，又将两件金线织成的锦缎和五千贯钱赏赐给吴澄。

吴澄隐退回家经过郡县时，士大夫都争先恐后地请他执教，而天下的读书人不远几千里，背着书箱来到他隐居的山中求学，每年的人数都能达到千余人。吴澄一旦得到空闲，就著书立说，一直到他去世前也没有停止。吴澄对《易经》《春秋》《礼记》都有自己的论述，完全打破了传统的穿凿附会，独到地阐述出了原文的含义。他还写下了《学基》《学统》两篇文章，让世

人明白做学问的根本和研究学问的顺序。他对北宋大儒邵雍的学问特别有心得，先后校订了《皇极经世书》，又校正了《老子》《庄子》《太玄经》《乐律》，以及《八阵图》和西晋文学家郭璞的《葬书》。当初，吴澄住的几间草房，程钜夫曾经提名为"草庐"，因此求学的人也称吴澄为"草庐先生"。元文宗天历三年（1328），元廷因为吴澄是国家老臣，特别调他的次子吴京担任抚州教授，以便就近照顾吴澄。第二年六月，吴澄染病，不久去世，终年八十五岁。元廷追赠吴澄江西行省左丞、上护军，追封临川郡公，谥号"文正"。吴澄长子吴文，官至柳州路总管府同知；次子吴京，官至翰林国史院典籍官。

🖾 墨梅图·元·王冕

王冕工诗善画，亦能治印，尤以墨梅知名。画梅师法宋仲仁和尚和扬无咎，并有所创新，对后世影响甚大。所作梅花有疏有密，枝干交错，蕊萼分枝，主次分明，层次清晰，往往密中有疏，多而不繁。此幅《墨梅图》与王冕以往的画梅图都有所不同，不是以繁密取胜，而是以疏秀简洁见长。画家仅选取梅花半枝，梅影清风便扑面而来。

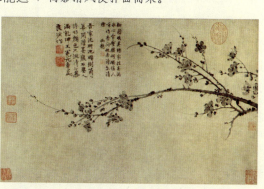

赵孟頫列传

孟頫（1254～1322），字子昂，号松雪道人，湖州（今浙江湖州）人，元代著名书画家，楷书四大家（欧阳询、颜真卿、柳公权、赵孟頫）之一。赵孟頫出身于宋朝宗室，曾任真州司户参军等职务。南宋灭亡后居家读书，至元二十三年（1286）被举荐至大都为官，出任兵部郎中。赵孟頫博学多才，能诗善文，懂经济，工书法，精绘画，书法和绘画成就最高，开创元代新画风，被称为"元人冠冕"。

▶【入朝为官】

赵孟頫，字子昂，宋太祖第四子秦王赵德芳的后代。他的五世祖是秀安僖王赵子偁，四世祖为崇宪靖王赵伯圭。宋高宗没有子嗣，立赵子偁的儿子为太子，这就是后来的宋孝宗，赵伯圭也就是孝宗的哥哥，孝宗登基后赐给其府邸，此后赵孟頫祖上才居住在湖州。赵孟頫自幼聪明过人，读书过目不忘，拿起笔来就能写出花团锦簇的文章。十四岁时，考中国子监，按照吏部选官的条例出任真州司户参军。南宋灭亡后，他回到家中读书。

至元二十三年（1286），行台治书侍御史程钜夫来到江南寻访遗贤隐士，听闻赵孟頫的名声，就将其带入朝中觐见元世祖。因为赵孟頫才华出众，神采不凡，元世祖对他非常赞赏，让他坐到右丞叶李的上方。当时有御史上奏说赵孟頫是南宋宗室，不应该让他接近帝王，元世祖不听，反而将

此人逐出御史台。当时朝廷刚刚设立尚书省，世祖命令赵孟頫起草诏书颁布天下，赵孟頫挥笔成书，字体出众，世祖非常高兴地说："我心中的话全部让你说出来了。"当时世祖召集百官在刑部商议刑法，赵孟頫奉命与会。讨论到贪赃的刑罚时，众人认为贪赃满至元宝钞两百贯的就应该处死。赵孟頫却说："刚开始发行中统宝钞时，以白银作为储备，银钞等价。到现在二十多年过去了，中统宝钞贬值了几十倍，因此国家决定改中统宝钞为至元宝钞。再过二十年后，至元宝钞有可能像中统宝钞一样贬值，如果以宝钞的数量定罪，那可能在几十年后会显得过轻。自古以来，米和绢是老百姓的生活必需品，被称为'二实'，因此用绢作为贪赃罪行的量刑依据最标准。"有大臣认为赵孟頫年纪轻轻，又刚从南方来，居然讽刺国家法规，就非常生气，责问赵孟頫说：

"现在朝廷发行至元宝钞，所以用它来给贪赃枉法的人定罪，你居然说这样做欠妥，难道你想阻止至元宝钞的使用吗？"赵孟頫没有被这个大帽子吓倒，他从容地回答说："法律是人命关天的大事，制定的时候如果有失轻重，就会让人死于非命。我奉命参加讨论，有看法不敢不说。中统宝钞不断贬值，所以朝廷才改为发行至元宝钞，谁敢说至元宝钞就不会有贬值的时候？你说话不讲道理，只想用权势压服别人，这可行吗？"对方面有愧色，不得不向赵孟頫道歉。

【忠正直言】

至元二十四年（1287）六月，任命赵孟頫为奉训大夫、兵部郎中，总管天下驿站。由于中统宝钞多年贬值，使者在驿站的费用比原来高了几十倍，驿站无法供应，就向百姓强行索取，将百姓骚扰得苦不堪言。赵孟頫就向中书省请求，增加驿站的供给，以减少对百姓的侵扰。当时至元宝钞受阻无法推广，世祖下诏派遣尚书刘宣和赵孟頫乘驿车前往江南，追究行省官员失职之罪，对左右司官员和各路官员甚至可以直接鞭打。赵孟頫认为鞭打官员有损于士大夫的尊严，不肯前往，最终慑于桑哥的威胁成行。他巡视各地，没有鞭打一个人，桑哥因此对他严加斥责，而士大夫则对赵孟頫交口称赞。

当时桑哥担任丞相，钟声刚刚响起就坐在官署中理事，六部的官员们

有迟到的，就要受到责打。赵孟頫偶然间迟到了，断事官立即就要鞭打赵孟頫，赵孟頫就跑入内堂向右丞叶李申诉说："自古刑不上大夫，这是为了培养士大夫的廉耻之心，用礼义教育他们，现在岂不是在侮辱士大夫吗？"桑哥急忙出来安抚赵孟頫。另外一次，赵孟頫骑马在东宫墙外行走，因为道路狭窄，不慎落马跌入河中。桑哥听说这件事后，奏请世祖将宫墙向西挪动两丈。世祖听说赵孟頫一向贫困，担心他无钱医治，特意赐钱五十锭。

❀ 致季博札·元·赵孟頫

根据史书记载，元代书法灿烂一时，有名可考的书法家有三百余人，其中以赵孟頫的成就最大。他擅长篆、隶、行、草等多种字体，用笔遒劲，字体朗逸，这幅《致季博札》就是他盛年所作。

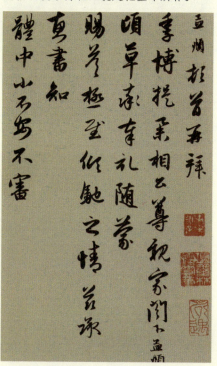

【为国锄奸】

至元二十七年（1291），北方发生大地震，北京是震中所在，百姓死伤数十万。当时元世祖驻跸在龙虎台，派遣阿剌浑撒里回到大都，召集官员询问导致天灾出现的原因。按照惯例，天灾出现大多昭示丞相主政失当，但众人害怕丞相桑哥的权势，没有人敢谈论时政。在这之前，桑哥派忻都和王济等人核算天下的钱粮，他们大肆骚扰百姓，致使民不聊生，百姓举家自杀和逃亡的不可计数，没有人敢进言劝阻。赵孟頫和阿剌浑撒里私交很好，就劝他趁地震的机会请皇帝大赦天下，免除百姓的税赋。阿剌浑撒里入朝上奏，世祖采纳了他的建议。诏书发布后，桑哥非常恼怒，认为这不是世祖的决定。赵孟頫对他说："那些没有缴纳钱粮的百姓，或死或逃，能到哪里去征收他们的赋税呢？不如趁这个机会免除掉，不然今后别人拿数千万钱粮没有征收来责备丞相，这不成了您的罪责？"桑哥这才醒悟过来，诏书得以发布，百姓也获得了新生。

元世祖曾经询问赵孟頫：叶李、留梦炎二人谁的品行更优？这两人都曾是南宋的臣子，后来出仕元朝。赵孟頫回答说："留梦炎为人厚道稳重，有大臣的才能；叶李才学和我大致相同。"元世祖说："你认为留梦炎比叶李贤能吗？留梦炎身为南宋状元，官职做到丞相，可贾似道误国欺君的时候，他却阿附纵容；叶李虽然出身布衣，却能直言上书，所以我认为他比留梦炎贤能。你可以赋诗讽刺前者。"于是赵孟頫写下了"状元曾受宋家恩，国困臣强不尽言。往事已非那可说，且将忠直报皇元"。诗中最后两句深得世祖的喜爱。退朝后，赵孟頫对奉御彻里说："皇上谈到贾似道误国时，责怪留梦炎不敢为国进言；现在桑哥的罪行比贾似道还大，而我们不说，以后陛下必然责怪我们。我是遭疏远的臣子，说话没有分量；侍卫近臣中慷慨有大节，又被皇帝信任的只有你了，你应当为百姓除贼！"不久，彻里在世祖面前列举桑哥的罪行，世祖大怒，命令卫士掌嘴，彻里血流满面，

昏倒于地。等他醒来后，世祖再次询问他，他的回答和先前一样。不久，又有其他大臣揭发桑哥有罪，世祖这才醒悟过来，处死桑哥，撤去尚书省。

【宦海浮沉】

桑哥被杀后，元世祖想让赵孟頫出任参知中书政事，特许他出入宫门不受限制。赵孟頫知道自己是前朝宗室，现在身处要地，容易遭人忌恨，因此极力请求到地方为官。至元二十九年，他出任济南路总管府同知。元武宗至大三年（1310），赵孟頫出任翰林侍读学士，因为建议不合武宗的心意，辞官而去。元仁宗做皇太子的时候就知道赵孟頫的才能，即位后就任命赵孟頫为集贤侍讲学士、中奉大夫。延祐三年（1316），升任翰林学士承旨、荣禄大夫。元仁宗对赵孟頫恩宠有加，常常只称呼其字而不直呼其名。在和臣子们讨论文学时，仁宗还将赵孟頫比作唐朝的李白、宋朝的苏轼，又称赞赵孟頫品行端正，博学多闻，书画双绝。当时有人中伤赵孟頫，仁宗怒斥他们说："赵子昂是世祖皇帝选拔的人才，朕特别优待他，让他主持编撰史书，传于后代，你们这帮人啰嗦什么？"

延祐六年（1319），赵孟頫辞官返乡。至治元年（1321），元英宗派使者到他家中，请他写《孝经》。次年六月，赵孟頫因病去世，时年六十九岁，追封魏国公，谥号"文敏"。赵孟頫博学多才，先后著有《尚书注》《琴原》《乐原》，道尽了音乐的美妙。此外，赵孟頫的诗文清奇飘逸，书法冠绝古今，史官杨载说：赵孟頫的才能多少被他的书法所掩盖，知道他书画才能的，不知道他的文章出众；知道他文章出众的，不知道他还有经济天下的学问，时人认为这样的评论恰如其分。

🔴 浴马图·元·赵孟頫

作为元代唯一一位诗、书、画三绝的大家，赵孟頫在绘画技巧上别有创造。他的《浴马图》描绘了奚官浴马的场景，全画描绘了九人十四马，人物皆为唐装，马匹丰肥圆润，神态轻松自如，是难得的艺术精品。此画于1964年由郑洞国将军捐献北京故宫博物院。

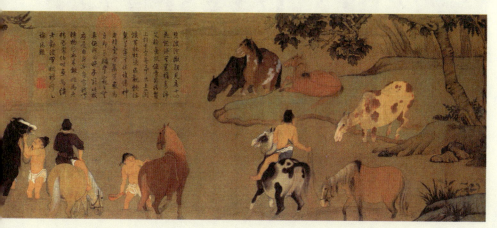

虞集列传

虞集（1272～1348），字伯生，号道园，又称"邵庵先生"，祖籍仁寿（今属四川），生于湖南衡州，为南宋丞相虞允文五世孙，曾师从元代大儒吴澄。元成宗大德年间，出任大都路儒学教授、国子监祭酒，此后历任集贤编撰、秘书少监、翰林直学士、国子祭酒。虞集以诗文名动当时，与杨载、范梈、揭傒斯并称为"元代诗文四大家"。

【名动京师】

虞集，字伯生，南宋名相虞允文的五世孙。虞集的父亲虞汲曾任黄冈尉。祖辈皆以文学知名。南宋亡后，虞汲一家迁至临川崇仁，与当代大儒吴澄为友。至元九年（1272），虞集出生于湖南衡州。至元十二年（1275），虞汲携全家去岭外，战乱之中没有携带书籍，虞集的母亲杨氏就口授虞集《论语》《孟子》《左氏传》以及欧阳修、苏轼等人的文章，三岁的虞集听过一遍就能背诵。至元十七年，虞汲一家回到长沙，虞集这才拜师学习，阅读各种经书，通晓其大意。由于虞家是儒学世家，所以虞集和他的弟弟虞槃在家则学习家传的学问，在外则跟随有通家之好的大儒吴澄学习。

大德元年（1297），江西行省左丞董士选听说了虞集的才名，就将他聘为家中私塾的教师。大德初年，虞

致白云法师帖·元·虞集

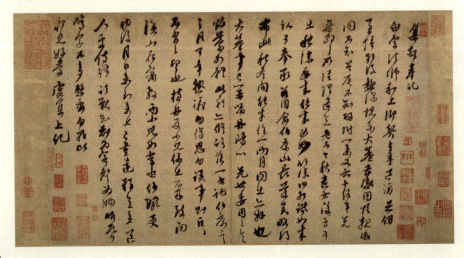

集首次来到大都。因为朝中大臣的举荐，被任命为大都路儒学教授。大德十一年（1307），元武宗即位，虞集出任国子助教。任职后，虞集以师道为己任，他的学生在课余时常常带着书本到他家修习课业，其他学馆的学生也慕名到虞集家中请教。至大四年，爱育黎拔力八达即位，是为元仁宗。仁宗以儒学治国，任命大儒吴澄为国子司业，虞集也升任国子博士。他们想对国学进行革新，但因有人恶意诽谤，吴澄最终辞官归里，虞集也告病辞官。延祐元年（1314），虞集又被任命为太常博士。当时，太常院使拜住空闲时常常向虞集询问礼器祭祀的事情，虞集向他讲解古今因革治乱的缘由。拜住为虞集的才学所折服，开始相信儒臣是有用之才。延祐六年，虞集出任翰林待制，兼国史院编修官。元仁宗曾经对左右大臣感叹说："国家的大儒都已经出仕为官了，只有虞伯生还没有被提拔。"不久，仁宗去世，没有来得及重用虞集。

【帝王信重】

元英宗即位后，任命拜住为丞相，破格提拔人才。当时虞集因为家中有丧事而返回江南，拜住并不知道，在英宗面前举荐虞集，朝廷派人到蜀地寻找虞集，没有找到；又到江西寻找，也没有找到。等虞集受命前往朝廷时，南坡政变发生，英宗、拜住被保守的贵族集团弑杀，虞集只好中途返回江西。泰定元年（1324），虞集出任礼部进士考官，他认为国家科举取士就是为了统一道德标准、风俗习惯，不能先入为主，否则会使求贤之心变得狭隘。不久，虞集升任国子司业、秘书少监。当时泰定帝巡视上都，虞集与学士王结携带经书相随，专门负责为皇帝讲经。泰定二年，虞集出任翰林直学士，兼任国子祭酒。

致和元年七月（1328），泰定帝病死于上都，留守大都的燕铁木儿等人拥立元武宗次子图帖睦尔称帝，是为元文宗。文宗做藩王的时候，就已经听说过虞集的名声，即位以后仍让虞集兼任经筵官，负责给皇帝讲经。虞集因为先祖的坟墓在吴越地区年久失修，向文宗请求外放一任郡守。文宗对他说："以你的才能担任一郡之长是没有问题的，但朝廷现在还不能离开你！"天历二年（1329），任命虞集为奎章阁侍书学士，这是虞集担任过的最高的官职。

当时关中地区遭受了严重的饥荒，百姓尸横遍野，有些地方甚至方圆数百里人迹全无。文宗向虞集询问应对之策，虞集认为：大灾之时，正是君子振作革新的机会，只要一两个有仁术、知民事的官吏，放宽对他们的限制，让他们能够有所作为。在各郡县中选择可用之才，在百姓原来定居之处设立城郭，治理沟壑，减少税赋，就能使那些远逃在外的人返回家乡。虞集还借机请求外放关中，文宗担心他借此离开朝廷，就没有同意。

【容人雅量】

至顺元年（1330），文宗命令奎章阁学士采集本朝典章故事，仿照《唐会要》《宋会要》的形式纂修《经世大典》，特命虞集与中书平章政事赵世延共同担任总裁官。不久赵世延挂职归家，由虞集单独负责此书的纂修。两年之后，全书完成，共有八百卷。虞集进献《经世大典》以后，就以眼病为由请求辞职，文宗没有同意。虞集又推荐治书侍御史马祖常代替自己的职务，还是没有得到批复。当时御史中丞赵世安为虞集请求说："虞伯生久居京师，非常清贫，现在又患有眼病，还是让他担任地方官，以便医治眼疾。"文宗认为赵世安是想将虞集排挤出朝廷，就愤怒地说："一个虞伯生，你们就容不下吗？"

当时文宗重用文学之士，因为虞集博学多才，所经手的事都做得十分妥当，朝廷大典、制诏等重要的文书大都出自他的手笔，所以文宗不愿让他离去。虞集每次奉旨拟写文章，必然要用帝王之道、政治得失隐晦委婉地进谏文宗。有时因事规劝，离开宫中后从不告诉别人；有时谏言不能奏效，回家后闷闷不乐，家人看到他这副样子，也不敢询问缘由。尽管虞集处事小心谨慎，但还是有许多世家子弟嫉恨虞集，甚至陷害他。一天，文宗命虞集草拟封乳母丈夫为营都王的制书。负责传旨的大臣阿荣一向嫉恨虞集，

故意将圣旨传为封营国公。不久，丞相前来索取草稿，发现旨意被改为封公，就询问虞集缘由。虞集这才明白为人所骗，就请求改写草稿以后再呈献文宗，始终也没有说出事实的真相，这让故意误传旨意的阿荣深感惭愧，虞集为人的雅量可见一斑。

虞集评论人才，首先考量对方的气度见识；他评议文章，对那些违背经义的文章，文辞虽然华丽，也不予以赞扬。虽然因此触怒他人而招致诽谤，但始终不因此而改变原则。当时有一个叫龚伯璲的人，御史中丞马祖常很爱其才学，想请虞集出面将龚伯璲推荐给朝廷。虞集认为龚伯璲虽然略有才华，但不是有大前途的人，甚至难得善终，这让马祖常非常不高兴而不再提及此事。至顺三年（1332），文宗驾崩。十月，即位四十三天的元宁宗驾崩。大臣们拥立元明宗之子妥欢帖睦儿称帝，是为元顺帝。当初，文宗想立自己的儿子阿剌忒纳答剌（元宁宗）为皇太子，就将妥欢帖睦儿贬黜到江南，当时撰写诏书的就是虞集。现在顺帝即位，虞集为了避祸，称病退隐临川。不久，龚伯璲因为谋逆被杀，时人都佩服虞集有识人之明。

元统二年（1334），顺帝派遣使者征召虞集返回翰林院就职，虞集因疾病发作而未能成行。当时有人以虞集草拟贬黜顺帝的诏书而陷害他，顺帝很不高兴地斥责说："这是我的家

事，岂是虞集一个书生所能做主的呢？"至正八年（1348）五月，虞集因病去世，享年七十七岁。

虞集为人孝顺亲长，友爱兄弟，他的弟弟虞槃去世很早，虞集就主动承担起了教育侄子的责任。虞集的哥哥虞采欠下官府数千缗亏空，虞集不惜借贷举债为哥哥偿还亏空，毫无难色。虞集对于品德高尚的山林隐士，全都折节相交；对待后进晚辈，即使比他年少位卑，也能平等对待。对于那些权门显贵，虞集从不阿谀奉承，在中书省讨论国政时，他仗义执言，屡次挽救无辜的生命，却从不因此而奢求别人的报答。辞官回乡后，素来清贫的虞集一家生活愈发困苦，经常受到邻里乡亲、门生故旧的接济，因此也经常为这些人书写碑跋、墓铭，但从来不胡乱答应。南昌有位叫伍真父的富豪，富甲一方，他去世后，其子托丰城儒士甘悫求虞集撰写墓铭，愿以五百锭中统宝钞作为酬谢，虞集始终不肯答应，甘悫最终惭愧离去。虞集教授学生所得的收入以及宾客所送的礼物，都用于接待朋友，即便因

🔴 元世祖出猎图·元·刘贯道

刘贯道，字仲贤，生卒年不详，约元世祖至元时在世。中山（今河北定州）人。善画。此画描绘的是北方沙漠之地，黄沙浩瀚，一望无垠。人骑数众，中骑黑马衣着白裘者，应为元世祖。与世祖并辔衣白袍者，似为帝后。余男女八骑，应是其侍从，或弯弓，或架鹰，或纵犬，或携猎豹。上方远处沙丘之外，有驼队一列，缓缓而行。完全描写塞外大漠打猎之景。人物描绘精劲细致，表情自然生动，其他犬、马、骆驼，均悉得情态。幅右下角款署：至元十七年（1280）二月，御衣局使臣刘贯道恭画。

此陷入穷苦也毫不在意。

当时江左地区有很多贤士，他们的事迹都不被人知晓，学说也没有被世人了解，所以虞集想要取法元好问编写《中州集》的先例，另外编写一部《南州集》来介绍这些贤士，后因眼疾而未能成功。他平生撰写文章过万篇，存有底稿的只有十之二三。虞集早年曾和弟弟虞槃共同修建了两间书房，左室的墙壁上写有陶渊明的诗，室名定为"陶庵"；右室的墙壁上写有邵雍的诗，室名定为"邵庵"，因此世人称虞集为"邵庵先生"。

阿合马列传

阿合马（？～1282），元世祖忽必烈时期权臣，以善于"理财"而闻名。阿合马本为回回人，中统三年（1262）出任中书左右部，兼任诸路都转运使，负责管理国家财赋。此后，历任制国用使、尚书、中书平章政事等职务，掌握元朝财政二十年，独揽大权，党羽众多，引起了太子真金和汉族大臣的不满，其主持的掠夺民脂民膏的经济政策更让底层民众恨之入骨。至元十九年（1282），汉人王著、高和尚等人将其刺死。不久，阿合马为祸天下的罪状逐渐显露，元世祖下令处死其子侄，惩处其党羽，抄没其家。

▶【敛财有术】

阿合马是回回人，出生于花剌子模，入朝为官的缘由不详。元世祖中统三年（1262），元世祖任命他管理中书左右部，兼任各路都转运使，专门负责管理财政赋税事务。当年，李璮在山东发动叛乱，主持中枢政务的王文统、刘秉忠等汉官或死或贬，阿合马利用蒙古贵族对汉官的猜忌和他自己的敛财能力开始在政坛上崭露头角。第二年，因为河南的钧州、徐州等地冶铁业兴盛，阿合马建议发放牌照，以增加朝廷的赢利。阿合马任用礼部尚书马月合乃管理强行征往河南地区的三千户百姓，鼓风冶铁，每年向冶铁户征收铁器一百零三万七千斤，打造农具二十万件，再用这些农具和百姓换取粮食四万石，因此被世祖视为"理财能手"。

至元元年（1264）正月，阿合马又进言说

🔴 **影青釉自在观音像·元**

这座观音头戴宝冠，面容慈祥，微含笑意，身着佛衣，袒胸赤足，平和自然，造型及釉色极为精美，是元代瓷类造像中罕见的珍品。

太原百姓私煮小盐，大肆贩卖，以至于解州的官盐卖不出去，国家每年少收入盐税七千五百两。他呈请每年增加盐税五千两，不论僧道军匠，一律平均缴纳赋税，以此作为百姓们购买小盐的惩罚。阿合马的建议很快得以施行，世祖为了表彰他的功绩，在当年十一月撤销了中书左右部，将其职能并入中书省，破格任命阿合马为中书省平章政事，进阶为荣禄大夫。至元三年（1266）正月，元朝建立国用使司，阿合马以平章政事的身份兼任该司长官。随后，国用使司开始推行一系列掠夺民财的措施，先是上奏说："东京路每年缴税的布匹低劣不堪，应该用这些布匹就地购买牛羊。真定、顺天的金银锭不合规格，应该进行改铸。"这些措施都大大加重了百姓的负担。十一月，又上奏说："桓州峪所开采的银矿石已经达到十六万斤，每百斤可以提炼出白银三两、锡二十五斤，采购所需的资金可以由卖锡矿来筹集。"这一措施又加重了对采矿者的剥削。这些措施最终都被元世祖所采纳。

【变本加厉】

至元七年（1270）正月，元朝撤销国用使司，成立尚书省，以阿合马为平章尚书省事。阿合马为人狡黠多智，善于以花言巧语打动别人，以自己能够为朝廷敛财而自傲，众人也都恭维他能力出众。他还巧言善辩，丞相线真、史天泽等人都被他辩驳得哑口无言。元世祖急于使国家富强，因此对他信任有加，对他的建议没有不听从的，这也让阿合马更加独断专行。中书右丞相安童早就对阿合马不满，至此终于按捺不住，对元世祖进言说阿合马违背制度，遇到事情从不与大臣商量，尚书省已经一家独大，架空了其他部门。忽必烈认同了安童的进言，反问是否因为自己太过于信任阿合马，才让他如此肆无忌惮。安童又上奏说："阿合马任用的下属官吏，左丞相许衡认为其中很多人是不称职的，但阿合马已经得到了陛下的旨意，所以就没有办法了。请陛下考核这些人是否称职。"元世祖采纳了安童的建议。五月，阿合马主持的尚书省奏请清查全国户口，以此进一步搜刮民脂民膏，最终由于御史台的反对而停止了。

最初建立尚书省的时候，元世祖有明令：所有官员必须量才录用，礼部拟定资格等级，呈报尚书省，尚书省申报中书省后，再上奏皇帝知道。然而到了后来，阿合马大肆提拔自己的亲信，不经吏部选用，也不和中书省商量。安童将此事报告了元世祖，世祖派人讯问阿合马。阿合马狡辩说："陛下将事情委托给我，所有官员人选都是我亲自挑选的。"安童知道自己动摇不了世祖对阿合马的信任，只得奏请："从今天起，所有重刑案件和升任上路总管的人事任命归属于我，其他的事情都交给阿合马。"世祖全部答应，安童和中书省的权力、威望至此荡然无存，阿合马和尚书省的权力由此大增。

【残害忠良】

至元八年三月，尚书省再次请求核查户口，并且增加太原盐税一千锭。至元九年正月，尚书省与中书省合并，任命阿合马为中书省平章政事，阿合马基本掌握了元廷中枢的权力。至元十年，阿合马的儿子忽辛被任命为大都路总管，兼任大兴府尹。右丞相安童眼见阿合马的权势越来越大，就上表弹劾阿合马等人倚仗宰相的特权，经营商贾之事，搜刮全国资财，致使百姓困苦不堪。世祖虽然表态要彻查此事，但最终还是不了了之。安童反而被阿合马排挤出朝廷，被迫跟随皇子那木罕出镇北方。至元十二年，大臣姚枢、徒单公履都认为北方的盐和药材可以让百姓自由贩卖，阿合马却表示反对，认为任由百姓自行贩卖会导致混乱，不如在南京、卫辉登记收购药材，从蔡州运出十二万斤盐，禁止百姓私自贸易。这些主张都是为了和百姓争利，而让阿合马从元世祖那里得到更多的宠信。当年九月，阿合马又向元世祖上奏，以军费日增朝廷却在减免编户百姓的税赋，又罢免了转运司官署，以至于国家费用不足，请求重新设立都转运司，增加旧有的税赋定额，世祖都予以采纳。

至元十五年正月，世祖因为西京饥荒严重，命令拨出一万石粟米救济灾民，又命阿合马拨出库存的粮食赈济灾民。阿合马趁机打击御史台，请求未经中书省的许可，御史台不得召见管理粮库的官员，也不得查问钱粮数目。当年四月，中书右丞崔斌弹劾阿合马任人唯亲，提拔自己的儿子担任显赫的职务，严重违背了量才施用的原则。元世祖下旨罢免阿合马子侄的官职，却并不认为阿合马触犯国法，甚至还在和淮西宣慰使昂吉尔的闲谈中称赞阿合马足以胜任宰相的职务。眼见元世祖对自己的宠信并无衰减，阿合马更加肆无忌惮，不但将崔斌排挤到江淮行省，还罗织罪状，将其害死。崔斌死后，被其弹劾罢官的阿合马之子忽辛等人又官复原职。

【死于非命】

至元十六年四月，中书省奏请设立江西榷茶运司和各路转运盐使司、宣课提举司，阿合马希望以这些机构和爪牙进一步搜刮民财。左丞范文虎等人因为提举司的官吏掠夺百姓，贪腐成风，请求撤销这个机构，阿合马反而诬陷范文虎等人图谋不轨，再次获得了元世祖的支持。不久，阿合马清理核算江淮行省的账务，以私自更换官员、擅自支用粮食的罪名构陷大臣阿里伯、燕铁木儿，最终导致二人被害，阿合马的气焰一时无二。当时阿合马在位日久，更加放肆地贪腐横行，安插党羽，奸臣郝祯、耿仁都因为他的推荐而入朝为官。他们阴谋串通，专门进行欺诈之事，贫苦百姓拖欠的赋税不但不予免除，反而穷逼不舍,致使百姓流离失所。京兆路每年的征税额度高达五万四千锭,他还认为没有征收合适,百姓家有靠近城郊的良田,往往也被他占为己有,这种横征暴敛的行为搞得民不聊生、天怒人怨。洛阳宿卫秦长卿看不惯阿合马的所作所为,上书世祖揭露阿合马贪腐、滥杀、擅权的罪状,称阿合马是赵高、董卓一样的奸臣。阿合马得知后,假意升秦长卿为兴和宣德同知冶铁事,然后诬告秦长卿受贿,将其害死于狱中。

阿合马本人知道自己树敌太多,民间对自己怨恨太深,因此出入都带有大量卫士随从,其就寝之处也秘不外宣,以防有人对他不利。然而善恶到头终有报,阿合马最终还是没能逃过惩罚。至元十九年(1282)三月,元世祖巡幸上都,皇太子真金随行。益都千户王著和高和尚等人密谋,诈称皇太子回到大都要进行礼佛仪式,然后集结了八十多人,趁夜混入大都。第二天,王著假传太子旨意,让阿合马和中书省官员到东宫前等候。阿合马中计前往,王著用袖中暗藏的铜锤敲碎了他的脑袋,将其击毙于当场。随后,阿合马的亲信、左丞郝祯也被杀死,右丞张惠被囚禁。中丞也先帖木儿将此事报告了世祖,世祖勃然大怒,急命枢密副

使孛罗、司徒和礼霍孙、参政阿里等人赶往大都处置此事。孛罗等人返回大都后,抓获了王著、高和尚等人,将他们全部处死。王著在临刑前高喊:"我能替国家除掉奸臣,即便今天死了,日后也一定有人为我记下这件事情。"阿合马死后,世祖还没有了解到阿合马的罪行。后来皇太子真金、孛罗等人纷纷禀报阿合马贪腐专权的恶行,世祖这才幡然醒悟,大怒,说道:"王著杀死他真是正确的事情啊!"随后,命令挖开阿合马的坟墓,劈开棺木,将尸体陈列于通玄门外,放狗食其肉,文武百官和平民百姓都跑来围观,无不拍手称快。此外,阿合马的子侄都被处死,他的家产也被抄没。

🌀 青花鱼藻凸花牡丹大盘·元

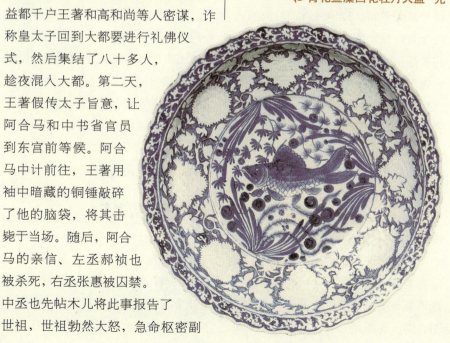

桑哥列传

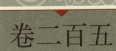

桑哥（？～1291），畏兀儿人，元世祖时国师胆巴的弟子，通晓蒙古、汉、藏、畏兀儿等多族语言。至元二十一年（1284），升任总制院使，成为元廷继阿合马、卢世荣之后又一位理财大臣。至元二十四年（1287），桑哥出任尚书右丞相，受命整顿钞法，执掌国家财政大权。他以更改钞法、钩考为能事，得罪了大批蒙古贵族和皇室成员。此外，他专权跋扈，打击异己，至元二十八年，被蒙古贵族弹劾罢官，后被元世祖处死。

▶【简在帝心】

桑哥是元世祖时国师胆巴的弟子，他通晓蒙古、汉、藏、畏兀儿等多族语言，曾经担任过西蕃译史的职务。桑哥为人狡诈强横，喜欢讨论财货谋利的事情，元世祖因此非常喜爱他。至元年间（1264～1294），他被任命为总制院使。总制院是管理天下佛教徒，兼管吐蕃事务的官署。御史台曾想任命章闾为按察使，元世祖说："这人桑哥曾经评价过他。"最终还是任命了桑哥。

至元二十一年（1281），桑哥向世祖推荐卢世荣，后者被任命为中书右丞，主持政务。不久，卢世荣因贪污被杀，而桑哥的地位并没有受到影响。当时中书省曾经让名叫李留判的人买油供奉佛寺，桑哥出面争得了买油的差事和银钱，司徒和礼霍孙认为这不是桑哥应该负责的差事，桑哥不服，两人逐渐发展到当庭斗殴，桑哥

还狂言说："与其让汉官侵占盗用，还不如给僧人、寺庙以及朝廷谋取利息呢！"最终，元世祖将购买万斤香油的差事交给了桑哥，桑哥将自己经营所获的礼钱进献给和礼霍孙，后者感叹说："我真没想到有这一天。"不久，桑哥在元世祖面前讨论官府出钱雇佣劳力和官府发放贷款，让农民在夏秋用农产品偿还本息的事情，世祖对他的理财计划非常看重，逐渐产生了对桑哥委以重任的想法。很快，世祖颁布旨意，让桑哥抄写中书省官员的姓名呈上，朝廷中如果有设置机构、官员升降的事情，也都让桑哥知道。

▶【严酷钩考】

至元二十四年（1284）闰二月，元世祖下旨设立尚书省，分别任命桑哥和铁木儿为平章政事。同时，发诏通知全国，改行中书省为尚书省，中书省六部改为尚书省六部。同年十一

月，任命桑哥为尚书右丞相，仍兼任总制院使，使其掌握了朝廷大权。当年三月，桑哥推出了自己在改革财政制度上的措施，首先就是更改钞法。他向全国颁行至元宝钞，而之前的中统宝钞仍然可以通行。此外，桑哥推行钩考政策，检察中书省和全国各地钱粮，仅从中书省就核对出亏欠纸钞四千七百七十锭，破旧纸钞一千三百四十五锭。平章麦术丁承认有亏职守，参政杨居宽则自辩说自己是掌管选拔官吏的事务，经济事务不是他的职能。志在整治中书省、树立个人权威的桑哥当即命令随从拳击杨居宽的面部，厉声质问他说："你既然掌管选拔人才的事务，难道在官员任免升迁中没有责任吗？"不久，杨居宽只得认罪。

🌸**青花白麟凤纹花口盘·元**

几天后，桑哥又上奏说："通过审讯中书省参政郭佑，得知拖欠税款的官员很多，郭佑身居官位却不表态，以患病作为托词。所以臣当众殴打羞辱了他，他现在已经认罪了。"元世祖下令追查到底，郭佑和杨居宽后来都被处死，横尸街头，人们都认为他们死得冤枉。谏官王良弼曾经和别人议论尚书省的政事，说道："尚书省竭尽全力地核查中书省，日后如果我们有揭发尚书省官员牟取私利的机会，大概也能轻易地杀人和牟取财产吧。"这话很快传到了桑哥耳中，他命人将王良弼抓来，同中书省、御史台的断事官一起审讯，王良弼只得认罪。桑哥认为王良弼诽谤大臣，不杀不足以威慑后来者，就处死了王良弼，没收其家产。当时有个叫吴德的人，他曾经担任过江宁县的达鲁花赤（蒙古语，意为"镇守者"，元代官职的一种），后求官不成私下里和别人议论朝廷的弊端。他说："尚书省现在审核中书省的弊端，将来中书省又会审核尚书省的弊端，这不是要整死官员们吗？"有人将他的话报告了桑哥，桑哥派人抓捕吴德审讯，不久将他处死，将其妻子儿女没收为官奴。

【专权任事】

桑哥曾经奏请任用沙不丁为挂名的江淮行省左丞，以乌马尔为参政，依照惯例主持泉府司、市舶司。桑哥的请求得到了元世祖的同意，他又对世祖说："但凡任命中书省官员或者地方行省官员，臣都要和丞相安童共同商议。现在臣奏请任用沙不丁、乌马尔，恰巧丞相前往大都，来不及和他商量，臣担心有人利用此事做文章啊！"世祖回答说："安童虽然不在朝廷，但是朕是你的主人，我已经同意你的请求，那些非难的人就让他们来和朕来辩驳吧。"当时江南行御史台和行中书省没有公文往来，事情不论大小都要征求御史台的意见，然后呈报给中书省，再奏请皇帝。桑哥认为这种拖沓的程序耽误国事，建议按照御史台的惯例，分别呈送中书省和尚书省。桑哥向元世祖上奏说："按察司的文书，应由各路的户部官员考核，互相交换纠察举报。"世祖采纳

🔴 密集金刚像唐卡·元

西藏唐卡是用彩缎装裱而成的卷轴画，具有鲜明的民族特点、浓郁的宗教色彩和独特的艺术风格，历来被藏族人民视为瑰宝。密集金刚，又称集密金刚，是根据《密集经》织成的佛教密宗本尊像。

了他的意见。

当年十月，元世祖下达旨意给翰林院各位官员，问："以丞相来管理尚书省，汉朝、唐朝有这样的制度吗？"官员们都回答说："有。"第二天，左丞叶李将翰林院、集贤院各位官员的回答上奏，并说："从前尚书省官员不能办的事情，平章桑哥现在都能办到，应该让他担任右丞相的职务。"元世祖采纳了叶李的意见，提升桑哥为尚书省右丞相，兼总制院使，进阶为金紫光禄大夫。这时，桑哥奏请任用平章铁木儿接替他的职务，右丞相阿剌浑撒里升为平章政事，叶李升为右丞，参政马绍升为左丞。

第二年正月，因为甘肃行尚书省参政铁木哥没有认真履行职责，又不能和同僚们齐心共事，桑哥就请求用乞牙带代替他。不久，江西行尚书省平章政事忽都铁木儿不履行职责，桑哥奏请世祖免去了他的官职；兵部尚书忽都答儿懈怠职务，桑哥殴打并且罢免了他，然后才奏报给世祖。世祖下旨说："这样的人如果不罢官，你的政令怎么能推行呢？"桑哥此时的权力可见一斑。当时朝廷赏赐给诸王白银两万五千两、丝绸万匹，用官府的驴马载运，一般到了诸王的封地就将驴马一起赏赐给诸王。桑哥却建议用驴子运载封地的玉石回来，这让世祖非常高

兴，桑哥就是通过这些营利的手段来讨好世祖。

【事败身死】

至元二十五年（1285），大都人史吉请求为桑哥立碑颂德，世祖听到这件事情后说："百姓们想立碑就立碑吧，这件事可以告诉桑哥，让他高兴高兴。"于是翰林院起草碑文，题目名为"王公辅政之碑"。桑哥又以总制院所管辖的西蕃各宣慰司在军政、民政和财政上责任重大为借口，奏请将总制院改为宣政院，级别升为从一品。世祖询问谁可以担任宣政院的长官，桑哥毛遂自荐，于是世祖任命桑哥以开府仪同三司、尚书省右丞相的身份兼任宣政院使。至元二十六年，桑哥请求考核甘肃行尚书省以及益都总管府。当年世祖巡视上都，桑哥说："去年陛下亲临上都，我每天视察内府储藏金帛的库房，今年我想乘坐车马前往，恐怕别人会议论我不合礼仪。"世祖批准了桑哥乘车前往。桑哥又上奏说："近来委派尚书省官员检察左右司的文案，发现监察御史考核过的文件有不少遗漏缺失的地方。应该命令监察御史到各部考核时，在文件上书写自己的姓名，今后发现文件有错误的，可以明确罪责。"世祖又批准了桑哥的建议。从此以后，监察御史到各部去，下属官吏和他们对等行礼，仅派文吏将文件放下就离开了，监察御史必须逐页地阅览，御史台的执法权也被变相地剥夺了。

闰十月，桑哥辅政碑建成，立于尚书省前。桑哥上奏说："现在国家的开支越来越大，每年入不敷出的部分在百万锭以上。自从尚书省考核全国财政以来，用征收的税款填补亏空，没有搜刮到百姓。但是这种方法不能持久，臣建议增加赋税，盐税每引从三十贯增加到五十贯；茶税每引从五贯增加到十贯；酒醋税课江南增额十万锭，内地增额五万锭。这样，国家的收支就能平衡了。"世祖批准了他全面增加赋税的提议。此时桑哥已经权倾朝野，凡是朝廷内外的官吏调动，都必须经过他手。那些把刑罚、官位当做商品贩卖的人，都纷纷钻营桑哥的门路，应当受到刑罚追究的可以出钱免罪，希望获得官爵的也可以靠出钱获得，国家法律制度被严重破坏，一时间人心惶惶。

至元二十八年春天，元世祖在大都东南打猎，随从怯薛（元代宫廷卫士）也里审班、也先帖木儿、彻里等人上奏揭发桑哥专断独行、贪污受贿的罪行。世祖召见大臣不忽木，询问桑哥的所作所为，不忽木回答说："桑哥蒙蔽视听，扰乱国家的政务，但凡揭发他的人都被他诬陷杀掉。现在盗贼蜂起，如果不赶快杀掉他，那早晚成为陛下的心腹大患。"留守贺伯颜也向世祖揭发桑哥欺君罔上，眼见不满桑哥的人越来越多，世祖终于下定决心杀掉桑哥。三月，世祖下诏推倒桑哥辅政碑，将桑哥下狱审讯。当年七月，下诏处死桑哥。

白话精编二十四史

第九卷
辽史·金史·元史

【特邀编审】
韩志远

【特邀校对】
慧眼文化

【文图编辑】
樊文龙

【文字撰写】
孙文静

【装帧设计】
罗雷

【美术编辑】
刘晓东

【图片提供】
Fotoe.com